KB054784

20대 여자

20대 여자

국승민
김다은
김은지
정한울

일러두기

셀별 총합이 100% 아닌 경우가 있습니다. 이는 가중치의 적용, 반올림 처리 등에 의해 발생하는 0.1~0.2%포인트 정도의 미세한 수치로 전체 응답 분포에 대한 유의한 차이는 없습니다.

차례

프롤로그

김은지

— 238개 질문으로 살펴본 20대 여자

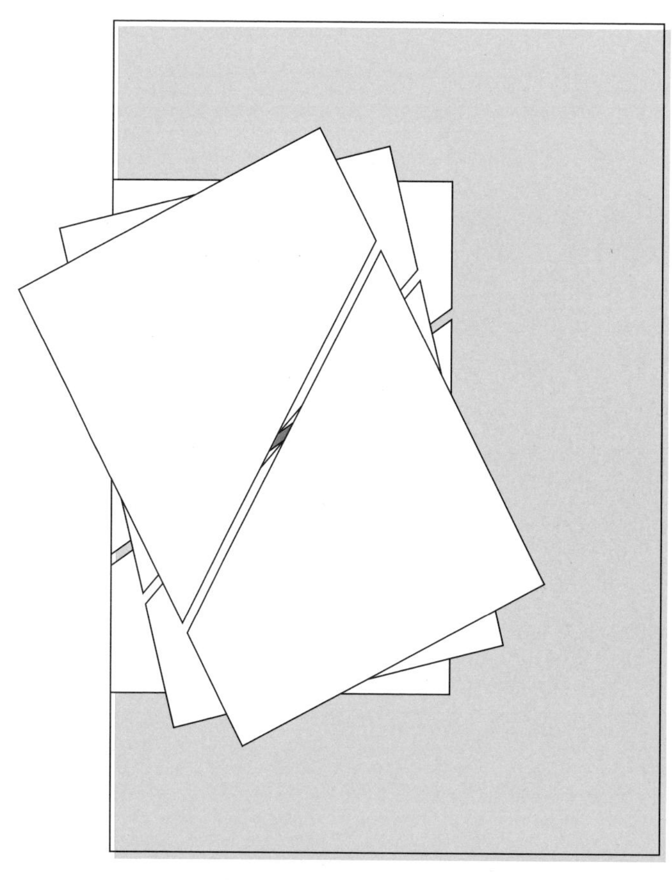

이 책은 20대 여성에 관한 이야기다. '동료 시민'인 20대 여성은 어떤 생각을 하고 있을까? 그들의 다양한 얼굴을 젠더, 정치, 사회, 연대 의식 등 238개의 질문으로 풀어냈다. 설문 결과에 가치와 의미를 부여하거나 해석하기보다는, 있는 그대로를 보여주려고 노력했다. 그렇기에 〈20대 여자〉는 '평균적인 20대 여성'의 무엇을 알려주지는 않는다.

우리가 특별히 주목한 것은 새로운 정치 전선이다. 한국 정치권을 나누던 민주화 vs 산업화, 영남 vs 호남 등과 같은 기존의 프레임을 넘어서는 균열을 발견했기 때문이다. 페미니즘에 대한 20대와 다른 세대의 차이, 그리고 20대 남녀의 차이를 살폈다. 실제로 페미니즘에 대한 태도가 20대 안에서 진보/보수 계열 정당에 대한 선호와 평가를 나누는 경향을 띠었다. 이를 통해 정치 지형의 새 결을 가늠해볼 수 있었다.

이는 2019년 〈시사IN〉이 펴낸 책 〈20대 남자〉에서 한 걸음 더 나아간 내용이다. 〈20대 남자〉에서는 '20대 남자 보수화 가설' 같은 판단을 유보했지만 〈20대 여자〉에서는 그 답을 찾으려고 시도했다. 이번 책을 통해서 20대 남자 현상이 어떻게 더 심화되었고, 20대 남자 현상과 20대 여자 현상은 어떻게 다른지 함께 살펴볼 수 있다. 현재 같은 세대 안에서 성별 분화가 일어나는 단초가 포착된다. 적어도 20대 안에서는 '한국에서 여성은 사회적으로 차별받고 있다'라는 질문

만으로 정치적 성향을 가늠해볼 수 있는 상황이다. 앞선 세대에서는 잘 보이지 않던 조짐이다. 그렇기에 〈20대 남자〉와 〈20대 여자〉를 시리즈로 읽어도 좋다.

동시에 〈20대 여자〉는 그 자체로 독립적인 책이다. 2022년 현재 한국 사회를 살아가는 20대 여성은 개인으로서의 자신을 인식하는 동시에 여성이라는 정체성을 놓치지 않는다. 나와 세상의 관계를 사회구조 안에서 파악한다. 이는 "약자는 아니지만 차별받고 있다"라는 주장으로 요약된다. 이 주장을 직관적으로 이해하는 독자에게 〈20대 여자〉가 새로운 연대의 가능성으로 다가가기를 바란다. 반대로 이 주장이 이해되지 않거나 반발심이 든다면 〈20대 여자〉를 통해 치열한 토론의 장으로 나아가기를 기원한다.

대선 취재를 위해 오랜만에 여의도 현장으로 복귀하면서 이 책을 써야 한다는 생각을 자주 했다. '세대보다는 지역 균열이 여전히 중요하다'라는 고전적 프레임을 체화하고 있는 이, '어차피 20대는 우리 당을 안 찍을 것 같으니 다른 당도 안 찍게 하자'라는 정치공학적 계산을 하는 정치인의 솔직한 속내를 들을 때마다 그랬다. 대선이 다가올수록 20대 표심에 대한 이야기가 많아지고 있지만, 여든 야든 방향을 제대로 짚지 못하고 있다고 느꼈다.

2021년 8월 〈시사IN〉에 실린 기사가 이 책의 시작이다. 기사에서 우리는 페미니즘에 우호적인 집단이 20대 여성 전반의 여론을 끌고 간다는 사실을 발견했다. 20대 여성은 사회적 소수자에 대한 태도를 중요하게 여긴다. 차별을 금지하고 다양성을 우선시하는 정치세력을 선호하는 경향을 띤다. 개방적이고 연대 의식이 높은 편이다. 그렇다고 민주·진보 계열 정당의 집토끼는 아니다. 정치적 효능감을 느끼지 못하는, '부유하는 심판자'에 가깝다.

〈시사IN〉에 실렸던 기사에 더해 오클라호마대학교 정치학과 국승민 교수와 여론조사 전문 기관 한국리서치의 정한울 리서치 디자이너(정치학 박사)가 새 원고를 썼다. 20대 여성 부동층과 그들의 페미니즘이 다른 세대·연령에 미치는 효과에 대해 분석했다. 또한 '20대 여성' 기획에 참여했던 5명(국승민 교수, 〈시사IN〉 김다은·김은지 기자, 한국리서치 여론조사본부 이동한 차장, 정한울 박사)이 한자리에 모여 기사에 다 담지 못했던 내용을 방담 형태로 짚었다.

이미 공개된 기사를 바탕으로 책을 만드는 의미를 자문하기도 했다. 그럴 때 떠올린 이야기가 있다. 어느 국회의원 보좌진의 경험담이다. 그가 겪은 의원들의 공통점이 있다. 자신을 설명하지 않는다는 것이다. 약속 없이 다른 의원을 만나러 왔다 허탕 치고 돌아가는 의원 100명이면 100명 모두, "내가 왔다 갔다고 전해달라"고만 말한다고 한다. 비슷비슷한 차림의 의원들을 구분하는 일은 보좌진에게도 쉽지 않다. 이름을 물어볼 수도 없으니 매번 국회 수첩을 뒤적인다는 '웃픈' 사연이다.

고충을 듣고 있자니 전달력이 좋지 않은 몇몇 정치인의 얼굴이 생각났다. 늘 궁금했다. 정치는 말로 싸우는 전장이라던데 벼리지 않은 무기를 들고 괜찮을까 싶었다. 이들은 대충 말하거나, 모호하게 말하거나, 흘려 말해서 듣는 이가 다양한 해석을 하게 만들고는 했다. 실제로 수많은 기사가 나오기도 했다.

그러다가 깨달았다. 설명하지 않아도 되는 것 자체가 권력이었다. 설명해야 하는 삶과 설명해주는 삶이 가진 권력의 크기는 다르다. 알아서 설명하고 해석해주는 데에서 권력이 작동한다. 정치적 주체로서 20대 여성에 대한 담론이 적은 까닭도 이 같은 권력의 속성과 맞닿아 있다는 생각이 들었다.

현재 정치권에서 논의되는 청년 담론과 정책은 주로 '20대 남성'을 전제한다. 윤석열 국민의힘 대선 후보는 '석열이형TV'를 개설했고, 청년 플랫폼을 만든 홍준표 의원의 아이디는 '준표형'이다. 그들이 의식했든 안 했든 '형'이 말 거는 대상은 '남동생'이다. 이재명 더불어민주당 대선 후보는 "홍준표를 지지했던 2030 남자의 목소리"라며 '페미니즘 반대' 같은 내용이 담긴 글을 자신의 페이스북에 올렸다. 20대 남성에 관한 담론은 차고 넘쳐 보인다. 상대적으로 소외된 정치세력인 20대 여성을 더욱 조명해야 할 이유다. 이 책의 역할이기도 하다.

그렇다고 이 책이 20대 여성의 표심을 잡기 위한 뾰족한 방책을 제공하지는 않는다. 답을 찾아가는 건 정치권과 정책 입안자들의 몫이라고 믿는다. 그 길에 들어서는 방향을 잡는 데 도움이 되기를 바란다. 〈20대 여자〉에 인용된 다양한 데이터가 길잡이 역할을 하면 더없이 좋겠다. 20대 남자와 20대 여자의 이야기를 제로섬 게임처럼 묘사하거나 언설하는 정치인들에게 속지 않기 위해, 이 전선이 진짜 무엇을 의미하는지 살피고 싶은 독자에게도 진지한 말 걸기가 되었으면 하는 마음이다.

현상을 들여다보는 렌즈는 다양하다. 이 책은 '페미니즘'이라는 렌즈를 대표로 채택해 20대 여자 현상을 들여다봤다. 이제 겨우 새 전선 하나를 수면 위로 올린 셈이다. 당연히 20대 여성의 모든 것을 설명하지 않는다. '젠더 갈등'으로 명명된 무엇을 해결하는 비책도 없다. 그래도 '아는 것'에서부터 출발할 수 있다고 여기기에, 〈20대 여자〉 읽기를 용감하게 권한다. 동시대를 살아가는 한 세대를 이해하는 키워드를 몇 가지나마 제공했다면, 그것만으로도 의미 있다고 믿고 싶다.

20대 여자 현상, 이렇게 조사했다

조사 일시

2021년 7월 30일 ~ 8월 2일

조사 기관

한국리서치

모집단

전국의 만 18세 이상 남녀

표집틀

한국리서치 마스터샘플(2021년 7월 기준 전국 63만여 명)

표집 방법

20대, 30대, 40세 이상으로 연령대를 구분한 다음

지역별·연령대별·성별 기준 비례할당 추출

표본 크기

2000명(18~29세 600명, 30~39세 600명, 40세 이상 800명)

표본 오차

무작위 추출을 전제할 경우, 95% 신뢰 수준에서 최대 허용

표집오차는 전체: ±2.2%p, 20·30대: ±4.0%p, 40세 이상: ±3.5%p

조사 방법

웹 조사(휴대전화 문자와 이메일을 통해 url 발송)

가중치 부여 방식

지역별·연령대별·성별 가중치 부여

(셀가중, 2021년 6월 행정안전부 발표 주민등록 인구 기준)

응답률(협조율)

조사 요청 1만 183명, 조사 참여 2490명, 조사 완료 2000명

(요청 대비 19.6%, 참여 대비 80.3%)

1부 20대 여자를 말하다

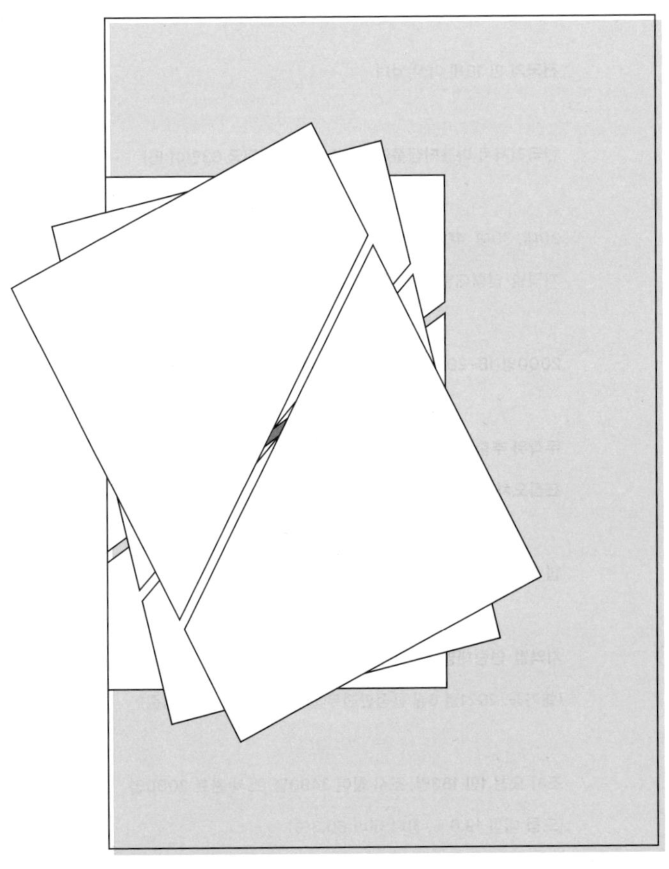

2021년 4월 7일 치러진 서울시장 보궐선거 이후 '20대 남자 현상'이 정치권과 언론의 주목을 받았다. 방송 3사가 참여한 공동예측조사위원회(Korea Election Pool, KEP)의 출구 조사에 따르면, 국민의힘 오세훈 서울시장 후보를 지지한 20대 남성 비율이 무려 72.5%에 달했다. 60세 이상 유권자(남성 70.2%, 여성 73.3%)와 비슷한 수치다(표 1-1-1). 패배한 더불어민주당에서는 20대 남성 유권자를 의식하며 '남녀평등 복무' 같은 이야기들이 터져 나왔다.

상대적으로 덜 주목받은 숫자가 있다. 15.1%. 4·7 보궐선거에 투표한 20대 여성 100명 중 15명은 거대 여야 정당을 찍지 않았다. '기타'로 분류된 제3정당에 표를 주었다. 성별과 나이를 함께 고려할 때, 오세훈 후보에게 가장 적은 표를 준 집단은 20대 여성(40.9%)이다. 20대 남성만큼이나 20대 여성의 투표 결과가 눈에 띈다. 같은 세대(20대)가 성별에 따라 완연히 다른 투표 성향을 보였다. 20대 남자 현상만큼이나 '20대 여자 현상'에도 주목해야 한다는 의미다.

〈시사IN〉은 이미 2019년에 20대 남자 현상을 분석한 바 있다. 208개 문항을 웹 조사로 물었고, 이를 통해 20대 남자들이 '자신을 약자로 인식'한다는 사실을 밝혀냈다. 이 내용은 〈20대 남자〉(시사IN북, 2019)라는 단행본으로도 출간되었는데, 당시 조사에 응한 20대 남성 가운데 25.9%는 '페미니즘 반대' 의사를 강력하게 밝혔다.

[표 1-1-1] 2021년 4·7 서울시장 보궐선거 당시 방송 3사 출구 조사 결과

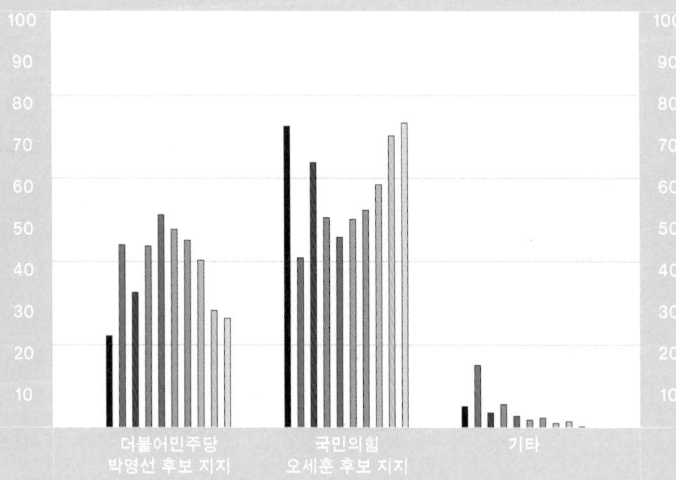

	더불어민주당 박영선 후보 지지	국민의힘 오세훈 후보 지지	기타
전체 평균	37.7	59.0	3.3
20대 남자	22.2	72.5	5.2
20대 여자	44.0	40.9	15.1
30대 남자	32.6	63.8	3.7
30대 여자	43.7	50.6	5.7
40대 남자	51.3	45.8	2.9
40대 여자	47.8	50.2	2.0
50대 남자	45.1	52.4	2.5
50대 여자	40.3	58.5	1.2
60세 이상 남자	28.3	70.2	1.6
60세 이상 여자	26.4	73.3	0.4

(단위: %)

그렇다면 20대 여자는 어떤 존재일까? 20대 남자가 보수 성향으로 돌아선 것처럼 보인다면 20대 여자는 어떠할까? 20대 남자가 자신을 약자로 인식한다면, 20대 여자는 스스로를 강자로 인식할까? 20대 남자가 반(反)페미니즘 성향이라면, 20대 여자는 친(親)페미니즘 성향이 강할까?

20대 여자 현상을 분석하기 위해 〈시사IN〉은 또다시 웹 조사를 기획했다. 한국리서치의 정한울 리서치 디자이너(정치학 박사)와 이동한 여론조사본부 차장, 오클라호마대학교의 국승민 교수(정치학과)가 이번 조사 설계와 분석에 참여했다. 젠더, 정치, 사회적 개방성과 연대 의식 등을 묻는 방대한 질문을 238개로 추렸다.

20대 여성 10명 중 4명 "나는 스스로를 페미니스트라고 생각한다"

웹 조사는 2021년 7월 30일부터 8월 2일까지 나흘 동안 진행되었다. 우선 한국리서치가 보유한 웹 조사용 패널 63만 명 가운데 인구 비례에 맞춰 선별한 1만 183명에게 조사를 요청했다. 2490명이 참여했는데, 238개 질문에 모두 답한 사람은 전국 만 18세 이상 남녀 2000명이었다(요청 대비 19.6%, 참여 대비 80.3%). 분석 대상을 연령대별로 보면 20대(18~29세) 600명, 30대 600명, 그 외 연령대(40세 이상) 800명이다.

웹 조사 결과에 따르면, 20대 여성 10명 중 4명(41.7%)은 자신을 페미니스트로 생각한다. 전체 응답자 평균(20.8%)의 2배다. 스스로를 페미니스트로 인식하는 20대 여성 비율이 다른 세대의 여성들과 비교해도 현격히 높았다(표 1-1-2).

웹 조사가 이뤄지던 당시는 2020 도쿄 올림픽 양궁 금메달 3관왕 안산 선수에 대한 '온라인 학대' 논란이 거셀 때였다. 일부 남성들이 안 선수에 대해, '숏컷'에 여대를 다니고 자신의 소셜미디어에 '웅앵웅' '오조오억'이라는 표현을 썼다며 페미니스트라고 몰아세웠다. '페미니스트'라는 용어가 마치 과거의 '빨갱이' '종북'처럼 특정 개인이나 집단을 사회적으로 배제하기 위한 용도로 사용되었다. 해외 언론이 관심을 갖고 기사화할 만큼 특이한 사회현상이었다. 이러한 분위기 속에서도 20대 여성 중 41.7%가 자신을 페미니스트라고 생각한다고 답한 것이다.

페미니스트에 대한 감정온도

페미니스트에 대한 '감정온도'도 20대 여성이 단연 높았다(표 1-1-3). 이번 조사를 함께 설계하고 분석한 국승민 교수에 따르면, 감정온도는 다양한 사회집단이나 개인에 대해 사람들이 어떤 감정을 느끼는지 측정하기 때문에 미국 선거 여론 연구에 주로 쓰인다고 한다. 감정온도는 정치적 태도나 투표 행태에 큰 예측력을 보여왔다. 감정온도에서 0은 '매우 부정적', 100은 '매우 긍정적'이라는 의미다. 20대 여성이 페미니즘에 대해 느끼는 감정온도는 53.3도였다. 전체 평균은 32.1도다. 페미니스트에 대한 감정온도가 가장 낮은 20대 남성(14.3도)과 비교하면 39도나 높다.

페미니스트와의 관계에 대한 응답도 20대 여성이 가장 호의적이었다. 이웃(56.4%), 직장 동료(61.1%), 친구(48.4%), 가족

[표 1-1-2] 나는 스스로 페미니스트라고 생각한다

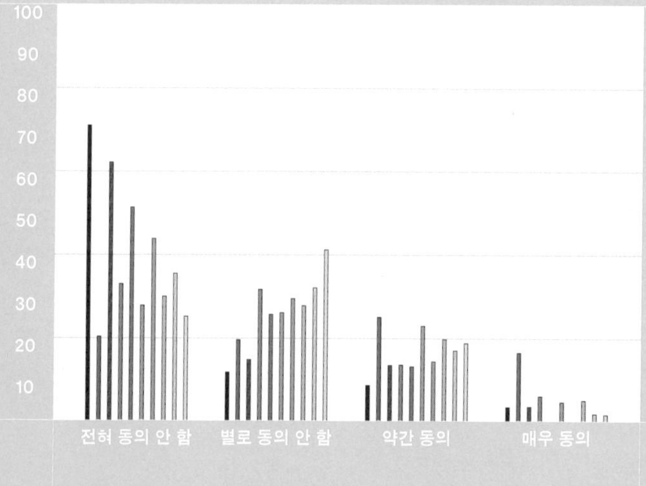

	전혀 동의 안 함	별로 동의 안 함	약간 동의	매우 동의	모르겠다
전체 평균	38.9	27.4	16.9	3.9	12.9
20대 남자	71.0	11.8	8.7	3.5	5.0
20대 여자	20.4	19.6	25.1	16.6	18.2
30대 남자	62.2	14.8	13.5	3.6	6.0
30대 여자	33.0	31.7	13.6	6.1	15.5
40대 남자	51.4	25.7	13.2	0	9.8
40대 여자	27.8	26.1	23.0	4.7	18.5
50대 남자	43.8	29.5	14.5	0	12.2
50대 여자	30.0	27.8	19.8	5.1	17.3
60세 이상 남자	35.5	32.1	17.1	1.9	13.3
60세 이상 여자	25.2	41.2	18.9	1.7	13.1

(단위: %)

[표 1-1-3] 페미니스트에 대한 감정온도

0: 매우 부정적 - 100: 매우 긍정적

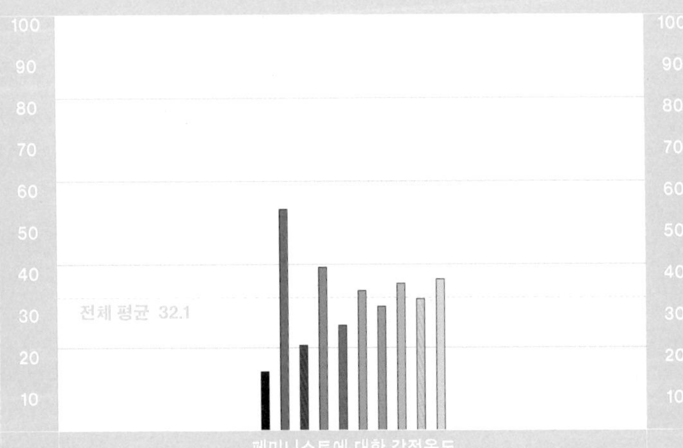

	페미니스트에 대한 감정온도
전체 평균	32.1
20대 남자	14.3
20대 여자	53.3
30대 남자	20.6
30대 여자	39.3
40대 남자	25.4
40대 여자	33.7
50대 남자	29.9
50대 여자	35.4
60세 이상 남자	31.7
60세 이상 여자	36.4

(단위: ℃)

(38.7%)으로 받아들일 수 있다고 답했다(각 관계에 대해 복수 응답 가능). 받아들일 수 없다는 의견이 전체 응답자 평균 기준으로 34.5%에 달했는데, 20대 여성에서는 12.3%에 불과했다(표 1-1-4). 대조적으로 20대 남성 중에서는 무려 66.6%가 인간관계에서 페미니스트를 받아들일 수 없다고 답변했다.

그렇다면 20대 여성은 페미니즘을 무엇이라고 생각하고 있을까? 이미 페미니즘(feminism)은 더 이상 한국어로 번역할 필요 없는 단어로 굳어졌다. 그러나 정작 '페미니즘이 무엇인가'에 대해서는 매우 다양한 주장과 이를 둘러싼 논쟁이 존재한다. 어떤 이들에게 페미니즘은 '성평등 운동'이다. 또 어떤 이들은 'XX 염색체(여성)로 태어나지 않은 이들을 배제해야 한다'는 주장·운동까지 나아간다. 일부 남성들은 페미니즘을 '남성 혐오'로 이해한다.

정치권도 뛰어들었다. 윤석열 국민의힘 대선 후보는 '건강한 페미니즘'이라는 말까지 만들어 냈다. "저출산 문제의 여러 가지 원인에 대한 글을 보니 페미니즘이라는 것이 너무 정치적으로 악용되어서 남녀 간 교제 같은 것도 정서적으로 막는다는 얘기도 있다." 더불어민주당 대선 경선에 출마한 추미애 전 법무부 장관은 "여성이라고 꽃처럼 대접받기를 원한다면 항상 여자는 장식일 수밖에 없다. 내가 그것을 안 하고 개척해 나가야 여성도 남자와 똑같다는 인식이 생길 것이다"라며 '페미라는 것에 반대한다'고 말했다. 심상정 정의당 대선 후보는 "페미니즘은 여성우월주의가 아니다. 모든 성차별에 반대하는 것이 페미니즘이다"라고 반박했다.

[표 1-1-4] 귀하는 페미니스트와 어느 정도 관계까지 받아들일 수 있습니까?

복수 응답

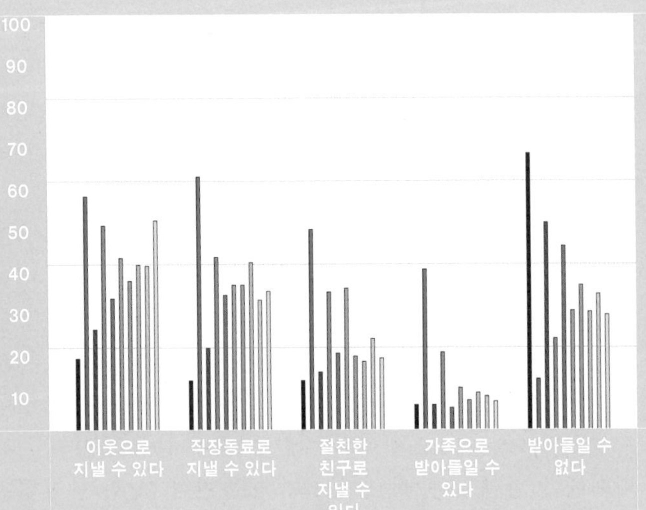

	이웃으로 지낼 수 있다	직장 동료로 지낼 수 있다	절친한 친구로 지낼 수 있다	가족으로 받아 들일 수 있다	받아 들일 수 없다
전체 평균	39.4	34.0	22.7	10.9	34.5
20대 남자	17.4	12.1	12.0	6.1	66.6
20대 여자	56.4	61.1	48.4	38.7	12.3
30대 남자	24.4	19.9	14.1	6.1	49.9
30대 여자	49.4	41.7	33.3	18.8	22.1
40대 남자	31.8	32.6	18.6	5.4	44.3
40대 여자	41.5	35.0	34.2	10.2	28.8
50대 남자	36.0	35.0	17.9	7.2	34.9
50대 여자	39.9	40.4	16.6	9.0	28.5
60세 이상 남자	39.6	31.4	22.1	8.2	32.8
60세 이상 여자	50.6	33.5	17.4	6.9	27.8

(단위: %)

모두가 '페미니즘'을 이야기하지만 페미니즘에 각자 다른 의미를 부여한다. '20대 여성이 생각하는 페미니즘은?'이라는 질문이 중요한 이유다. 〈시사IN〉 조사에서는 페미니즘과 관련된 다수의 문장을 제시했다. 이에 대한 답변을 통해 20대 여성의 '생각'을 파악해보려고 시도했다.

[표 1-1-5]에 제시된 문장 '페미니즘은 남녀의 동등한 지위와 기회 부여를 이루려는 운동이다'는 페미니즘에 대한 가장 보편적 정의로 꼽힌다. 두산백과사전의 페미니즘 설명(여성의 권리 및 기회의 평등을 핵심으로 하는 여러 형태의 운동과 이론)과 유사하다. 이 문장에 대해 20대 여성의 66.9%가 동의했다(약간 동의 27.1% + 매우 동의 39.8%). '페미니즘은 한국 여성의 지위 향상에 기여해왔다'에 대해서도 20대 여성 51.7%가 그렇다고 답변했다(약간 동의 29.9% + 매우 동의 21.8%, 표 1-1-6).

디지털 성범죄와 미투 운동의 영향

20대 여성들의 답변을 보면, '페미니즘은 성평등보다 여성우월주의를 주장한다(약간 동의 14.7% + 매우 동의 10.1% = 24.8%, 표 1-1-7)' '페미니즘은 여성을 피해자로만 생각한다(약간 동의 17.6% + 매우 동의 10.5% = 28.1%, 표 1-1-8)' 같은 문장에 동의하는 비율은 낮은 편이었다. 특히 20대 여성 중 '페미니즘의 본질은 남성혐오다'에 그렇다고 답변한 비율은 15.8%에 그쳤다(약간 동의 12.0% + 매우 동의 3.8%, 표 1-1-9). 페미니즘에 대한 다수 20대 여성의 생각을 엿볼 수 있는 수치다. 또한 69.6%는 '소수의 극단적인 주장이 (페미니즘으로) 과대 대표되고 있다'에 공감했

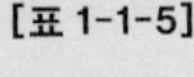

[표 1-1-5] 페미니즘은 남녀의 동등한 지위와 기회 부여를 이루려는 운동이다

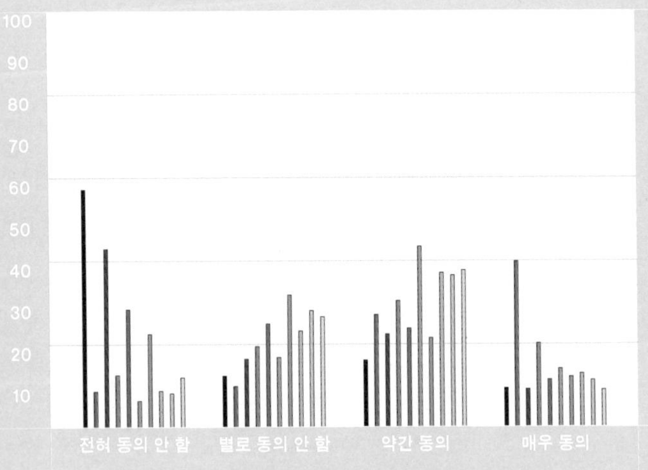

	전혀 동의 안 함	별로 동의 안 함	약간 동의	매우 동의	모르겠다
전체 평균	19.6	21.9	30.5	14.1	13.9
20대 남자	57.2	12.4	16.1	9.4	4.9
20대 여자	8.7	9.9	27.1	39.8	14.4
30대 남자	42.9	16.5	22.4	9.1	9.2
30대 여자	12.6	19.5	30.4	20.2	17.4
40대 남자	28.4	24.9	23.8	11.4	11.5
40대 여자	6.4	16.9	43.4	14.0	19.4
50대 남자	22.5	31.8	21.5	12.1	12.2
50대 여자	8.8	23.2	37.1	12.9	18.0
60세 이상 남자	8.2	28.1	36.5	11.3	15.8
60세 이상 여자	12.0	26.6	37.7	9.0	14.7

(단위: %)

[표 1-1-6] 페미니즘은 한국 여성의 지위 향상에 기여해왔다

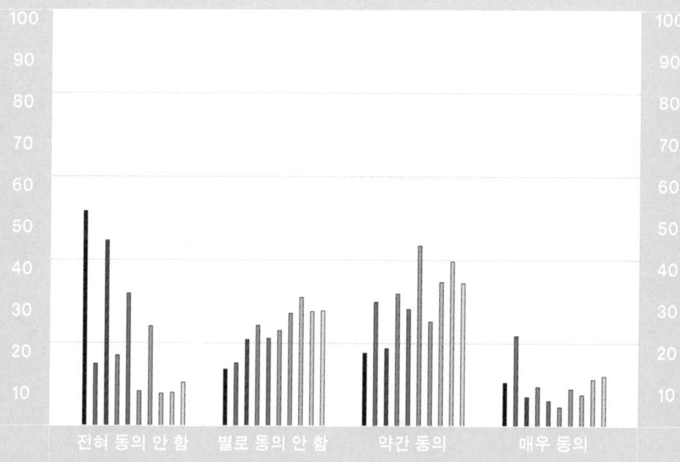

	전혀 동의 안 함	별로 동의 안 함	약간 동의	매우 동의	모르겠다
전체 평균	20.5	23.8	31.1	10.1	14.5
20대 남자	51.6	13.7	17.7	10.5	6.5
20대 여자	15.0	15.2	29.9	21.8	18.2
30대 남자	44.6	20.9	18.8	7.1	8.5
30대 여자	17.0	24.3	31.9	9.5	17.4
40대 남자	31.9	21.2	28.2	6.2	12.4
40대 여자	8.4	23.1	43.4	4.7	20.4
50대 남자	24.1	27.2	25.2	9.0	14.5
50대 여자	7.9	31.0	34.7	7.6	18.7
60세 이상 남자	8.1	27.6	39.6	11.3	13.3
60세 이상 여자	10.5	27.8	34.4	12.1	15.2

(단위: %)

[표 1-1-7] 페미니즘은 성평등보다 여성우월주의를 주장한다

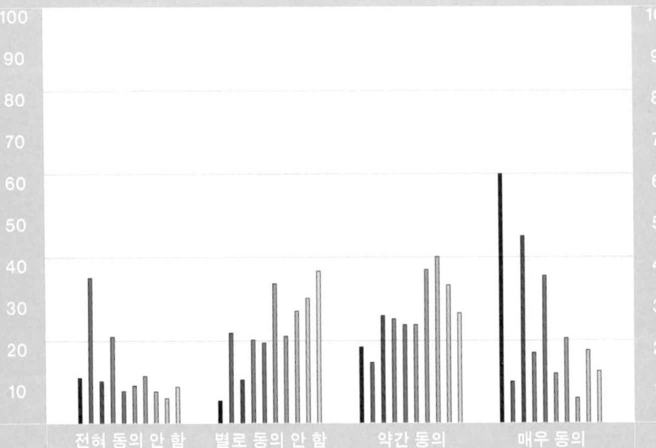

	전혀 동의 안 함	별로 동의 안 함	약간 동의	매우 동의	모르겠다
전체 평균	12.1	24.1	27.4	22.6	13.9
20대 남자	11.1	5.6	18.5	60.0	4.8
20대 여자	35.1	21.9	14.7	10.1	18.3
30대 남자	10.3	10.6	26.0	45.0	8.1
30대 여자	21.0	20.2	25.2	17.0	16.7
40대 남자	7.9	19.5	23.8	35.5	13.3
40대 여자	9.2	33.7	23.8	12.0	21.3
50대 남자	11.5	21.1	37.0	20.6	9.7
50대 여자	7.8	27.1	40.1	6.2	18.7
60세 이상 남자	6.2	30.2	33.3	17.6	12.7
60세 이상 여자	8.9	36.7	26.6	12.6	15.2

(단위: %)

[표 1-1-8] 페미니즘은 여성을 피해자로만 생각한다

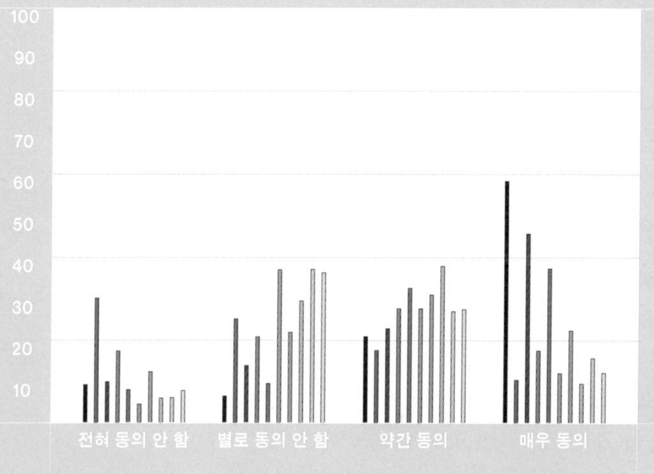

	전혀 동의 안 함	별로 동의 안 함	약간 동의	매우 동의	모르겠다
전체 평균	10.5	25.3	27.5	23.0	13.7
20대 남자	9.3	6.6	21.0	58.4	4.7
20대 여자	30.2	25.2	17.6	10.5	16.5
30대 남자	10.0	13.9	22.9	45.7	7.5
30대 여자	17.4	20.9	27.7	17.6	16.3
40대 남자	8.1	9.6	32.6	37.3	12.4
40대 여자	4.6	37.0	27.7	12.1	18.6
50대 남자	12.4	22.0	31.0	22.4	12.1
50대 여자	6.1	29.5	37.9	9.6	17.0
60세 이상 남자	6.2	37.1	27.0	15.8	13.9
60세 이상 여자	7.9	36.3	27.5	12.2	16.2

(단위: %)

고(약간 동의 34.8% + 매우 동의 34.8%, 표 1-1-10), 68.7%가 '페미니즘은 지나치게 공격받고 있다(약간 동의 30.8% + 매우 동의 37.9%, 표 1-1-11)'고 생각했다. 20대 여성 50.8%는 '페미니즘은 다양한 소수자와 더 폭넓게 연대해야 한다'고 여기지만(약간 동의 31.0% + 매우 동의 19.8%, 표 1-1-12), '페미니즘은 남성에서 여성으로 성전환한 트랜스젠더를 배제해서는 안 된다'에는 37.7%만 긍정적 반응을 나타냈다(약간 동의 24.2% + 매우 동의 13.5%, 표 1-1-13). 비슷한 비율(33.2%)의 20대 여성은 모르겠다고 판단을 유보했다.

페미니즘에 대한 20대 여성의 우호적 태도는 어디서 기원하는 것일까? 여성으로 태어났다고 모두 페미니스트가 되는 것은 아니다. 자신의 성별 정체성을 중요하다고 생각하느냐는 질문에 답변한 여성들을 연령대별로 나눠보았다(표 1-1-14). 중요하다고 답변한 비율이 60세 이상에서 가장 높았다(매우 중요 26.5% + 약간 중요 37.1% = 63.6%). 다음이 20대 여성이었다(매우 중요 21.0% + 약간 중요 39.5% = 60.5%). 다만 '여성'이라는 정체성을 중요하게 여긴다고 해도 그것이 페미니즘에 대한 우호적 태도로 연결되는 것은 아니다. '페미니즘에 거부감이 든다'라는 문장에 대해 20대 여성은 28.9%(약간 동의 20.3% + 매우 동의 8.6%)만 동의했지만, 60세 이상 여성은 41.3%(약간 동의 27.6% + 매우 동의 13.7%)가 그렇다고 답했다(표 1-1-15).

이러한 성향은 또래 경험에서 기인했을 가능성이 있다. 어떤 집단이 함께 보고 겪으며 공유한 사건은 그 내부에 비슷한 인식을 만든다. 더 나아가 연대를 위한 토양이 되기도

[표 1-1-9] 페미니즘의 본질은 남성 혐오다

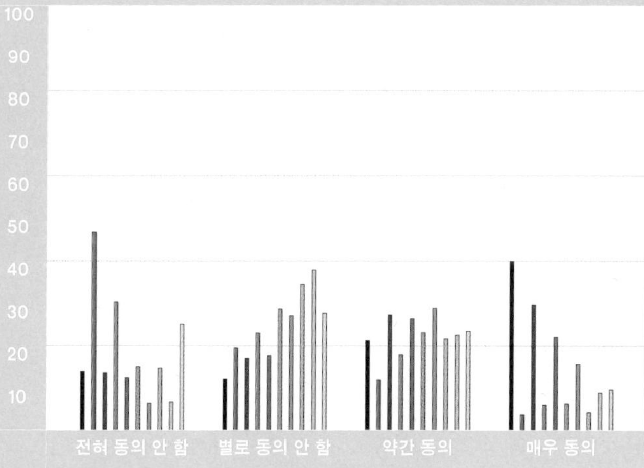

	전혀 동의 안 함	별로 동의 안 함	약간 동의	매우 동의	모르겠다
전체 평균	16.2	25.4	22.7	13.5	22.2
20대 남자	13.9	12.2	21.3	39.9	12.6
20대 여자	46.7	19.5	12.0	3.8	18.1
30대 남자	13.6	17.0	27.3	29.7	12.4
30대 여자	30.3	23.1	18.0	6.1	22.5
40대 남자	12.5	17.7	26.4	22.1	21.3
40대 여자	15.0	28.7	23.2	6.4	26.8
50대 남자	6.5	27.1	28.9	15.7	21.8
50대 여자	14.7	34.5	21.7	4.3	24.8
60세 이상 남자	6.8	37.8	22.6	8.9	23.8
60세 이상 여자	13.8	27.7	23.5	5.3	29.7

(단위: %)

[표 1-1-10] 페미니즘과 관련해 소수의 극단적인 주장이 과대 대표되고 있다

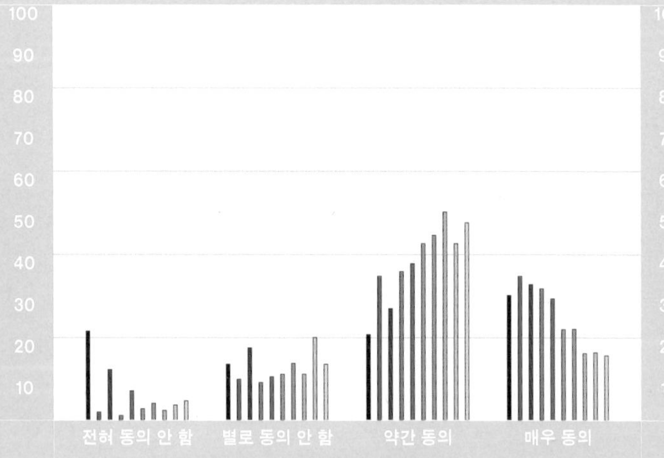

	전혀 동의 안 함	별로 동의 안 함	약간 동의	매우 동의	모르겠다
전체 평균	6.1	13.4	39.5	23.8	17.2
20대 남자	21.6	13.6	20.8	30.2	13.7
20대 여자	2.1	10.0	34.8	34.8	18.3
30대 남자	12.3	17.6	27.0	32.8	10.3
30대 여자	1.3	9.2	35.9	31.8	21.8
40대 남자	7.2	10.6	37.8	29.4	15.1
40대 여자	2.9	11.2	42.6	22.0	21.3
50대 남자	4.2	13.8	44.6	22.1	15.2
50대 여자	2.5	11.2	50.2	16.2	19.8
60세 이상 남자	3.8	20.1	42.6	16.4	17.1
60세 이상 여자	4.8	13.6	47.6	15.7	18.3

(단위: %)

[표 1-1-11] 페미니즘은 지나치게 공격받고 있다

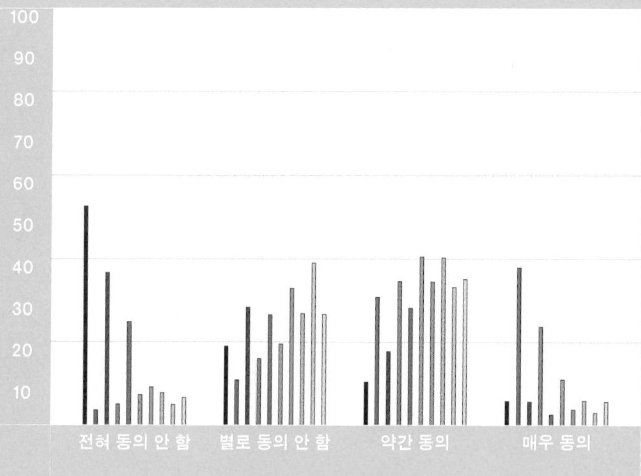

	전혀 동의 안 함	별로 동의 안 함	약간 동의	매우 동의	모르겠다
전체 평균	23.6	30.0	25.8	4.1	16.5
20대 남자	52.5	19.0	10.5	5.9	12.1
20대 여자	3.8	11.0	30.8	37.9	16.5
30대 남자	36.7	28.4	17.7	5.8	11.5
30대 여자	5.2	16.1	34.6	23.7	20.5
40대 남자	24.9	26.6	28.2	2.7	17.7
40대 여자	7.4	19.5	40.5	11.1	21.5
50대 남자	9.3	32.9	34.5	3.9	19.4
50대 여자	7.9	26.9	40.3	6.0	19.0
60세 이상 남자	5.1	39.0	33.2	3.1	19.6
60세 이상 여자	6.8	26.7	35.1	5.8	25.6

(단위: %)

[표 1-1-12] 페미니즘은 다양한 소수자와 더 폭넓게 연대해야 한다

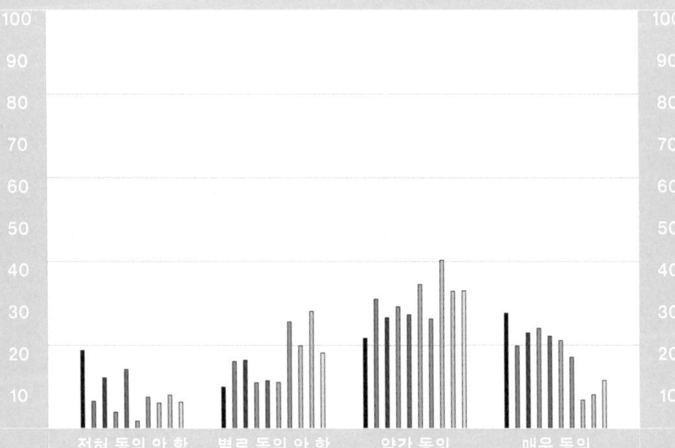

	전혀 동의 안 함	별로 동의 안 함	약간 동의	매우 동의	모르겠다
전체 평균	8.5	17.5	30.6	17.1	26.3
20대 남자	18.8	10.0	21.7	27.7	21.8
20대 여자	6.6	16.1	31.0	19.8	26.5
30대 남자	12.2	16.4	26.6	23.0	21.8
30대 여자	4.0	11.0	29.2	24.1	31.7
40대 남자	14.2	11.5	27.3	22.2	24.8
40대 여자	1.9	11.1	34.5	21.1	31.5
50대 남자	7.6	25.6	26.3	17.1	23.5
50대 여자	6.2	19.9	40.3	6.9	26.7
60세 이상 남자	8.1	28.1	32.9	8.2	22.7
60세 이상 여자	6.4	18.2	33.0	11.6	30.8

(단위: %)

[표 1-1-13] 페미니즘은 남성에서 여성으로 성전환한 트랜스젠더를 배제해서는 안 된다

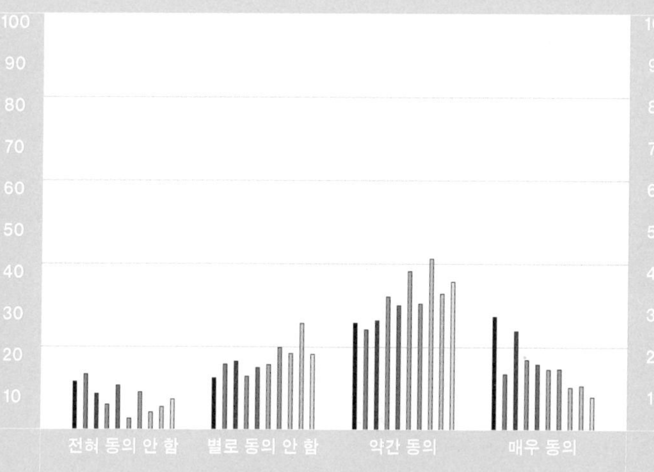

	전혀 동의 안 함	별로 동의 안 함	약간 동의	매우 동의	모르겠다
전체 평균	7.8	17.6	32.1	14.8	17.7
20대 남자	11.6	12.5	25.8	27.3	22.7
20대 여자	13.4	15.8	24.2	13.5	33.2
30대 남자	8.7	16.5	26.4	23.9	24.5
30대 여자	6.1	12.9	32.1	17.0	31.9
40대 남자	10.7	15.0	30.0	15.9	28.4
40대 여자	2.8	15.7	38.2	14.6	28.8
50대 남자	9.1	19.8	30.4	14.7	25.9
50대 여자	4.3	18.4	41.2	10.3	25.7
60세 이상 남자	5.6	25.7	32.8	10.7	25.3
60세 이상 여자	7.4	18.2	35.7	8.0	30.8

(단위: %)

[표 1-1-14] 귀하의 여러 가지 정체성 중에서 남자/여자라는 정체성이 얼마나 중요합니까?

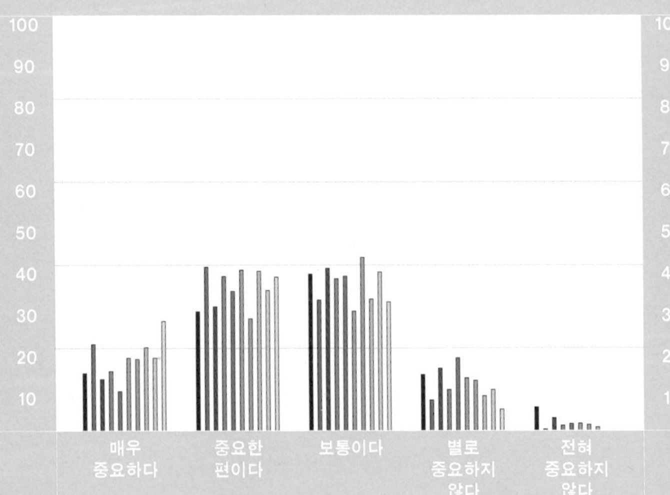

	매우 중요하다	중요한 편이다	보통이다	별로 중요하지 않다	전혀 중요하지 않다
전체 평균	17.8	34.6	35.3	10.8	1.5
20대 남자	14.0	28.8	37.8	13.6	5.8
20대 여자	21.0	39.5	31.6	7.5	0.3
30대 남자	12.5	30.0	39.2	15.1	3.2
30대 여자	14.5	37.3	36.7	10.0	1.4
40대 남자	9.6	33.7	37.3	17.6	1.8
40대 여자	17.7	38.8	28.9	12.8	1.9
50대 남자	17.4	27.1	41.8	12.2	1.6
50대 여자	20.2	38.5	31.8	8.5	1.0
60세 이상 남자	17.7	33.9	38.3	10.0	0
60세 이상 여자	26.5	37.1	31.1	5.3	0

(단위: %)

[표 1-1-15] 페미니즘이나 페미니스트에 거부감이 든다

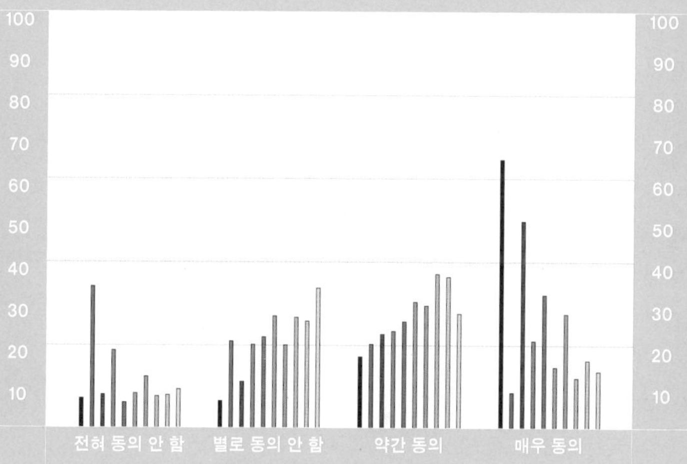

	전혀 동의 안 함	별로 동의 안 함	약간 동의	매우 동의	모르겠다
전체 평균	11.4	22.6	27.7	24.8	13.6
20대 남자	7.2	6.6	17.2	64.6	4.4
20대 여자	34.1	21.0	20.3	8.6	16.0
30대 남자	8.1	11.2	22.7	49.8	8.2
30대 여자	18.7	20.2	23.4	21.1	16.6
40대 남자	6.2	22.0	25.7	32.1	14.1
40대 여자	8.4	27.0	30.4	14.7	19.5
50대 남자	12.4	20.1	29.5	27.5	10.5
50대 여자	7.7	26.7	37.1	12.1	16.3
60세 이상 남자	8.0	25.8	36.4	16.4	13.4
60세 이상 여자	9.4	33.7	27.6	13.7	15.5

(단위: %)

한다. 지난 수년간 20대 여성의 사회 인식에 영향을 미친 사건이 다수 발생했다. '군가산점제 폐지' '낙태죄 폐지' '미투 운동' '탈코르셋 운동' 'N번방 사건을 포함한 여러 디지털 성범죄 처벌' '2016년 강남역 살인사건' '2018년 혜화역 시위' 등이다. 이러한 사건들이 페미니즘·성평등 인식에 미친 영향에 대해 물었다.

20대 여성의 절반 이상이 '페미니즘과 성평등 의식에 긍정적인 생각을 갖게 되었다'고 답한 사건은 N번방 사건 같은 디지털 성범죄 처벌(60.8%), 미투 운동(60.3%), 낙태죄 폐지(53.2%) 등이었다(표 1-1-16, 표 1-1-17, 표 1-1-18). 일반적으로 '페미니즘 리부트(reboot)'의 계기라고 여기는 2016년 강남역 살인사건에 대해서는 20대 여성의 절반 이하가 긍정적인 영향을 받았다고 답했다(46.8%, 표 1-1-19). 모르겠다는 답변도 21.2%였다. 20대 여성은 생명·안전 관련 이슈에 민감하게 반응했다. 같은 여성 안에서도 'N번방 사건 같은 디지털 성범죄 처벌' '미투 운동' '낙태죄 폐지'에 대한 긍정 답변은 연령대가 올라갈수록 줄어드는 경향을 보였다.

20대 여성은 자신들이 사회구조적으로 차별받고 있다는 인식을 명확히 가지고 있었다. [표 1-1-20]이 이를 드러낸다. 조사에 응한 20대 여성 71.2%가 '한국에서 여자는 사회적으로 차별받고 있다'에 동의했다(매우 동의 29.2% + 약간 동의 42.0%). 또한 '한국에서 여자는 가부장제와 성차별 때문에 남자에 비해 사회경제적 지위가 낮다'에 20대 여성의 73.7%가 그렇다고 답했다(매우 동의 34.4% + 약간 동의 39.3%, 표 1-1-21). 차별받는

[표 1-1-16] N번방 사건 같은 디지털 성범죄 처벌로 인해 페미니즘·성평등에 대한 귀하의 인식이 어떻게 변했습니까?

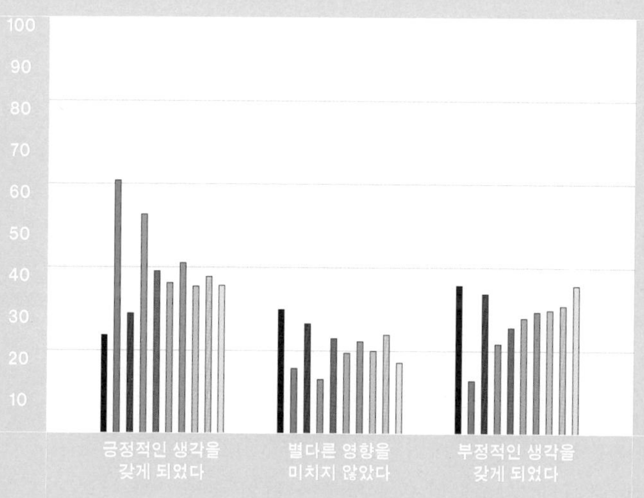

	긍정적인 생각을 갖게 되었다	별다른 영향을 미치지 않았다	부정적인 생각을 갖게 되었다	모르겠다
전체 평균	38.5	21.1	29.1	11.3
20대 남자	23.7	29.9	35.7	10.7
20대 여자	60.8	15.8	12.9	10.5
30대 남자	28.9	26.5	33.7	11.0
30대 여자	52.7	13.2	21.7	12.3
40대 남자	39.0	23.0	25.6	12.4
40대 여자	36.2	19.5	27.9	16.4
50대 남자	41.0	22.3	29.4	7.3
50대 여자	35.4	20.0	29.8	14.8
60세 이상 남자	37.7	23.9	30.8	7.6
60세 이상 여자	35.6	17.2	35.6	11.5

(단위: %)

[표 1-1-17] 미투 운동으로 인해 페미니즘·성평등에 대한 귀하의 인식이 어떻게 변했습니까?

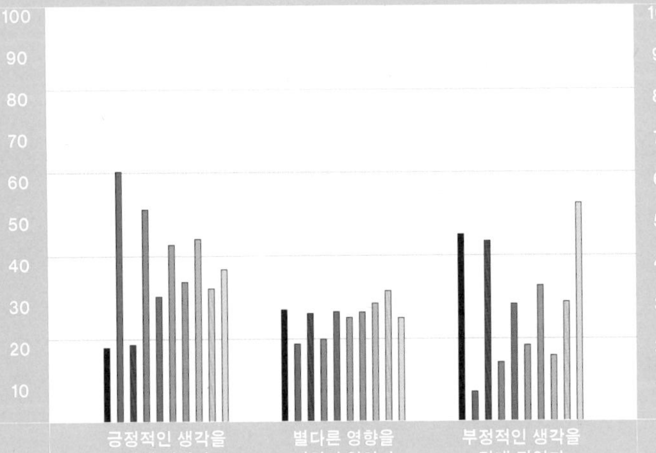

	긍정적인 생각을 갖게 되었다	별다른 영향을 미치지 않았다	부정적인 생각을 갖게 되었다	모르겠다
전체 평균	36.4	25.9	26.7	11.1
20대 남자	18.0	27.0	45.1	9.9
20대 여자	60.3	18.8	7.2	13.7
30대 남자	18.7	26.1	43.5	11.6
30대 여자	51.2	19.9	14.3	14.6
40대 남자	30.2	26.5	28.3	15.1
40대 여자	42.7	25.1	18.4	13.8
50대 남자	33.7	26.4	32.7	7.2
50대 여자	44.1	28.5	15.9	11.4
60세 이상 남자	32.1	31.5	28.8	7.6
60세 이상 여자	36.7	25.0	28.9	9.4

(단위: %)

[표 1-1-18] 낙태죄 폐지로 인해 페미니즘·성평등에 대한 귀하의 인식이 어떻게 변했습니까?

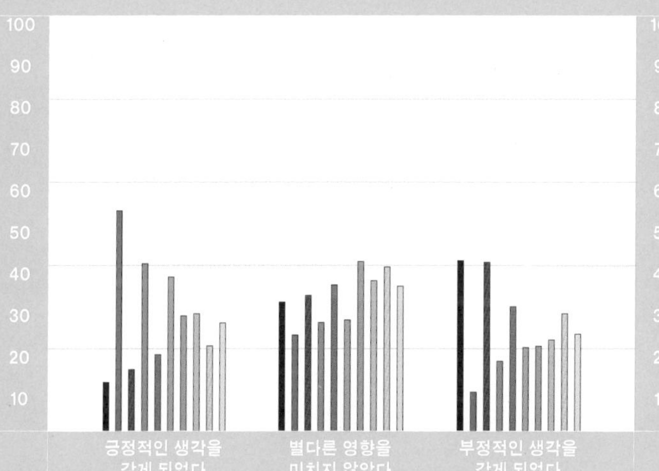

	긍정적인 생각을 갖게 되었다	별다른 영향을 미치지 않았다	부정적인 생각을 갖게 되었다	모르겠다
전체 평균	27.3	33.5	25.4	13.9
20대 남자	11.9	31.2	41.2	15.7
20대 여자	53.2	23.3	9.6	13.9
30대 남자	15.0	32.8	40.8	11.3
30대 여자	40.4	26.3	17.0	16.3
40대 남자	18.6	35.3	30.1	16.0
40대 여자	37.2	26.9	20.3	15.7
50대 남자	27.9	40.9	20.6	10.5
50대 여자	28.4	36.3	22.1	13.1
60세 이상 남자	20.7	39.6	28.4	11.3
60세 이상 여자	26.2	35.0	23.5	15.3

(단위: %)

[표 1-1-19] 2016년 강남역 살인사건으로 인해 페미니즘·성평등에 대한 귀하의 인식이 어떻게 변했습니까?

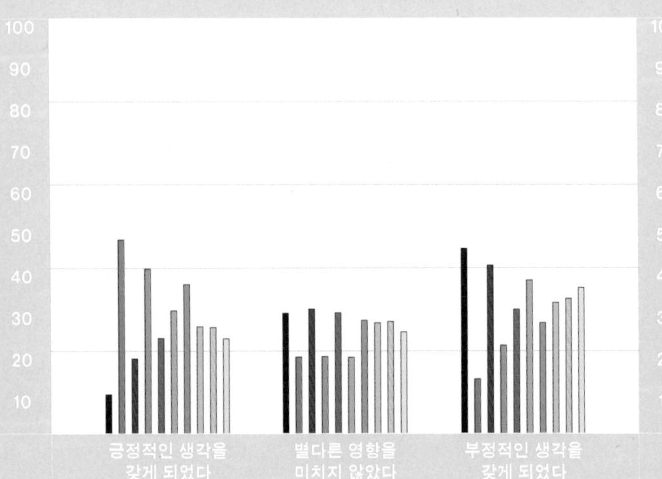

	긍정적인 생각을 갖게 되었다	별다른 영향을 미치지 않았다	부정적인 생각을 갖게 되었다	모르겠다
전체 평균	27.2	25.2	31.8	15.8
20대 남자	9.6	29.1	44.7	16.6
20대 여자	46.8	18.6	13.3	21.2
30대 남자	18.2	30.1	40.6	11.0
30대 여자	39.8	18.7	21.4	20.0
40대 남자	23.1	29.2	30	17.7
40대 여자	29.7	18.5	37	14.7
50대 남자	36	27.4	26.8	9.8
50대 여자	25.9	26.8	31.6	15.7
60세 이상 남자	25.7	27.1	32.6	14.6
60세 이상 여자	23.0	24.6	35.2	17.2

(단위: %)

원인으로 사회구조, 즉 시스템을 지목한 것이다.

성별 임금격차가 여자에게 불공정하다는 20대 여성들의 응답은 사실에 부합한다(다소 불공정 43.0% + 매우 불공정 27.8% = 70.8%, 표 1-1-22). 성별 임금격차는 성차별의 대표적 근거로 꼽힌다. 한국의 성별 임금격차는 경제협력개발기구(Organization for Economic Cooperation and Development, OECD)가 관련 통계를 발표하기 시작한 1995년부터 지금까지 최상위권을 차지하고 있다. OECD 성별 임금격차는 '남성과 여성의 중위소득 차이가 남성의 중위소득에서 차지하는 비율'로 계산된다. 남성의 중위소득이 100만 원이고 여성의 중위소득이 60만 원이라고 가정하면, 남녀 간 임금격차는 40%다. 성별 간 소득 차이(40만 원)가 남성 중위소득(100만 원)의 40%이기 때문이다. 한국의 성별 임금격차는 2020년 현재 31.5%다(표 1-1-23). 칠레(8.6%), 체코(12.4%), 일본(22.5%)보다 성별에 따른 임금격차가 크다는 뜻이다.

결혼·출산이 사회적 성취 저해한다

그러나 20대 여성 다수가 생각하기로는 남녀 간 능력에 차이가 없다. '초·중·고 교육과정'과 '대학 입시'에서 남녀 간에 별 차이 없다는 의견이 60% 이상이었다(표 1-1-24, 표 1-1-25). 취업 후 업무 능력에서도 별 차이 없다고 답한 비율이 52.7%다(표 1-1-26). 심지어 여자가 더 유능하다는 답변도 초·중·고 교육과정 31.3%, 대학 입시 23.4%, 취업 후 업무 능력 25.5%에 달했다. 그러나 20대 여성 40.0%가 취업에서는 남자가 더

[표 1-1-20] 한국에서 여자는 사회적으로 차별받고 있다

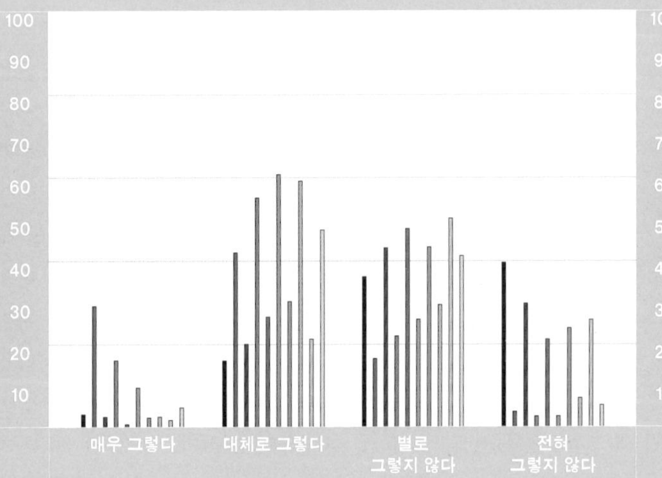

	매우 그렇다	대체로 그렇다	별로 그렇지 않다	전혀 그렇지 않다	모르겠다
전체 평균	6.6	37.8	36.9	16.1	2.6
20대 남자	3.2	16.1	36.2	39.6	5.0
20대 여자	29.2	42.0	16.6	3.8	8.3
30대 남자	2.6	20.1	43.2	29.8	4.3
30대 여자	16.2	55.2	22.0	2.7	3.9
40대 남자	0.8	26.6	47.8	21.2	3.6
40대 여자	9.6	60.8	26.0	2.7	0.9
50대 남자	2.4	30.3	43.4	23.9	0
50대 여자	2.6	59.2	29.5	7.1	1.6
60세 이상 남자	1.8	21.3	50.3	25.9	0.6
60세 이상 여자	4.8	47.5	41.2	5.4	1.1

(단위: %)

[표 1-1-21] 한국에서 여자는 가부장제와 성차별 때문에 남자에 비해 사회경제적 지위가 낮다

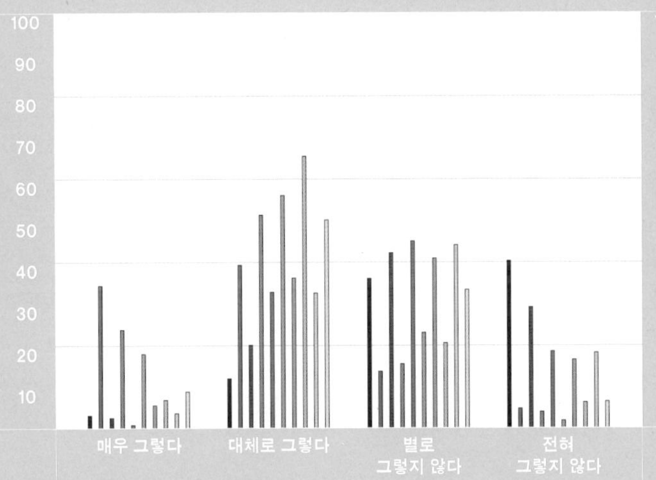

	매우 그렇다	대체로 그렇다	별로 그렇지 않다	전혀 그렇지 않다	모르겠다
전체 평균	10.0	40.1	32.5	14.3	3.1
20대 남자	3.2	12.1	36.1	40.3	8.3
20대 여자	34.4	39.3	13.8	4.8	7.6
30대 남자	2.6	20.1	42.2	29.2	5.9
30대 여자	23.8	51.4	15.6	4.0	5.2
40대 남자	0.9	32.8	45.1	18.6	2.7
40대 여자	18.0	56.1	23.1	1.9	0.9
50대 남자	5.6	36.2	40.9	16.6	0.8
50대 여자	6.9	65.5	20.6	6.3	0.8
60세 이상 남자	3.7	32.6	44.1	18.3	1.3
60세 이상 여자	8.9	50.2	33.4	6.5	1.1

(단위: %)

[표 1-1-22] 성별 임금격차에 대해 어떻게 생각하십니까?

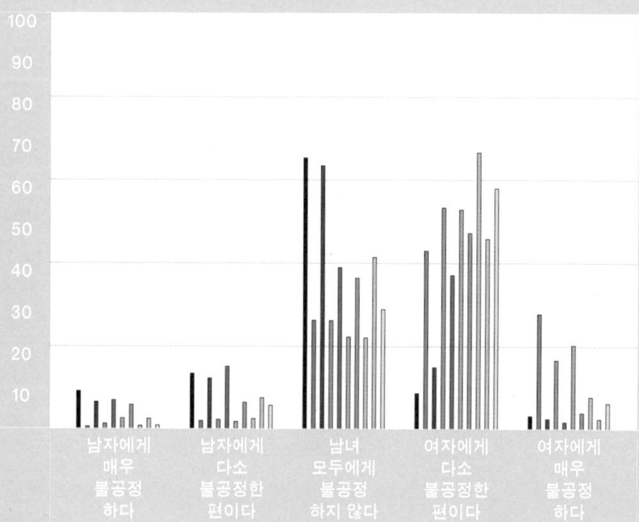

	남자에게 매우 불공정 하다	남자에게 다소 불공정한 편이다	남녀 모두에게 불공정 하지 않다	여자에게 다소 불공정한 편이다	여자에게 매우 불공정 하다
전체 평균	3.6	7.0	36.6	44.2	8.6
20대 남자	9.2	13.5	65.3	8.7	3.3
20대 여자	0.7	2.1	26.3	43.0	27.8
30대 남자	6.6	12.4	63.4	15.0	2.6
30대 여자	1.4	2.4	26.2	53.4	16.7
40대 남자	7.0	15.2	38.9	37.1	1.8
40대 여자	2.7	1.9	22.3	52.9	20.3
50대 남자	5.9	6.5	36.4	47.3	4.0
50대 여자	0.9	2.6	22.1	66.6	7.8
60세 이상 남자	2.6	7.6	41.4	45.9	2.5
60세 이상 여자	1.0	5.8	28.9	58.0	6.3

(단위: %)

[표 1-1-23] 2020년 성별 임금격차

출처: OECD 홈페이지

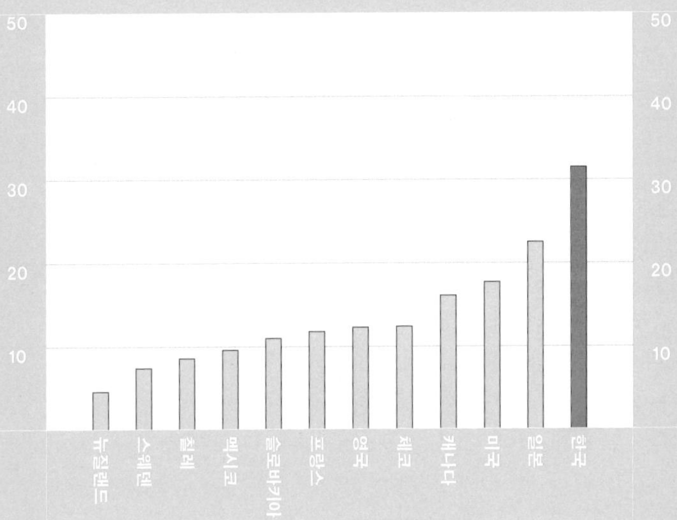

	2020년 성별 임금격차
뉴질랜드	4.6
스웨덴	7.4
칠레	8.6
멕시코	9.6
슬로바키아	11.0
프랑스	11.8
영국	12.3
체코	12.4
캐나다	16.1
미국	17.7
일본	22.5
한국	31.5

(단위: %)

유능하다고 답변했다(표 1-1-27). 2020년 벌어진 동아제약 성차별 면접 사건 등을 상기해보면, 20대 여성이 이렇게 응답하는 이유를 짐작할 수 있다. 20대 여성들은 능력 차원에서는 자신이 남성에 비해 '약자'라고 생각하지 않는다. 성별 차이가 없거나 오히려 더 유능하다고 생각하는 여성도 많다. 그런데 청년기 이후의 인생을 실질적으로 결정하는 취업에서는 여성이 불리하다고 보는 것이다.

이 같은 인식에 기반해서 20대 여성은 20대 남성의 마이너리티 정체성(=20대 남자는 약자다)에 동조하지 않는다. [표 1-1-28]을 보자. '한국에서 남자는 사회적으로 차별받고 있다'는 문장에 20대 남성 58.6%(매우 동의 19.5% + 약간 동의 39.1%)가 동의한 반면, 20대 여성은 18.4%(매우 동의 1.7% + 약간 동의 16.7%)만이 그렇다고 답변했다.

한국 사회구조에 대해 성차별적이라고 본다는 사실 자체는 결혼과 출산을 결정하는 요소가 될 수 있다. 이번 웹조사에서는 '지금 아이를 낳는다면 여자아이가 더 살기 좋을 것이다'라는 문항에 20대 여성 중 7.0%만 동의했다(표 1-1-29). 전체 연령대별·성별을 통틀어 가장 낮으며 유일한 한 자릿수 응답이다. 남녀 차이가 없다는 20대 여성은 35.4%, 남자아이가 더 살기 좋을 것이라는 20대 여성은 57.6%로 나타났다. 20대 여성 대다수는 자신의 사회적 진로와 결혼·출산을 상충된 것으로 인식했다. '결혼'이 자신의 사회적 성취를 저해할 것이라는 답변이 65.0%(매우 동의 19.1% + 약간 동의 45.9%, 표 1-1-30), '출산·육아'가 자신의 사회적 성취를 저해할

[표 1-1-24] 초·중·고 교육과정에서 남녀 중 누가 더 유능하다고 보십니까?

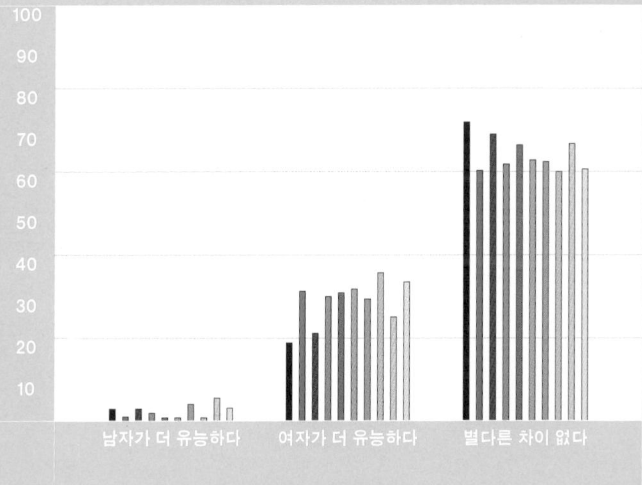

	남자가 더 유능하다	여자가 더 유능하다	별다른 차이 없다	모르겠다
전체 평균	2.6	29	64	4.3
20대 남자	3.0	18.9	71.9	6.2
20대 여자	1.1	31.3	60.3	7.3
30대 남자	3.0	21.2	69.0	6.8
30대 여자	2.0	30.0	61.8	6.2
40대 남자	0.9	30.9	66.4	1.8
40대 여자	0.9	31.8	62.8	4.5
50대 남자	4.1	29.4	62.4	4.1
50대 여자	0.9	35.7	60.0	3.5
60세 이상 남자	5.6	25.1	66.7	2.5
60세 이상 여자	3.2	33.5	60.6	2.7

(단위: %)

[표 1-1-25] 대학 입시에서 남녀 중 누가 더 유능하다고 보십니까?

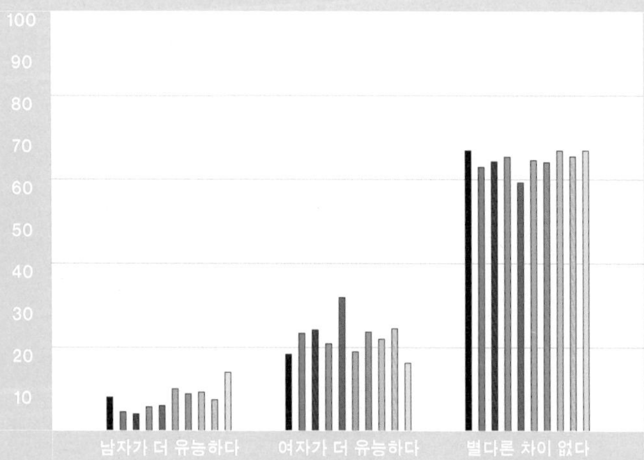

	남자가 더 유능하다	여자가 더 유능하다	별다른 차이 없다	모르겠다
전체 평균	8.4	22.1	64.9	4.6
20대 남자	8.1	18.4	66.9	6.6
20대 여자	4.6	23.4	63.0	9.0
30대 남자	4.1	24.2	64.3	7.4
30대 여자	5.8	20.9	65.4	8.0
40대 남자	6.1	31.9	59.3	2.8
40대 여자	10.1	19.0	64.6	6.4
50대 남자	8.9	23.7	64.1	3.3
50대 여자	9.3	22.0	66.9	1.7
60세 이상 남자	7.5	24.5	65.5	2.5
60세 이상 여자	14.1	16.3	66.9	2.7

(단위: %)

[표 1-1-26] 취업 후 업무 능력에서 남녀 중 누가 더 유능하다고 보십니까?

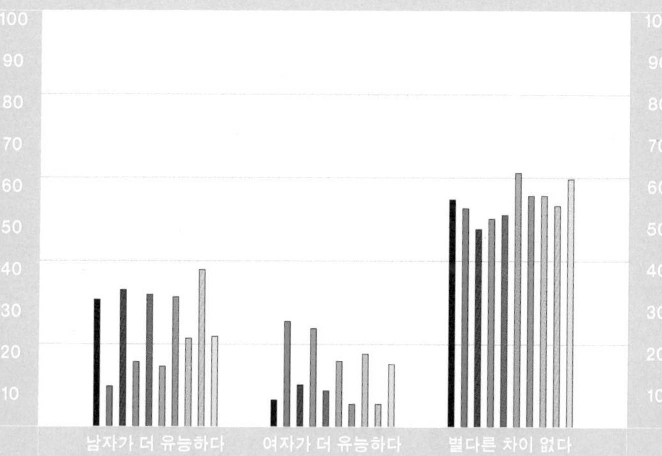

	남자가 더 유능하다	여자가 더 유능하다	별다른 차이 없다	모르겠다
전체 평균	25.4	13.0	54.7	6.9
20대 남자	30.7	6.6	54.8	7.9
20대 여자	9.8	25.5	52.7	12.0
30대 남자	33.0	10.2	47.7	9.0
30대 여자	15.7	23.8	50.2	10.4
40대 남자	31.9	8.8	51.1	8.1
40대 여자	14.6	15.9	61.2	8.2
50대 남자	31.3	5.6	55.7	7.4
50대 여자	21.4	17.7	55.7	5.2
60세 이상 남자	37.9	5.6	53.3	3.2
60세 이상 여자	21.9	15.2	59.7	3.2

(단위: %)

[표 1-1-27] 취업에서 남녀 중 누가 더 유능하다고 보십니까?

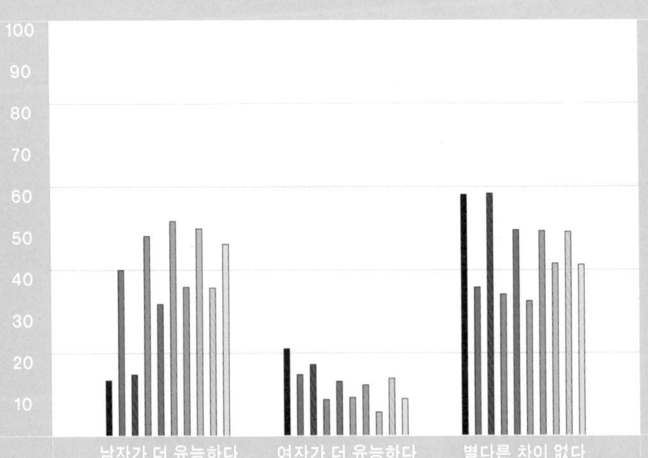

	남자가 더 유능하다	여자가 더 유능하다	별다른 차이 없다	모르겠다
전체 평균	37.5	12.3	45.0	5.2
20대 남자	13.5	21.1	58.1	7.3
20대 여자	40.0	14.9	35.8	9.3
30대 남자	14.9	17.3	58.4	9.3
30대 여자	48.2	8.8	34.1	9.0
40대 남자	31.8	13.2	49.5	5.5
40대 여자	51.8	9.3	32.5	6.4
50대 남자	35.9	12.3	49.3	2.5
50대 여자	50.0	5.8	41.5	2.6
60세 이상 남자	35.7	13.9	49.1	1.3
60세 이상 여자	46.2	9.0	41.2	3.6

(단위: %)

[표 1-1-28] 한국에서 남자는 사회적으로 차별받고 있다

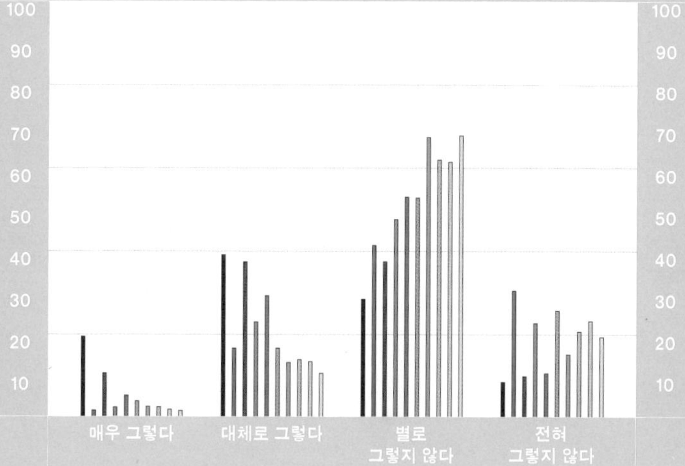

	매우 그렇다	대체로 그렇다	별로 그렇지 않다	전혀 그렇지 않다	모르겠다
전체 평균	4.8	20.0	53.9	18.8	2.5
20대 남자	19.5	39.1	28.5	8.5	4.4
20대 여자	1.7	16.7	41.4	30.5	9.7
30대 남자	10.6	37.4	37.5	9.9	4.6
30대 여자	2.4	23.0	47.7	22.7	4.2
40대 남자	5.3	29.3	53.1	10.6	1.8
40대 여자	3.9	16.7	52.9	25.7	0.9
50대 남자	2.6	13.2	67.4	15.2	1.6
50대 여자	2.5	13.9	62.0	20.7	0.9
60세 이상 남자	1.9	13.4	61.5	23.2	0
60세 이상 여자	1.6	10.6	67.8	19.4	0.6

(단위: %)

[표 1-1-29] 지금 아이를 낳는다면 누가 더 살기 좋을 것으로 보십니까?

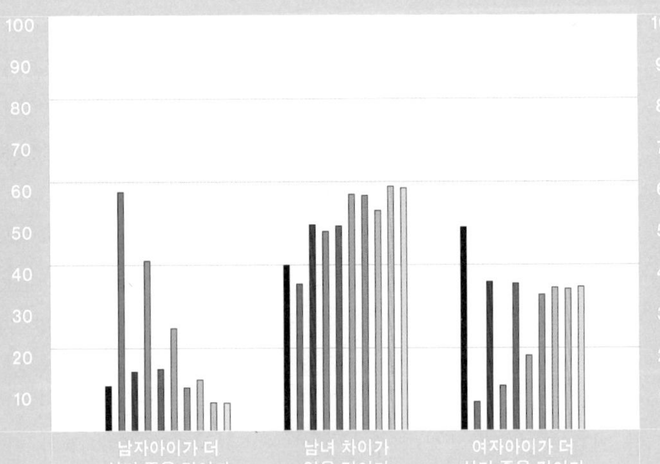

	남자아이가 더 살기 좋을 것이다	남녀 차이가 없을 것이다	여자아이가 더 살기 좋을 것이다
전체 평균	17.9	51.7	30.3
20대 남자	10.9	39.9	49.1
20대 여자	57.6	35.4	7.0
30대 남자	14.4	49.7	35.9
30대 여자	41.0	48.1	10.9
40대 남자	15.0	49.4	35.5
40대 여자	24.8	57.0	18.2
50대 남자	10.5	56.7	32.8
50대 여자	12.4	53.1	34.5
60세 이상 남자	6.9	58.9	34.2
60세 이상 여자	6.8	58.5	34.7

(단위: %)

것이라는 답변이 72.2%(매우 동의 25.2% + 약간 동의 47.0%, 표 1-1-31)에 달했다. 현실과 어긋나는 인식으로 보기는 힘들다. 국가 공식 승인 통계자료인 e-나라지표에 따르면, 2020년 기준 여성의 경력 단절 사유는 육아(42.5%), 결혼(27.5%), 임신·출산(21.3%), 가족 돌봄(4.6%), 자녀 교육(4.1%) 순서였다.

이번 웹 조사에서 '결혼은 반드시 해야 한다(표 1-1-32)'와 '자녀는 반드시 낳아야 한다(표 1-1-33)'라는 문장에 동의한 20대 여성의 비율이 각각 8.1%(전체 평균 36.9%)와 7.5%(전체 평균 43.5%)로 나타난 것은 우연한 일이 아니다. 두 문장에 동의한 비율이 한 자릿수에 머문 집단은 전체 연령대별·성별 집단 가운데 20대 여성이 유일했다. 2020년 KB금융지주가 발표한 〈1인 가구 보고서〉에서 "남자는 경제적 부담 때문에, 여자는 그냥 결혼을 안 한다고 답했다"라는 문구가 화제를 일으킨 바 있다. '그냥'이 함축한 수많은 맥락이 이번 〈시사IN〉의 웹 조사에 담겨 있다. '왜 결혼을 안 하느냐'고 물어서는 답을 찾기 힘들다. '이래서 결혼을 안 하는구나'로 질문을 바꿔야 한다는 뜻이다.

20대 여성이 중요하게 여기는 정책은?

정책 선호에서도 20대 여성의 반응이 뚜렷하게 보이는 부분이 있었다. 20대 여성에게 11가지 정책 이슈에 대해 물었다. 고전적으로 한국 사회에서 진보와 보수를 가르는 지표로 쓰이는 질문이다. '성장이냐 복지냐' '정부의 시장규제 강화냐 완화냐' '한미 동맹의 유지·강화냐 축소·중단이냐' '대북 제

[표 1-1-30] 결혼을 하면 나의 사회적 성취를 이루기 어렵다

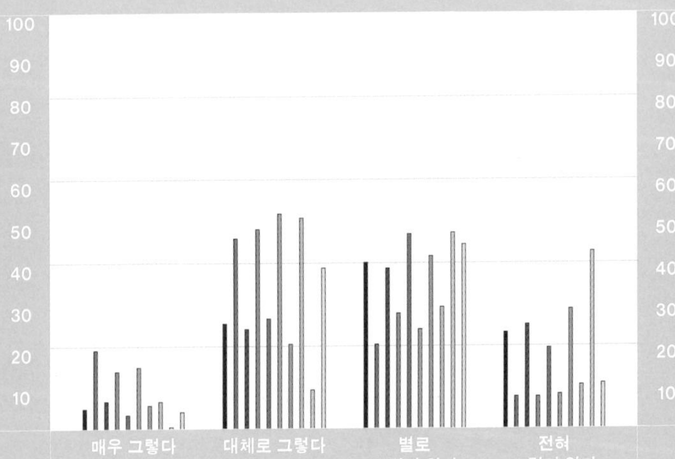

	매우 그렇다	대체로 그렇다	별로 그렇지 않다	전혀 그렇지 않다	모르겠다
전체 평균	7.3	33.2	37.3	19.2	3.0
20대 남자	5.0	25.4	40.1	23.2	6.3
20대 여자	19.1	45.9	20.4	7.8	6.8
30대 남자	6.8	24.1	38.7	25.1	5.3
30대 여자	14.0	48.1	27.8	7.8	2.4
40대 남자	3.5	26.6	46.9	19.5	3.5
40대 여자	15.0	51.8	24.0	8.4	0.9
50대 남자	5.8	20.5	41.6	28.8	3.3
50대 여자	6.7	50.8	29.3	10.6	2.6
60세 이상 남자	0.6	9.5	47.2	42.7	0
60세 이상 여자	4.2	38.8	44.4	11.0	1.7

(단위: %)

[표 1-1-31] 자녀가 생기면 나의 사회적 성취를 이루기 어렵다

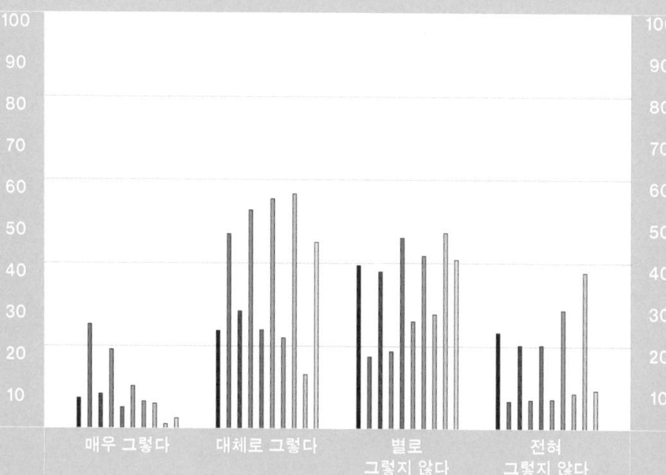

	매우 그렇다	대체로 그렇다	별로 그렇지 않다	전혀 그렇지 않다	모르겠다
전체 평균	8.2	36.1	35.7	17.6	2.5
20대 남자	7.5	23.7	39.4	23.3	6.1
20대 여자	25.2	47.0	17.5	6.8	3.5
30대 남자	8.5	28.4	37.9	20.3	4.9
30대 여자	19.1	52.7	18.8	7.1	2.3
40대 남자	5.3	23.9	46.1	20.3	4.5
40대 여자	10.4	55.4	26.0	7.3	0.9
50대 남자	6.7	22.0	41.8	28.7	0.8
50대 여자	6.2	56.6	27.7	8.7	0.8
60세 이상 남자	1.2	13.2	47.3	37.7	0.6
60세 이상 여자	2.6	45.0	40.8	9.4	2.1

(단위: %)

[표 1-1-32] 결혼은 반드시 해야 한다

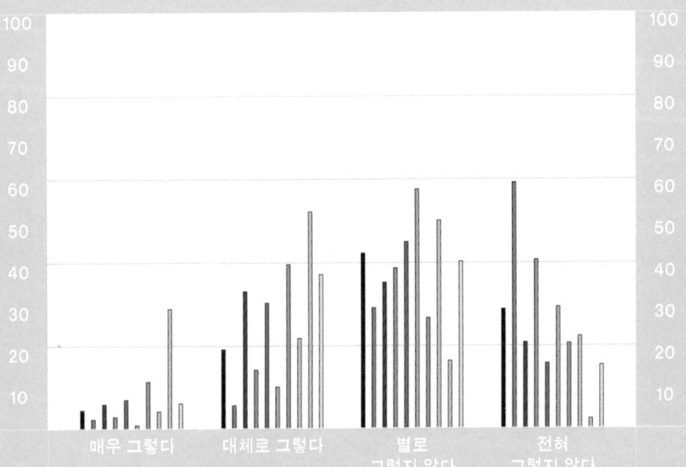

	매우 그렇다	대체로 그렇다	별로 그렇지 않다	전혀 그렇지 않다	모르겠다
전체 평균	8.4	28.5	36.9	37.5	23.4
20대 남자	4.6	19.2	42.3	28.8	5.1
20대 여자	2.4	5.7	29.1	59.2	3.5
30대 남자	6.0	33.1	35.2	20.8	4.9
30대 여자	3.0	14.3	38.7	40.7	3.3
40대 남자	7.1	30.3	45.0	15.8	1.8
40대 여자	1.0	10.2	57.6	29.3	1.8
50대 남자	11.5	39.6	26.7	20.6	1.7
50대 여자	4.3	21.8	50.1	22.3	1.6
60세 이상 남자	28.9	52.2	16.4	2.5	0
60세 이상 여자	6.2	37.1	40.3	15.4	1.1

(단위: %)

[표 1-1-33] 자녀는 반드시 낳아야 한다

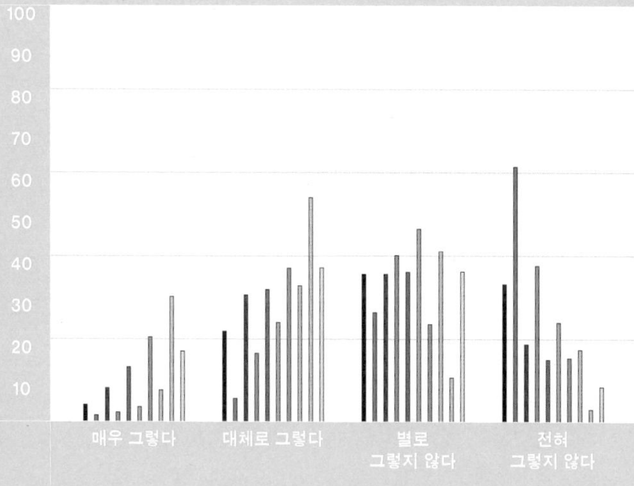

	매우 그렇다	대체로 그렇다	별로 그렇지 않다	전혀 그렇지 않다	모르겠다
전체 평균	12.4	31.1	32.4	21.2	3.0
20대 남자	4.3	21.9	35.6	33.2	5.0
20대 여자	1.7	5.8	26.4	61.4	4.8
30대 남자	8.3	30.6	35.6	18.8	6.6
30대 여자	2.4	16.6	40.1	37.6	3.4
40대 남자	13.3	31.9	36.1	15.1	3.6
40대 여자	3.7	24.0	46.5	24.0	1.8
50대 남자	20.5	37.0	23.6	15.5	3.4
50대 여자	7.8	32.8	41.1	17.5	0.8
60세 이상 남자	30.2	54.0	10.8	3.1	1.9
60세 이상 여자	17.1	37.1	36.2	8.5	1.1

(단위: %)

재·압박이냐 지원·대화냐' '동성결혼 법제화에 찬성이냐 반대냐' 등이다.

[표 1-1-34]를 보자. 20대 여성은 사회문화적 이슈에 대해 다른 어느 집단보다 진보 성향의 답변을 내놓았다. 성장(19.9%)보다 복지(66.0%)가 우선이고(전체 평균은 성장 우선 47.0%, 복지 우선 44.2%), 경제성장(28.8%)보다는 환경보호(61.9%)가 먼저라고 답했다(전체 평균은 경제성장 47.2%, 환경보호 47.5%). 차별금지법을 찬성하고(67.5%), 더 나아가 동성결혼 법제화까지 지지했다(64.1%). 전체 평균에서는 차별금지법 찬성 56.6%, 동성결혼 법제화 찬성 30.3%였다.

다만 외교안보·경제 이슈에서는 전통적인 진보 성향의 노선을 따르지 않았다. 대북 제재·압박(35.2%)과 지원·대화(36.0%)를 지지하는 비율이 비슷하게 나왔다. 시장에 대한 정부 규제 강화(28.5%)보다는 규제 완화(42.2%)가 필요하다고 답했다.

20대 여성이 주로 반응하는 정책은 사회적 소수자에 대한 차별 금지, 다양성 등과 관련 있었다. 사회적 소수자 집단 중 특히 성소수자에 대해 가장 우호적이었으며 그중에서도 레즈비언(감정온도 50.5도)에게 가장 따뜻했다. 게이(38.0도)와 트랜스젠더(33.3도)에 대한 감정온도가 전체 평균보다는 높았지만 레즈비언만큼 크게 높지는 않았다. 난민(30.7도)이나 조선족(24.9도)과 같은 외국인 노동자에 대한 감정온도는 전체 평균과 비슷하거나 낮았다(표 1-1-35).

대신 관계 수용도에서 20대 여성은 '친구가 될 수 있다'

[표 1-1-34] 다음 중 어느 쪽 입장에 가까우십니까?

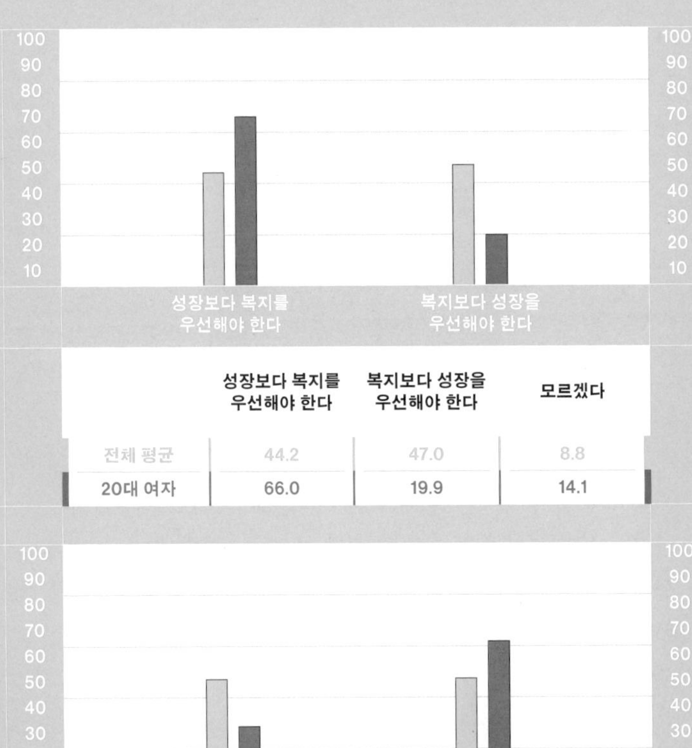

	성장보다 복지를 우선해야 한다	복지보다 성장을 우선해야 한다	모르겠다
전체 평균	44.2	47.0	8.8
20대 여자	66.0	19.9	14.1

	경제성장 정책이 우선이다	환경보호 정책이 우선이다	모르겠다
전체 평균	47.2	47.5	5.3
20대 여자	28.8	61.9	9.2

(단위: %)

[표 1-1-34] 다음 중 어느 쪽 입장에 가까우십니까?

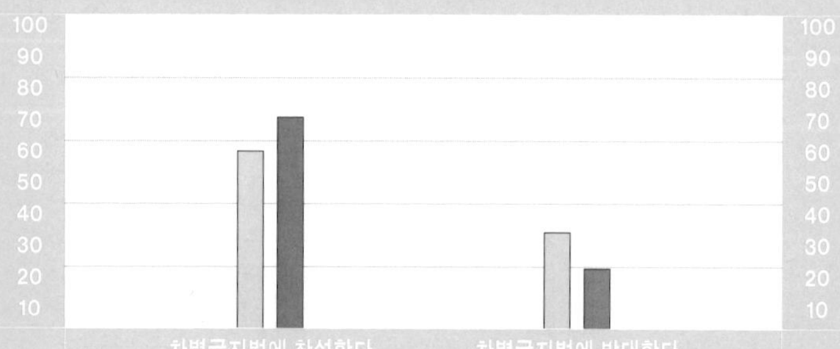

	차별금지법에 찬성한다	차별금지법에 반대한다	모르겠다
전체 평균	56.6	30.9	12.5
20대 여자	67.5	19.4	13.1

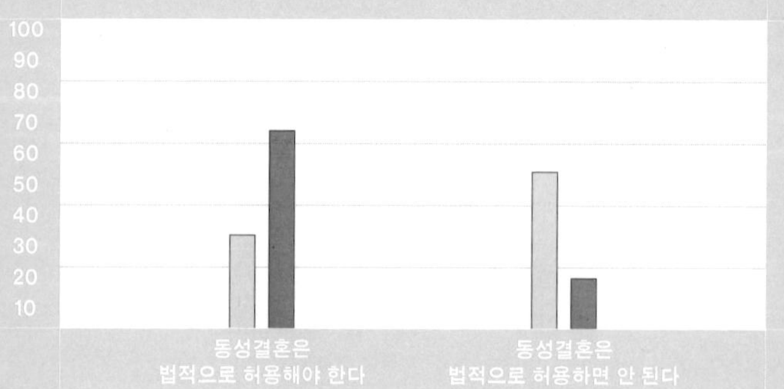

	동성결혼은 법적으로 허용해야 한다	동성결혼은 법적으로 허용하면 안 된다	모르겠다
전체 평균	30.3	50.9	18.7
20대 여자	64.1	16.5	19.4

(단위: %)

[표 1-1-34] 다음 중 어느 쪽 입장에 가까우십니까?

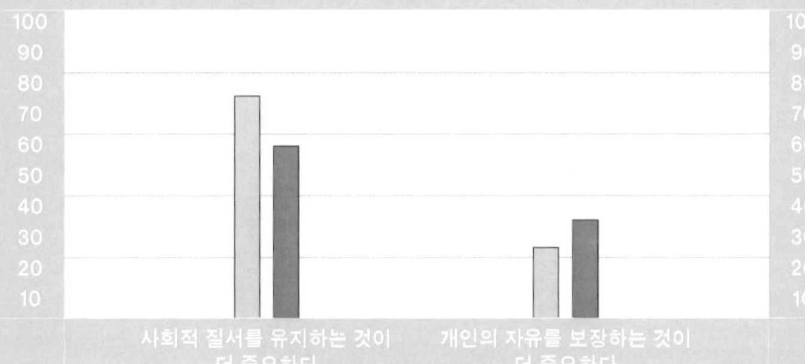

	사회적 질서를 유지하는 것이 더 중요하다	개인의 자유를 보장하는 것이 더 중요하다	모르겠다
전체 평균	72.4	23.2	4.4
20대 여자	56.1	32.1	11.8

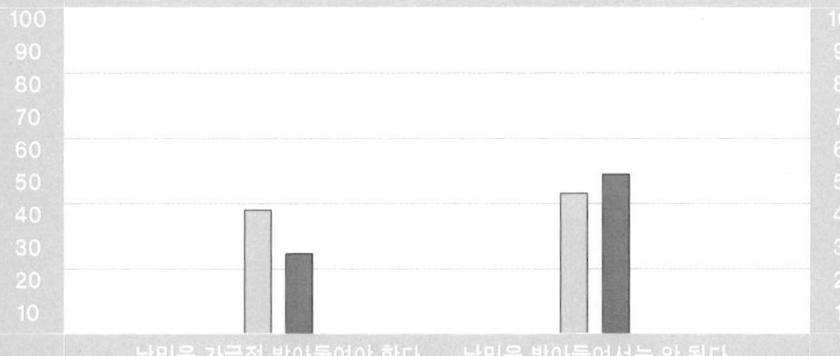

	난민은 가급적 받아들여야 한다	난민은 받아들여서는 안 된다	모르겠다
전체 평균	38.0	43.1	18.9
20대 여자	24.7	49.0	26.3

(단위: %)

[표 1-1-34] 다음 중 어느 쪽 입장에 가까우십니까?

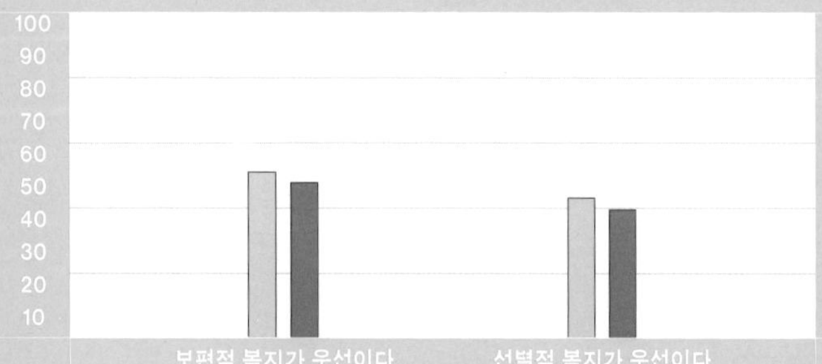

	보편적 복지가 우선이다	선별적 복지가 우선이다	모르겠다
전체 평균	51.0	43.1	5.9
20대 여자	47.8	39.5	12.8

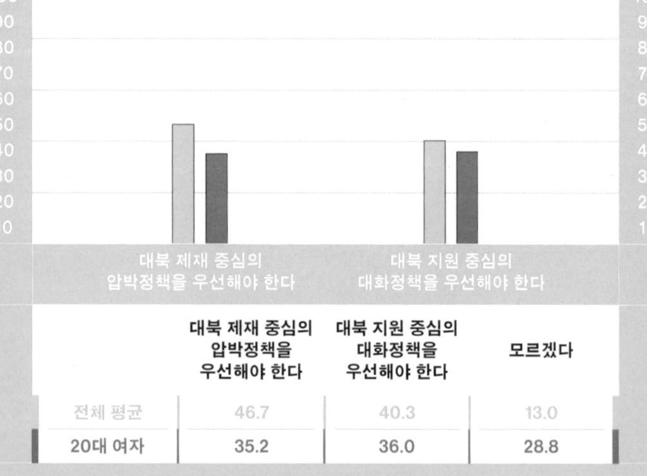

	대북 제재 중심의 압박정책을 우선해야 한다	대북 지원 중심의 대화정책을 우선해야 한다	모르겠다
전체 평균	46.7	40.3	13.0
20대 여자	35.2	36.0	28.8

(단위: %)

[표 1-1-34] 다음 중 어느 쪽 입장에 가까우십니까?

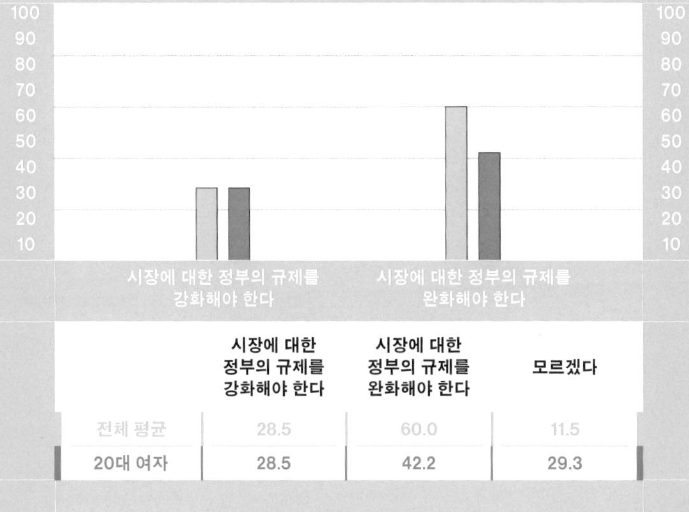

	시장에 대한 정부의 규제를 강화해야 한다	시장에 대한 정부의 규제를 완화해야 한다	모르겠다
전체 평균	28.5	60.0	11.5
20대 여자	28.5	42.2	29.3

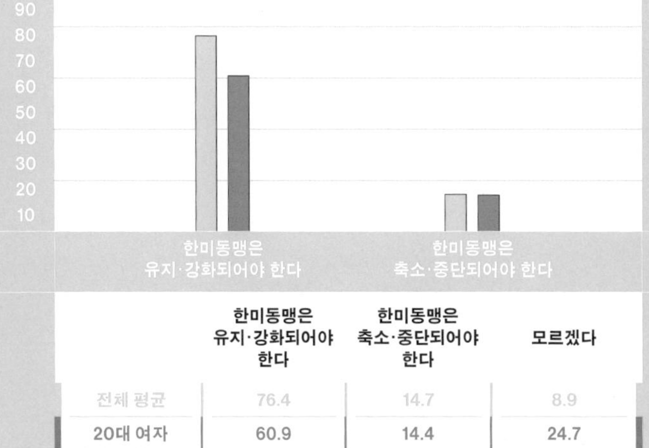

	한미동맹은 유지·강화되어야 한다	한미동맹은 축소·중단되어야 한다	모르겠다
전체 평균	76.4	14.7	8.9
20대 여자	60.9	14.4	24.7

(단위: %)

[표 1-1-34] 다음 중 어느 쪽 입장에 가까우십니까?

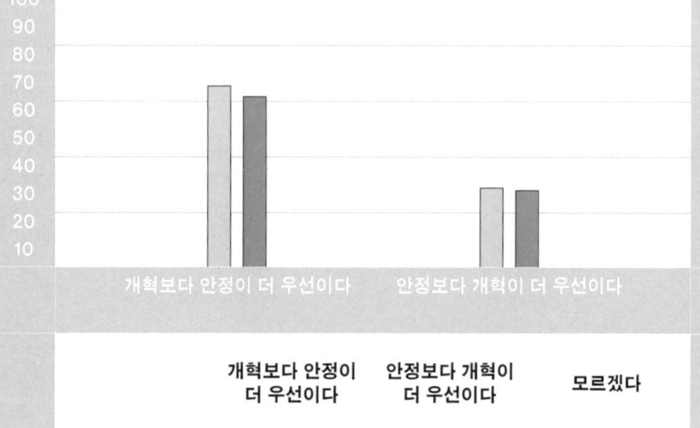

	개혁보다 안정이 더 우선이다	안정보다 개혁이 더 우선이다	모르겠다
전체 평균	65.5	28.9	5.7
20대 여자	61.7	28.0	10.3

(단위: %)

에 난민 30.9%(전체 평균 26.8%), 외국인 노동자·이민자 53.7%(전체 평균 45.7%)라고 응답했다(표 1-1-36). '가족으로 받아들일 수 있다'에는 난민 12.3%(전체 평균 9.5%), 외국인 노동자·이민자 27.3%(전체 평균 17.4%)라고 답해 전체 평균보다 높았다. 남성(38.7도)에 대한 20대 여성의 감정온도가 평균(56.7도)에 비해 두 자릿수 이상 낮다는 점도 눈에 띄었다.

20대 여성은 자신이 생각하는 사회적 약자를 돕기 위해 연대 활동을 많이 해본 편이다. 특히 온라인과 소셜미디어에서 강도 높게 활동하는 경향이 두드러졌다. 세 번 이상 활동했다고 응답한 20대 여성(14.5%)은 전체 평균(6.3%)의 2배 이상이었다(표 1-1-37). '글·댓글·사진·동영상 등에 공감·좋아요를 표시했다(87.3%)'거나 '청와대·국회 국민청원 게시글에 동의를 표시했다(83.1%)'고 했다(표 1-1-38). 이를 위해 자발적으로 돈을 써본 적이 세 번 이상 있다는 20대 여성(17.3%)도 전체 평균(10.4%)보다 높았다(표 1-1-39). 조용히, 티가 덜 나게, 하지만 의사는 제대로 표현하겠다는 모습이다.

지지하는 정치세력 관련 질문이 이 특징을 드라마틱하게 드러낸다(표 1-1-40). 〈시사IN〉은 조사 대상자들에게 '법과 사회질서 확립 우선' '정부 개입의 최소화 우선' '경제적 재분배 우선' '사회적 소수자가 겪는 차별 금지와 다양성 우선'의 정치세력 가운데 1순위를 골라달라고 요구했다. 권위주의, 자유(지상)주의, 사회민주주의, 다문화주의 중 어디를 지지하느냐는 질문의 변용인 셈이다. 각각은 올드라이트(old right)와 뉴라이트(new right), 올드레프트(old left)와 뉴레프트

[표 1-1-35] 13개 사회집단에 대한 연령대별·성별 감정온도

0: 매우 부정적 – 100: 매우 긍정적

		전체 평균	20대 남자	20대 여자	30대 남자	30대 여자	40대 남자	40대 여자	50대 남자	50대 여자	60세 이상 남자	60세 이상 여자
①	남성	56.7	61.1	38.7	59.3	51.4	59.0	52.3	62.5	54.8	65.7	56.4
②	여성	61.3	51.4	67.8	53.8	64.5	59.8	59.4	63.0	62.5	64.7	63.1
③	게이	25.8	27.7	38.0	26.4	37.0	22.6	27.5	20.5	25.7	16.7	24.6
④	레즈비언	28.3	30.4	50.5	29.3	40.2	27.2	28.2	22.7	25.5	17.0	24.5
⑤	트랜스젠더	26.3	27.9	33.3	26.7	35.4	23.3	27.9	24.2	26.1	18.6	26.0
⑥	조선족	32.8	16.2	24.9	24.7	24.6	33.2	33.1	40.0	37.5	44.1	37.7
⑦	난민	30.6	23.2	30.7	26.6	26.0	30.0	28.4	35.3	32.7	37.2	31.0
⑧	장애인	58.7	56.2	57.5	57.1	57.0	57.5	56.9	62.8	57.1	61.3	60.5
⑨	페미니스트	32.1	14.3	53.3	20.6	39.3	25.4	33.7	29.9	35.4	31.7	36.4
⑩	안티페미니스트	25.5	32.2	21.1	28.4	20.7	29.3	23.0	25.7	25.4	24.4	24.5
⑪	비정규직	60.1	53.3	58.5	56.3	58.7	62.3	56.8	64.5	58.3	63.4	63.8
⑫	서울 강남3구 거주자	44.9	44.4	44.8	40.5	43.7	41.8	43.9	45.4	46.7	45.6	48.8
⑬	임대주택/아파트 거주자	56.8	50.9	54.8	52.5	53.4	56.8	55.5	61.0	56.4	61.0	59.6

안티페미니스트: 반여성주의자

(단위: ℃)

[표 1-1-36] 귀하는 다음 사람들을 어느 정도 관계까지 받아들일 수 있습니까?

복수응답

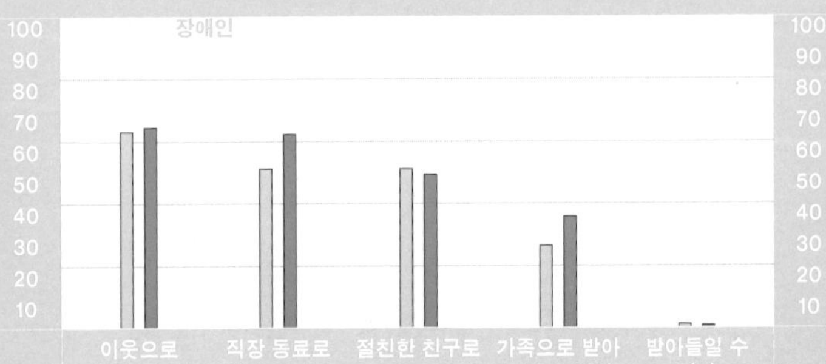

	이웃으로 지낼 수 있다	직장 동료로 지낼 수 있다	절친한 친구로 지낼 수 있다	가족으로 받아들일 수 있다	받아들일 수 없다
전체 평균	63.1	51.1	51.1	26.4	1.3
20대 여자	64.5	62.3	49.3	35.8	1.0

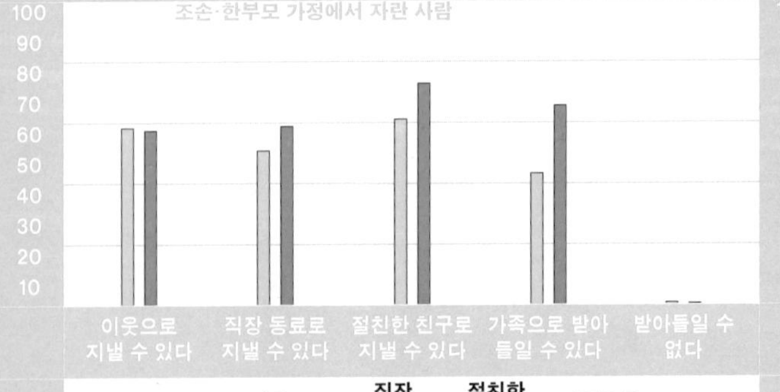

	이웃으로 지낼 수 있다	직장 동료로 지낼 수 있다	절친한 친구로 지낼 수 있다	가족으로 받아들일 수 있다	받아들일 수 없다
전체 평균	58.3	50.8	61.1	43.3	0.6
20대 여자	57.4	58.8	72.8	65.5	0.3

(단위: %)

[표 1-1-36] 귀하는 다음 사람들을 어느 정도 관계까지 받아들일 수 있습니까?

복수응답

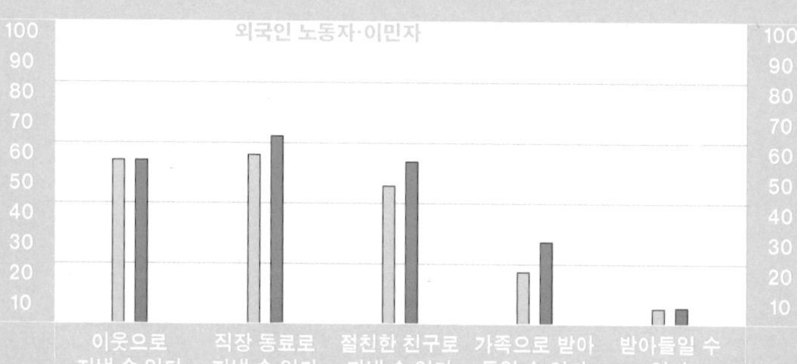

	이웃으로 지낼 수 있다	직장 동료로 지낼 수 있다	절친한 친구로 지낼 수 있다	가족으로 받아들일 수 있다	받아들일 수 없다
전체 평균	54.2	56.0	45.7	17.4	5.2
20대 여자	54.2	62.2	53.7	27.3	5.5

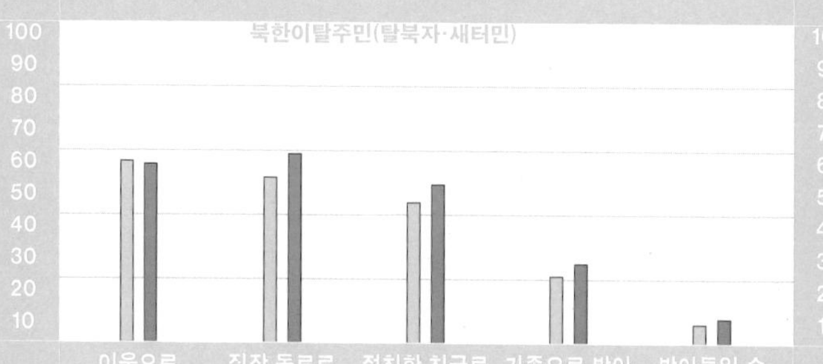

	이웃으로 지낼 수 있다	직장 동료로 지낼 수 있다	절친한 친구로 지낼 수 있다	가족으로 받아들일 수 있다	받아들일 수 없다
전체 평균	56.6	51.6	43.9	21.0	6.1
20대 여자	55.7	58.9	49.5	24.9	7.8

(단위: %)

[표 1-1-36] 귀하는 다음 사람들을 어느 정도 관계까지 받아들일 수 있습니까?

복수응답

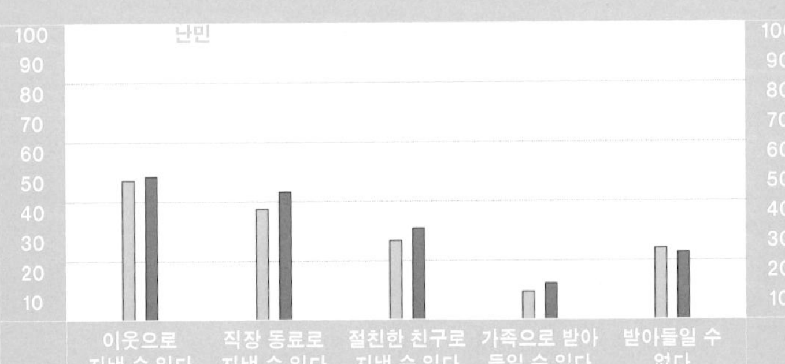

	이웃으로 지낼 수 있다	직장 동료로 지낼 수 있다	절친한 친구로 지낼 수 있다	가족으로 받아들일 수 있다	받아들일 수 없다
전체 평균	47.1	37.5	26.8	9.5	24.1
20대 여자	48.4	43.2	30.9	12.3	22.7

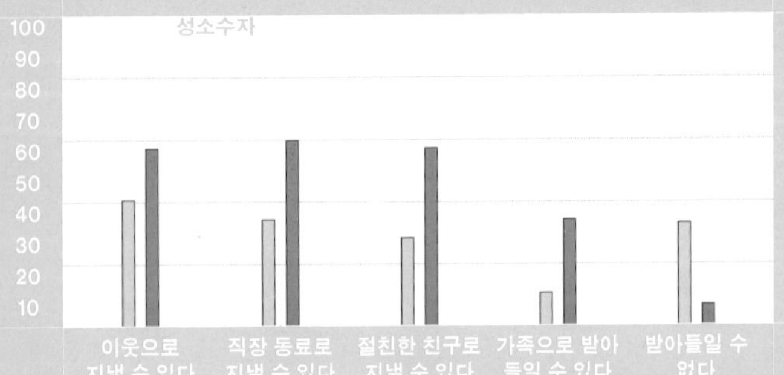

	이웃으로 지낼 수 있다	직장 동료로 지낼 수 있다	절친한 친구로 지낼 수 있다	가족으로 받아들일 수 있다	받아들일 수 없다
전체 평균	40.7	34.3	28.3	10.6	33.0
20대 여자	57.3	59.8	57.3	34.2	6.8

(단위: %)

[표 1-1-36] 귀하는 다음 사람들을 어느 정도 관계까지 받아들일 수 있습니까?

복수응답

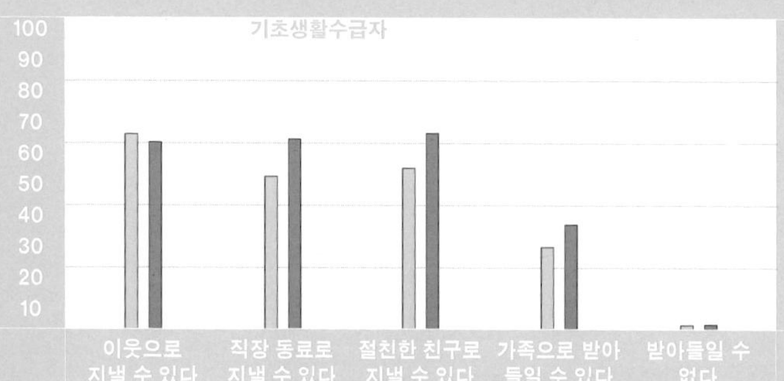

	이웃으로 지낼 수 있다	직장 동료로 지낼 수 있다	절친한 친구로 지낼 수 있다	가족으로 받아들일 수 있다	받아들일 수 없다
전체 평균	62.9	49.2	51.9	26.6	1.5
20대 여자	60.3	61.3	63.2	33.8	1.7

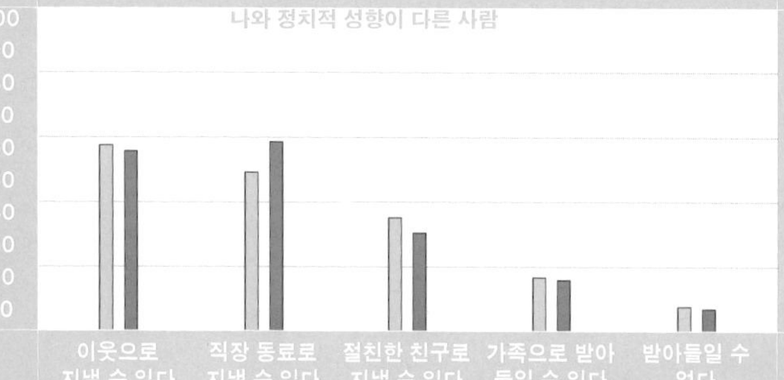

	이웃으로 지낼 수 있다	직장 동료로 지낼 수 있다	절친한 친구로 지낼 수 있다	가족으로 받아들일 수 있다	받아들일 수 없다
전체 평균	57.5	49.2	35.1	16.7	7.7
20대 여자	55.7	58.6	30.4	15.9	7.0

(단위: %)

[표 1-1-36] 귀하는 다음 사람들을 어느 정도 관계까지 받아들일 수 있습니까?

복수응답

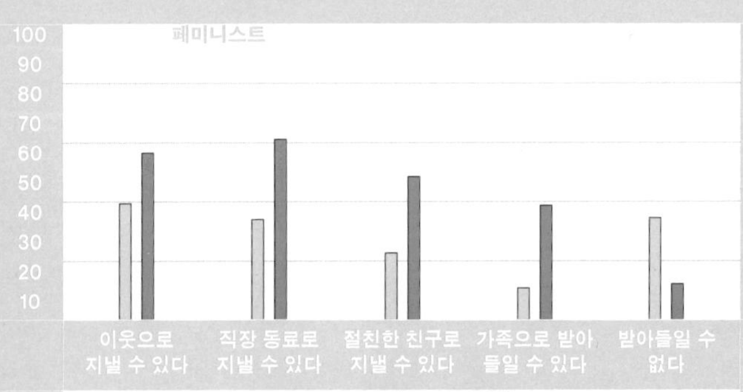

	이웃으로 지낼 수 있다	직장 동료로 지낼 수 있다	절친한 친구로 지낼 수 있다	가족으로 받아들일 수 있다	받아들일 수 없다
전체 평균	39.4	34.0	22.7	10.9	34.5
20대 여자	56.4	61.1	48.4	38.7	12.3

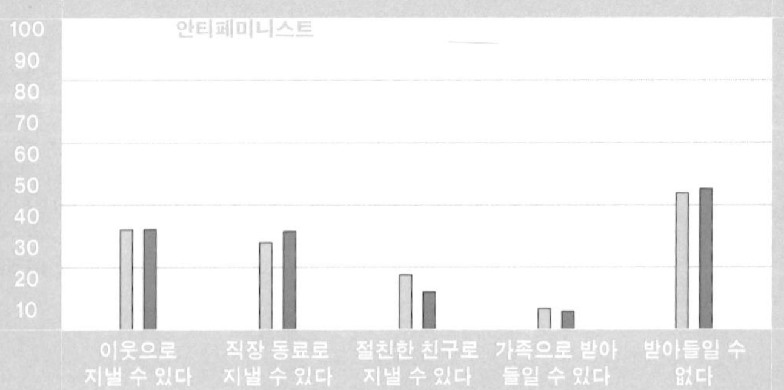

	이웃으로 지낼 수 있다	직장 동료로 지낼 수 있다	절친한 친구로 지낼 수 있다	가족으로 받아들일 수 있다	받아들일 수 없다
전체 평균	32.1	27.9	17.6	6.8	43.8
20대 여자	32.2	31.5	12.2	5.9	45.2

(단위: %)

(new left)를 표상하는 표현이기도 하다.

이념 지형의 새로운 균열

한국인 전반은 법과 사회질서 확립을 우선시하는 세력을 가장 선호하는 것으로 나타났다. 전체 응답자 기준으로 보면 49.2%가 1순위로 꼽았다. 2위 경제적 재분배를 우선시하는 세력(17.6%), 3위 사회적 소수자가 겪는 차별 금지와 다양성을 우선시하는 세력(12.7%), 4위 정부 개입의 최소화를 우선시하는 세력(10.7%)으로 나타났다. 지지 세력에 대한 선호 순위는 전체 연령대와 연령대별 순위가 대체로 일치했다. 이를테면 60세 이상의 경우에도 남녀 모두 1위가 법과 사회질서 확립 우선시 세력, 2위가 경제적 재분배 우선시 세력인 식이다.

그런데 20대만 달랐다. 20대 여성과 20대 남성 모두 전체 순위와 다른 세력을 1, 2위로 꼽았다. 20대 여성이 가장 선호하는 정치세력은 사회적 소수자가 겪는 차별을 금지하고 다양성을 우선시하는 세력(32.1%)이었다. 전체 연령대별·성별 집단 중 유일하게 법과 사회질서 확립을 우선시하는 세력에 1등을 내주지 않았다. 20대 남성은 지지 세력 순위 1위가 법과 사회질서를 우선시하는 세력(38.6%)이되, 2위로 정부 개입의 최소화를 우선시하는 세력(20.7%)을 꼽았다.

"정치세력을 도식화하는 다소 도전적이고 무리한 시도임에도 불구하고, 20대 여성과 남성에게 보이는 새로운 정치적 경향을 포착하기 위해 설계한 질문이었다. 20대 여성

[표 1-1-37] 최근 1년간 온라인 및 SNS에서 사회적 약자를 돕기 위한 연대 활동을 한 일이 있나요?

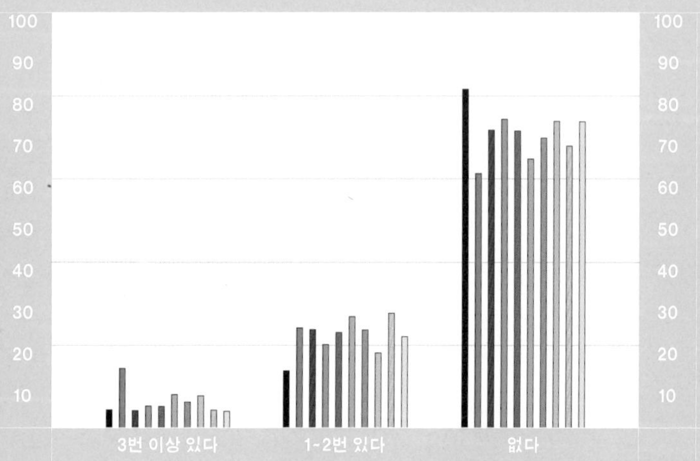

	3번 이상 있다	1~2번 있다	없다
전체 평균	6.3	22.6	71.2
20대 남자	4.5	13.9	81.6
20대 여자	14.5	24.2	61.3
30대 남자	4.3	23.8	71.8
30대 여자	5.4	20.2	74.4
40대 남자	5.3	23.1	71.6
40대 여자	8.2	26.9	64.8
50대 남자	6.4	23.7	69.9
50대 여자	7.9	18.2	73.9
60세 이상 남자	4.4	27.7	67.9
60세 이상 여자	4.1	22.1	73.8

(단위: %)

[표 1-1-38] 온라인 및 SNS에서 해본 연대 활동은 무엇인가요?

연대 활동 유경험자만 복수응답

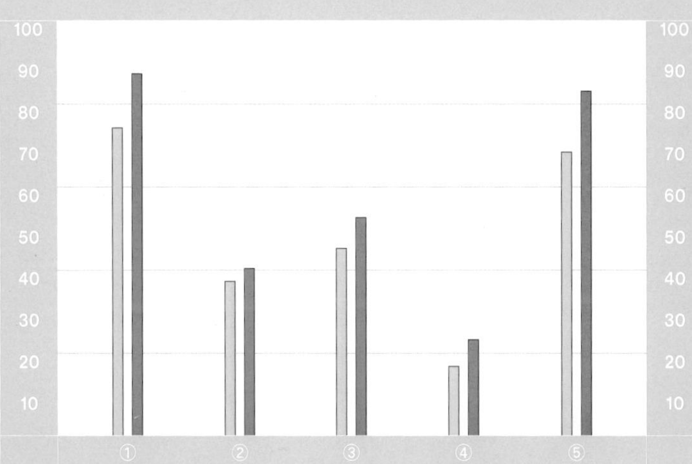

		전체 평균	20대 여자
①	글·댓글·사진·동영상에 공감·좋아요 표시	74.3	87.3
②	SNS, 카페, 커뮤니티 사이트, 밴드 등에 글·댓글·사진·동영상을 게시	37.3	40.4
③	SNS, 카페, 커뮤니티 사이트, 밴드 등에 글·사진·동영상을 공유	45.3	52.7
④	청와대·국회 국민청원 게시글 작성	16.9	23.3
⑤	청와대·국회 국민청원 게시글에 동의 표시	68.4	83.1
⑥	기타	1.2	0.9

(단위: %)

[표 1-1-39] 최근 1년간 사회적 약자를 돕기 위해 자발적으로 돈을 지불한 일이 있나요?

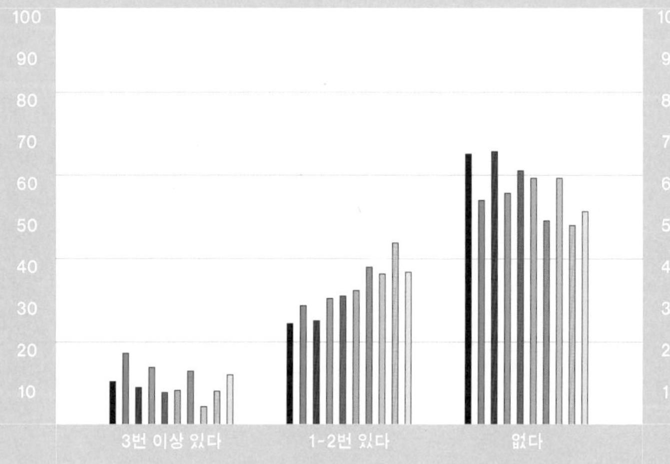

	3번 이상 있다	1~2번 있다	없다
전체 평균	10.4	33.6	56.0
20대 남자	10.5	24.4	65.1
20대 여자	17.3	28.7	54.0
30대 남자	9.1	25.1	65.7
30대 여자	13.9	30.4	55.7
40대 남자	7.9	31.0	61.1
40대 여자	8.4	32.3	59.3
50대 남자	13.0	37.9	49.1
50대 여자	4.4	36.3	59.3
60세 이상 남자	8.2	43.8	48.0
60세 이상 여자	12.1	36.7	51.3

(단위: %)

은 '사회적 소수자 차별 금지와 다양성'을, 20대 남성은 '정부 개입의 최소화'를 선호할 거라는 가설이 정확하게 맞아 적잖이 놀랐다. 한국 사회를 20년 넘게 설명한 진보/보수의 이념 지형에 새로운 균열이 생기고 있다는 사실을 보여주는 단초다." 데이터를 살펴본 국승민 교수의 말이다.

새로운 이념 지형의 균열이 20대 남성과 여성 안에서 유독 크게 일어나고 있다는 점은 분명하다. 이것이 의미하는 바는 무엇일까. 다음 장에서는 이 질문을 중심에 두고 이야기를 풀어갈 예정이다.

[표 1-1-40] 다음 중 가장 지지하는 정치세력은 어디입니까?

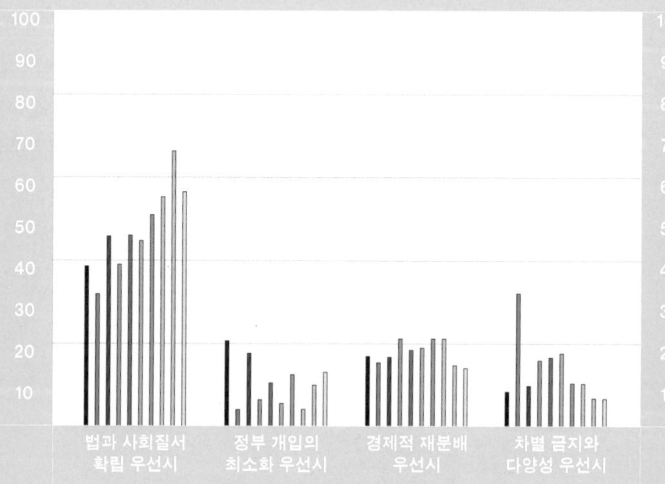

	법과 사회질서 확립 우선시	정부 개입의 최소화 우선시	경제적 재분배 우선시	차별 금지와 다양성 우선시	모르겠다
전체 평균	49.2	10.7	17.6	12.7	9.8
20대 남자	38.6	20.7	17.0	8.5	15.1
20대 여자	31.9	4.1	15.5	32.1	16.4
30대 남자	45.9	17.7	16.8	9.9	9.6
30대 여자	39.0	6.5	21.2	16.0	17.3
40대 남자	46.1	10.6	18.5	16.7	8.0
40대 여자	44.8	5.6	19.0	17.7	12.9
50대 남자	51.0	12.6	21.2	10.5	4.9
50대 여자	55.3	4.2	21.2	10.4	9.0
60세 이상 남자	66.3	10.1	14.8	6.9	1.9
60세 이상 여자	56.5	13.2	14.1	6.8	9.4

(단위: %)

20대 여성 전반은 페미니즘에 우호적이다. 1장에서 드러나듯 20대 여성의 친페미니즘 성향은 20대 남성의 반페미니즘 성향과 또렷하게 대비된다. 이것이 의미하는 바는 무엇일까? 페미니즘 지수로 20대 여성 내부를 들여다보았다.

페미니즘 지수란, 이번 웹 조사에서 제시한 페미니즘과 관련한 여섯 가지 진술('나는 스스로 페미니스트라고 생각한다' '페미니즘은 남녀의 동등한 지위와 기회 부여를 이루려는 운동이다' '페미니즘은 한국 여성의 지위 향상에 기여해왔다' '페미니즘은 여성을 피해자로만 생각한다' '페미니즘은 성평등보다 여성우월주의를 주장한다' '페미니즘이나 페미니스트에 거부감이 든다')에 대한 응답을 두고 산출한 결과다(표 1-2-1).

각 질문에 대한 답변은 다섯 가지(매우 동의, 약간 동의, 별로 동의 안 함, 전혀 동의 안 함, 모르겠다)였다. 반대·부정 응답을 -2점(강한 반대), -1점(약한 반대)으로 계산했다. 찬성·긍정 응답을 +2점(강한 찬성), +1점(약한 찬성)으로 보았다. 모르겠다는 응답은 0점으로 산정했다.

이를 통해 -12점(여섯 가지 진술에 모두 강한 반대)에서 +12점(여섯 가지 진술에 모두 강한 찬성)에 이르는 페미니즘 지수가 나왔다. 〈20대 남자〉에서도 20대 남자 현상을 분석하기 위해 이 지수를 사용한 바 있다.

페미니즘 지수 +6점부터 +12점까지를 '강한 페미니즘 집단'이라고 할 수 있다. 6개 질문 모두에 평균적으로 약한 찬성(+1점) 이상을 골랐다는 뜻이다. 20대 여성 37.1%가 페미니즘 지수 +6점 이상으로 분류되었다(표 1-2-2). 이번 〈시사IN〉 웹 조사에서 강한 페미니즘 집단으로 분류된 20대 여성들은 일부 항목에 대해 전부 동의하거나 동의하지 않는(100% 혹은 0%) 경우가 제법 있다. 해당 집단 내의 동질성과 응집력이 굉장히 강해야 가능한 일이다.

20대 여성의 단호한 응답, "결혼은 필수가 아니다"

예컨대 강한 페미니즘 성향으로 분류된 20대 여성 중 단 한 명도 '결혼은 반드시 해야 한다'에 동의하지 않았다(동의 0%, 표 1-2-3). 물론 세대와 성별을 막론한 전체 응답자 가운데서도 이 비율은 36.9%(매우 동의 8.4% + 약간 동의 28.5%)에 그쳐 '결혼은 선택'이라는 세태를 반영한다. 그러나 강한 페미니즘 집단으로 분류된 20대 여성들의 답은 단호했다. 전원이 결혼은 필수가 아니라는 답변을 내놓았다.

현행 민법상 자녀는 아버지 성(父姓)을 따른다. 다만 부부가 혼인신고를 할 때 협의하면 어머니 성(母姓)을 물려줄 수 있다. 이와 관련된 질문인 '부부가 협의하면 자녀에게 엄마 성을 물려줄 수 있지만 가급적 아빠 성을 물려줘야 한다'에 대해서도 강한 페미니즘 성향 20대 여성 중 8.4%만 동의했다(매우 동의 0.9% + 약간 동의 7.5%, 표 1-2-4). 전체 평균은 50.0%였다(매우 동의 16.9% + 약간 동의 33.1%). 또한 이 집단의 89.7%가 '사회경제적 여건이 된다면 싱글 맘(대디)도 할 수 있다'고 답했다(매우 동의 57.4% + 약간 동의 32.3%, 표 1-2-5). 전체 평균은 67.9%

[표 1-2-1] 페미니즘 찬반 지수 측정법

		전혀 동의 안 함	별로 동의 안 함	모르겠다	약간 동의	매우 동의
①	나는 스스로 페미니스트라고 생각한다					
②	페미니즘은 남녀의 동등한 지위와 기회 부여를 이루려는 운동이다					
③	페미니즘은 한국 여성의 지위 향상에 기여해왔다					
④	페미니즘은 여성을 피해자로만 생각한다					
⑤	페미니즘은 성평등보다 여성우월주의를 주장한다					
⑥	페미니즘이나 페미니스트에 거부감이 들 때가 있다					

❶ 1~3번 문항에 찬성·긍정하면 +2점(강한 찬성), +1점(약한 찬성)으로, 반대·부정하면 -2점(강한 반대), -1점(약한 반대)으로 계산한다.

❷ 4~6번 문항에 찬성·긍정하면 -2점(강한 찬성), -1점(약한 찬성)으로, 반대·부정하면 +2점(강한 반대), +1점(약한 반대)으로 계산한다.

❸ 여섯 문항의 결괏값을 더한다. -12점부터 +12점까지 결과가 분포한다.

[표 1-2-2] 20대 남녀의 페미니즘 지수 분포도

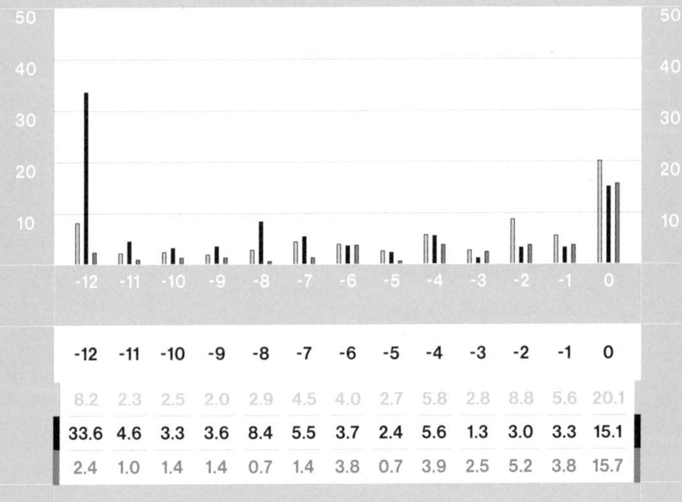

	-12	-11	-10	-9	-8	-7	-6	-5	-4	-3	-2	-1	0
전체 평균	8.2	2.3	2.5	2.0	2.9	4.5	4.0	2.7	5.8	2.8	8.8	5.6	20.1
20대 남자	33.6	4.6	3.3	3.6	8.4	5.5	3.7	2.4	5.6	1.3	3.0	3.3	15.1
20대 여자	2.4	1.0	1.4	1.4	0.7	1.4	3.8	0.7	3.9	2.5	5.2	3.8	15.7

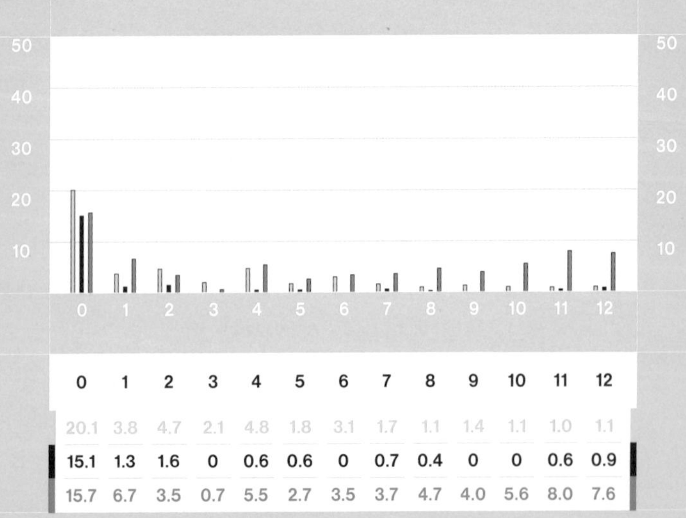

	0	1	2	3	4	5	6	7	8	9	10	11	12
전체 평균	20.1	3.8	4.7	2.1	4.8	1.8	3.1	1.7	1.1	1.4	1.1	1.0	1.1
20대 남자	15.1	1.3	1.6	0	0.6	0.6	0	0.7	0.4	0	0	0.6	0.9
20대 여자	15.7	6.7	3.5	0.7	5.5	2.7	3.5	3.7	4.7	4.0	5.6	8.0	7.6

(단위: %)

였다(매우 동의 22.3% + 약간 동의 45.6%).

강한 페미니즘 성향의 20대 여성들은 현 시스템을 강하게 비판했다. 문제의식은 젠더 영역에만 머물지 않았다. 분배·노동·환경 등의 영역에 대한 비판 의식으로 번져나갔다. 이들의 96.2%가 성별 임금격차가 여성에게 불공정하다고 답했다(매우 동의 38.9% + 약간 동의 57.3%, 표 1-2-6). 한국 여자들이 성범죄에 대해 느끼는 두려움이 크다는 응답은 무려 99.1%에 달했다(매우 동의 63.0% + 약간 동의 36.1%, 표 1-2-7). 가난의 책임이 어디에 있느냐는 질문에 이들은 '사회구조의 책임이 더 크다(90.6%)'고 응답했다(표 1-2-8). 노동 이슈도 마찬가지였다. 비정규직과 정규직 간 월급 차이는 개인의 능력과 노력 부족이 아닌 '사회와 기업이 비정규직을 차별해서(97.0%)'라고 답했다(표 1-2-9). 둘 다 전체 평균(각각 60.4%, 84.1%)을 웃도는 응답이다. 이 집단에서 단 한 명도 '지금 아이를 낳는다면 여자아이가 더 살기 좋다'라는 문장에 동의하지 않은 것(동의 0%)은 자못 당연한 귀결로 보인다(표 1-2-10).

강한 페미니즘 그룹, 전체 20대 여성 의견을 견인하다

사회구조가 차별을 만든다는 인식은 소수자에 대한 공감으로 이어졌다. 강한 페미니즘 성향 20대 여성 중 75.0%가 '우리 사회의 소수자가 겪는 일이 내 일처럼 느껴진다'고 응답했다(매우 공감 19.4% + 약간 공감 55.6%, 표 1-2-11). 앞에서 확인했듯 20대 여성은 가장 선호하는 정치세력으로 사회적 소수자가 겪는 차별을 금지하고 다양성을 우선시하는 세력(32.1%)을

[표 1-2-3] 결혼은 반드시 해야 한다

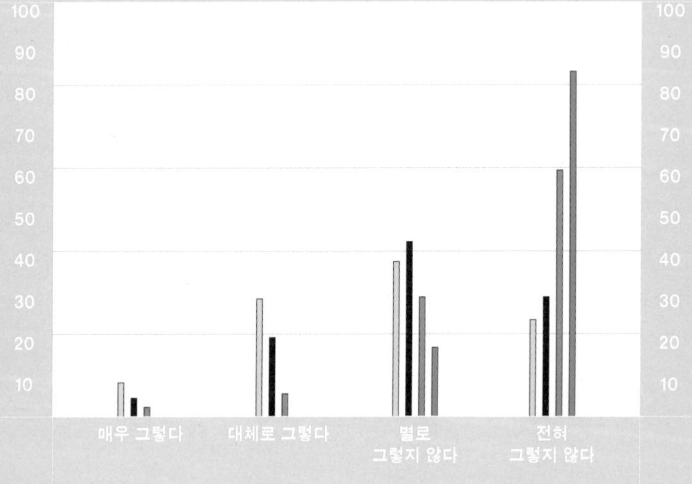

	매우 그렇다	대체로 그렇다	별로 그렇지 않다	전혀 그렇지 않다	모르겠다
전체 평균	8.4	28.5	37.5	23.4	2.2
20대 남자	4.6	19.2	42.3	28.9	5.0
20대 여자	2.4	5.7	28.9	59.4	3.5
강한 페미니즘 성향 20대 여자	0	0	16.8	83.2	0

(단위: %)

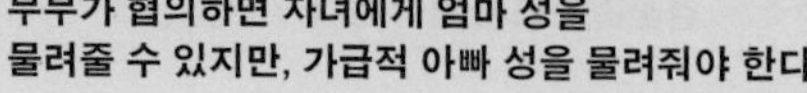

[표 1-2-4] 부부가 협의하면 자녀에게 엄마 성을 물려줄 수 있지만, 가급적 아빠 성을 물려줘야 한다

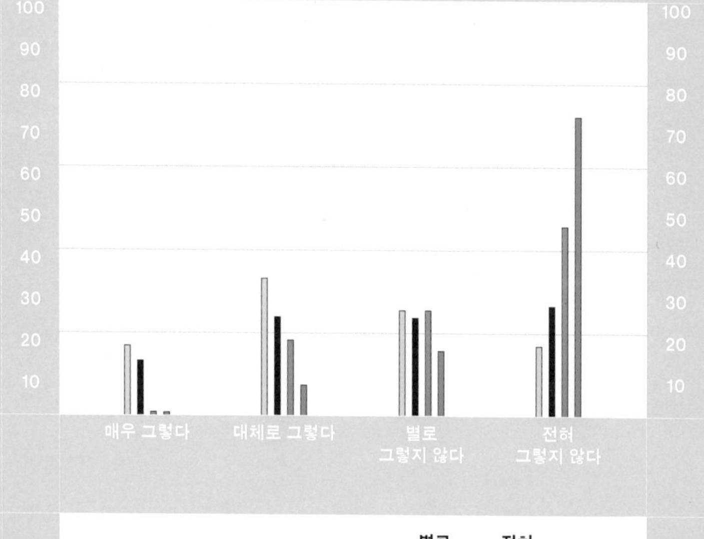

	매우 그렇다	대체로 그렇다	별로 그렇지 않다	전혀 그렇지 않다	모르겠다
전체 평균	16.9	33.1	25.5	17.0	7.5
20대 남자	13.3	23.9	23.7	26.6	12.5
20대 여자	1.0	18.3	25.5	45.8	9.3
강한 페미니즘 성향 20대 여자	0.9	7.5	15.8	72.1	3.7

(단위: %)

[표 1-2-5] 사회경제적 여건이 된다면 싱글 맘(대디)도 할 수 있다

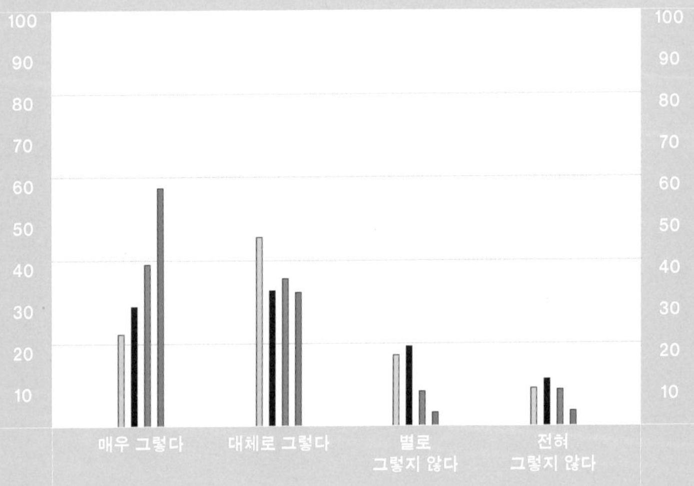

	매우 그렇다	대체로 그렇다	별로 그렇지 않다	전혀 그렇지 않다	모르겠다
전체 평균	22.3	45.6	17.2	9.2	5.7
20대 남자	28.9	32.7	19.3	11.4	7.6
20대 여자	39.0	35.6	8.5	8.9	8.0
강한 페미니즘 성향 20대 여자	57.4	32.3	1.9	3.8	4.6

(단위: %)

[표 1-2-6] 성별 임금격차에 대해 어떤 의견이십니까?

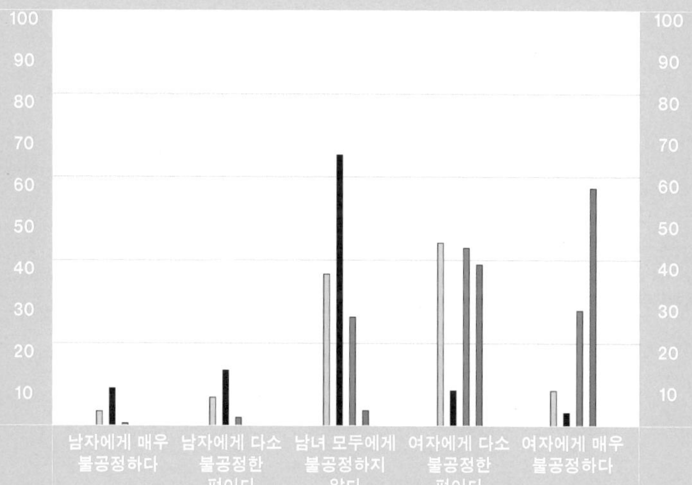

	남자에게 매우 불공정 하다	남자에게 다소 불공정한 편이다	남녀 모두에게 불공정 하지 않다	여자에게 다소 불공정 하다	여자에게 매우 불공정 하다
전체 평균	3.6	7.0	36.6	44.2	8.6
20대 남자	9.2	13.5	65.3	8.7	3.3
20대 여자	0.7	2.1	26.3	43.0	27.9
강한 페미니즘 성향 20대 여자	0	0	3.8	38.9	57.3

(단위: %)

[표 1-2-7] 한국 여자들이 느끼는 성범죄 두려움이 어느 정도라고 생각하십니까?

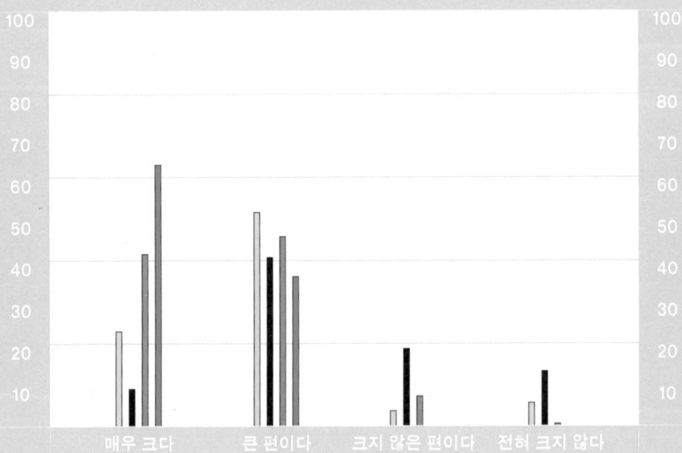

	매우 크다	큰 편이다	크지 않은 편이다	전혀 크지 않다	모르겠다
전체 평균	23.0	51.6	3.8	5.8	11.5
20대 남자	9.2	40.8	18.8	13.4	17.9
20대 여자	41.6	45.8	7.4	0.7	4.5
강한 페미니즘 성향 20대 여자	63.0	36.1	0	0	0.9

(단위: %)

[표 1-2-8] 가난에는 누구의 책임이 조금이라도 더 크다고 보십니까?

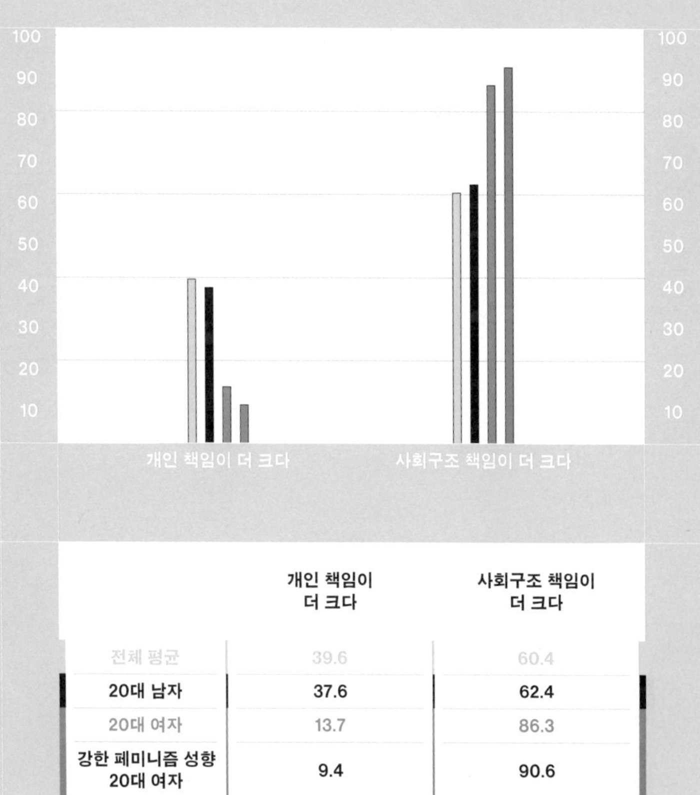

	개인 책임이 더 크다	사회구조 책임이 더 크다
전체 평균	39.6	60.4
20대 남자	37.6	62.4
20대 여자	13.7	86.3
강한 페미니즘 성향 20대 여자	9.4	90.6

(단위: %)

[표 1-2-9] 비정규직과 정규직 간 월급 차이가 발생하는 이유 중 무엇이 더 크다고 생각하십니까?

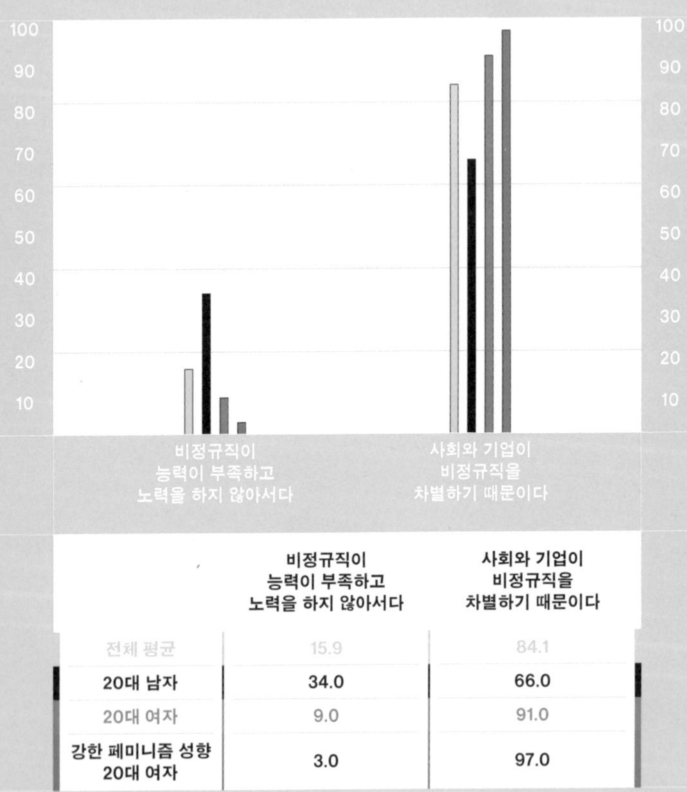

	비정규직이 능력이 부족하고 노력을 하지 않아서다	사회와 기업이 비정규직을 차별하기 때문이다
전체 평균	15.9	84.1
20대 남자	34.0	66.0
20대 여자	9.0	91.0
강한 페미니즘 성향 20대 여자	3.0	97.0

(단위: %)

[표 1-2-10] 지금 아이를 낳는다면 누가 더 살기 좋을 것으로 보십니까?

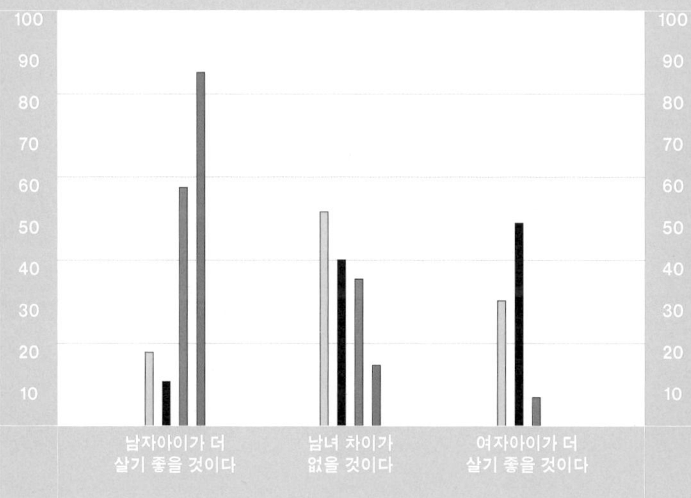

	남자아이가 더 살기 좋을 것이다	남녀 차이가 없을 것이다	여자아이가 더 살기 좋을 것이다
전체 평균	17.9	51.7	30.3
20대 남자	10.9	40.1	49.0
20대 여자	57.5	35.5	7.0
강한 페미니즘 성향 20대 여자	85.2	14.8	0

(단위: %)

[표 1-2-11] 우리 사회의 사회적 소수자가 겪는 일이 내 일처럼 느껴지십니까?

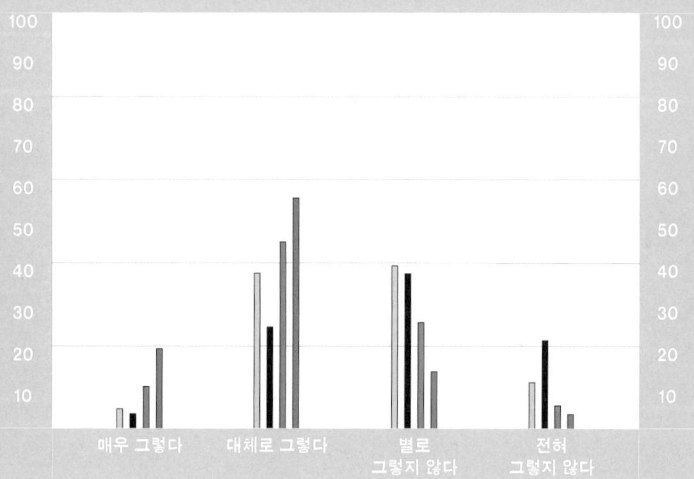

	매우 그렇다	대체로 그렇다	별로 그렇지 않다	전혀 그렇지 않다	모르겠다
전체 평균	4.9	37.5	39.3	11.3	7
20대 남자	3.7	24.6	37.4	21.4	12.9
20대 여자	10.3	45.1	25.7	5.7	13.1
강한 페미니즘 성향 20대 여자	19.4	55.6	13.9	3.6	7.5

(단위: %)

꼽았다. 전체 집단 중 유일하게 '법과 사회질서 확립 우선시' 세력에게 1등을 내어주지 않았다. 이러한 20대 여성의 정치적 선호를 형성하는 데에는 강한 페미니즘 성향을 띤 20대 여성들의 역할이 컸다. 같은 20대 여성 안에서도 페미니즘 지수가 +6 이상인 여성의 56.4%, 페미니즘 지수가 +5 이하인 여성의 17.5%가 '사회적 소수자가 겪는 차별 금지와 다양성을 우선시하는 세력'을 우선순위로 꼽았다. 강한 페미니즘 그룹의 20대 여성이 전체 20대 여성의 의견을 끌고 가는 모양새였다(표 1-2-12).

강한 페미니즘 성향의 20대 여성들이 사회적 소수자를 누구라고 생각하는지 알아보기 위해 구체적인 사건을 제시했다. 빈곤(송파 세 모녀 사건), 비정규직(구의역 김 군 사건), 군 인권(윤 일병 사건), 디지털 성범죄와 온라인 학대(연예인 설리·구하라 사건), 트랜스젠더 인권(변희수 하사 사건) 등으로 대표되는 최근 한국 사회의 주요 사건이 '내 일처럼 느껴지느냐'고 물었다. 강한 페미니즘 성향의 20대 여성들은 송파 세 모녀 사건(84.0%)과 연예인 설리·구하라 사건(83.5%)에 가장 감정이입했다(표 1-2-13). 또한 이들 중 대다수는 집값이 떨어지더라도 '내가 사는 동네에 장애인 학교가 들어와도 괜찮다(84.4%)' '내가 사는 동네에 대규모 공공임대 주택단지가 들어와도 괜찮다(89.7%)'고 응답했다(표 1-2-14).

강한 페미니즘 성향을 띤 20대 여성들의 문제의식은 정치와 정책 영역으로도 확장되었다. 이들은 '여성 정치인이 지금보다 대폭 늘어나야 한다'라는 말에 전폭적인 지지를

[표 1-2-12] 다음 중 가장 지지하는 정치세력은?

20대 성별

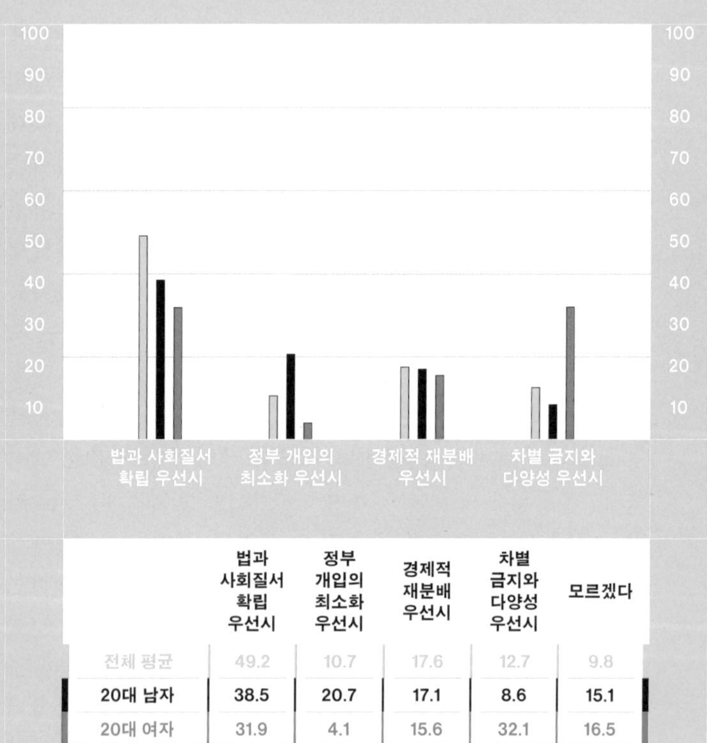

	법과 사회질서 확립 우선시	정부 개입의 최소화 우선시	경제적 재분배 우선시	차별 금지와 다양성 우선시	모르겠다
전체 평균	49.2	10.7	17.6	12.7	9.8
20대 남자	38.5	20.7	17.1	8.6	15.1
20대 여자	31.9	4.1	15.6	32.1	16.5

(단위: %)

[표 1-2-12] 다음 중 가장 지지하는 정치세력은?

페미니즘 지수별

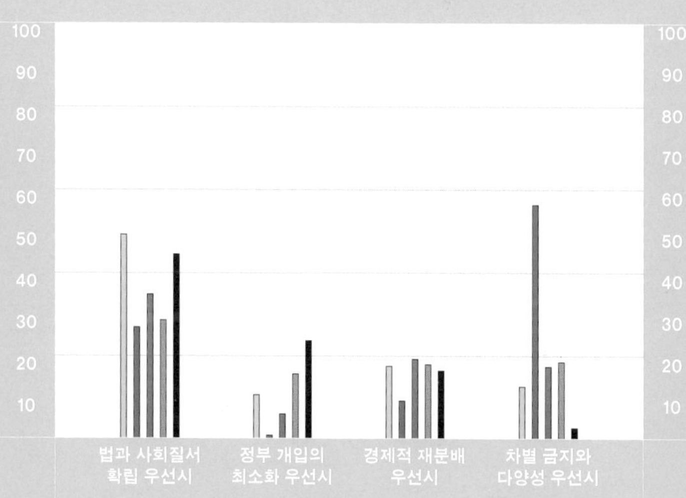

		법과 사회질서 확립 우선시	정부 개입의 최소화 우선시	경제적 재분배 우선시	차별 금지와 다양성 우선시	모르겠다
	전체 평균	49.2	10.7	17.6	12.7	9.8
+6 이상	강한 페미니즘 성향 20대 여자	26.9	0.9	9.3	56.4	6.5
+5 이하	강하지 않은 페미니즘 성향 20대 여자	34.8	6.0	19.3	17.5	22.4
-5 이상	낮지 않은 페미니즘 성향 20대 남자	28.6	15.7	18.0	18.6	19.2
-6 이하	낮은 페미니즘 성향 20대 남자	44.5	23.7	16.5	2.7	12.6

(단위: %)

[표 1-2-13] 나는 다음 사건들이 내 일처럼 느껴진다

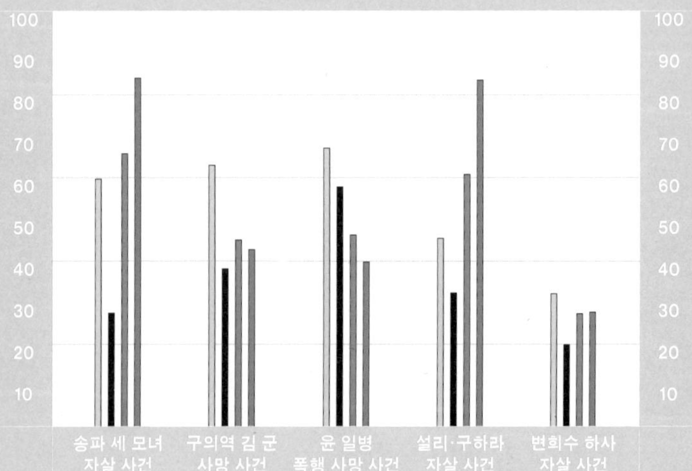

	송파 세 모녀 자살 사건	구의역 김 군 사망 사건	윤 일병 폭행 사망 사건	설리·구하라 자살 사건	변희수 하사 자살 사건
전체 평균	59.7	63.0	67.1	45.5	32.1
20대 남자	27.5	38.1	57.8	32.3	19.9
20대 여자	65.8	45.1	46.3	60.8	27.3
강한 페미니즘 성향 20대 여자	84.0	42.8	39.8	83.5	27.7

설리·구하라: 연예인 | 변희수 하사: 트랜스젠더 군인 (단위: %)

[표 1-2-14] 사회적 약자를 위한 시설에 대해 어떤 의견이십니까?

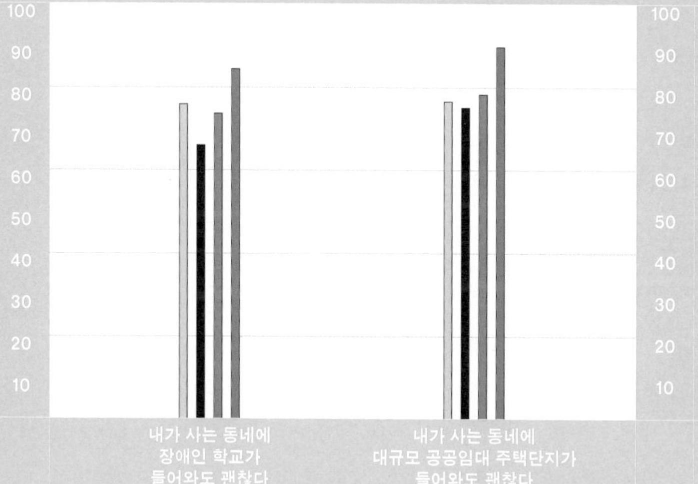

	내가 사는 동네에 장애인 학교가 들어와도 괜찮다	내가 사는 동네에 대규모 공공임대 주택단지가 들어와도 괜찮다
전체 평균	75.9	76.6
20대 남자	66.0	75.1
20대 여자	73.7	78.3
강한 페미니즘 성향 20대 여자	84.4	89.7

(단위: %)

보냈다(98.1%). 전체 평균(49.1%)의 거의 2배다. '여성 정치인은 남성 정치인보다 정치에 대한 이해와 역량이 부족하다'에는 0.6%(전체 평균 32.6%)만 동의했다. '여성가족부는 폐지되어야 한다(9.1%)' '국회의원 비례대표 여성할당제는 남성에 대한 역차별이다(8.2%)' '여성 전용 주차장을 만드는 것은 불합리하다(11.3%)'에 동의하는 비율은 낮았다(표 1-2-15).

이러한 강한 응집력은 정치적 파워로 이어질 수 있을까. 현실 정치권에 대한 평가를 물었다. 먼저 문재인 정부 전반 평가 항목에서 강한 페미니즘 성향 20대 여성의 66.9%가 잘하고 있다고 응답했다(매우 잘하고 있다 11.2% + 대체로 잘하고 있다 55.7%, 표 1-2-16). 페미니즘 지수가 낮은 20대 남성 중 9.8%(매우 잘하고 있다 2.1% + 대체로 잘하고 있다 7.7%)만이 잘하고 있다고 응답한 것과 대조된다. 전체 평균은 39.6%다(매우 잘하고 있다 7.8% + 대체로 잘하고 있다 31.8%). 심지어 문재인 정부가 가장 혹평받은 주거·부동산 정책에 대해서도 강한 페미니즘 성향 20대 여성의 11.9%는 잘하고 있다고 평가했다(표 1-2-17).

전·현직 대통령 호감도에서도 마찬가지였다(표 1-2-18, 표 2-4-3). 대체로 강한 페미니즘 성향의 20대 여성은 더불어민주당 계열 대통령에게 상대적으로 높은 호감도를 보였다. 문재인 대통령(56.5%)과 김대중 전 대통령(56.4%)에 대해 호감이 간다는 응답이 대표적이다. 반대로 국민의힘 계열 대통령에 대해서는 페미니즘 지수가 낮은 20대 남성 가운데 호감을 느끼는 응답자가 많았다. 이명박 전 대통령(47.8%)과 박정희 전 대통령(33.8%)에 대한 반응이 그렇다. 강한 페미니

[표 1-2-15] 다음과 같은 주장에 대해 어떻게 생각하십니까?

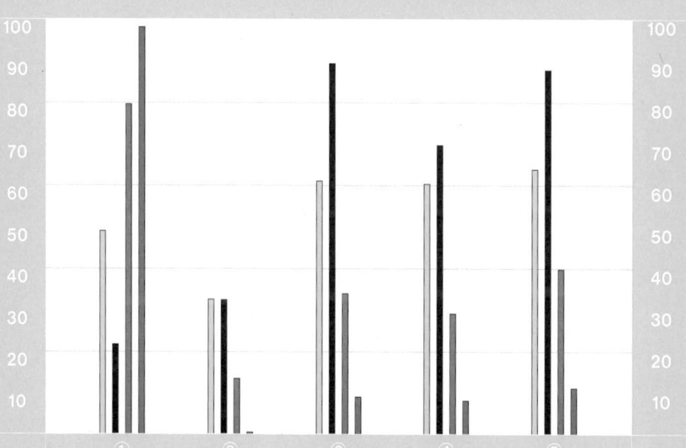

		전체 평균	20대 남자	20대 여자	강한 페미니즘 성향 20대 여자
①	여성 정치인이 지금보다 대폭 늘어나야 한다	49.1	21.8	79.6	98.1
②	여성 정치인은 남성 정치인보다 정치에 대한 이해와 역량이 부족하다	32.6	32.5	13.6	0.6
③	여성가족부는 폐지되어야 한다	61.1	89.4	34.0	9.1
④	국회의원 비례대표 여성할당제는 남성에 대한 역차별이다	60.4	69.7	29.2	8.2
⑤	여성 전용 주차장을 만드는 것은 불합리하다	63.9	87.8	39.8	11.3

(단위: %)

[표 1-2-16] 문재인 대통령이 전반적으로 국정 운영을 어떻게 하고 있다고 생각하십니까?

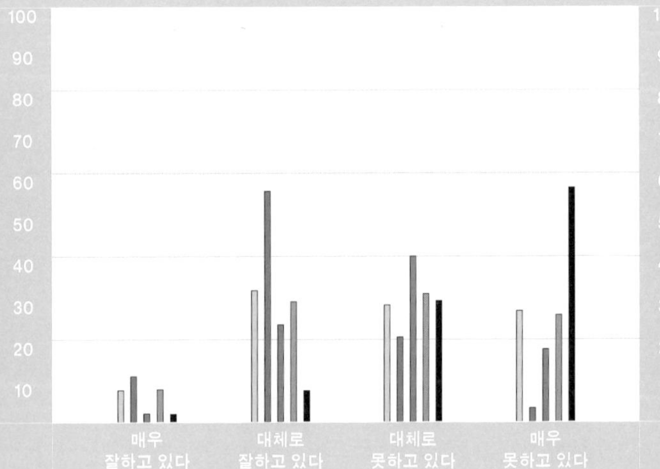

		매우 잘하고 있다	대체로 잘하고 있다	대체로 못하고 있다	매우 못하고 있다	모르겠다	
	전체 평균	7.8	31.8	28.3	26.9	5.1	
+6 이상	강한 페미니즘 성향 20대 여자	11.2	55.7	20.6	3.5	9.1	+6 이상
+5 이하	강하지 않은 페미니즘 성향 20대 여자	2.2	23.6	40.0	17.7	16.4	+5 이하
-5 이상	낮지 않은 페미니즘 성향 20대 남자	8.0	29.1	31.0	25.9	6.0	-5 이상
-6 이하	낮은 페미니즘 성향 20대 남자	2.1	7.7	29.3	56.5	4.4	-6 이하

(단위: %)

[표 1-2-17] 페미니즘 성향에 따른 문재인 정부 정책 평가

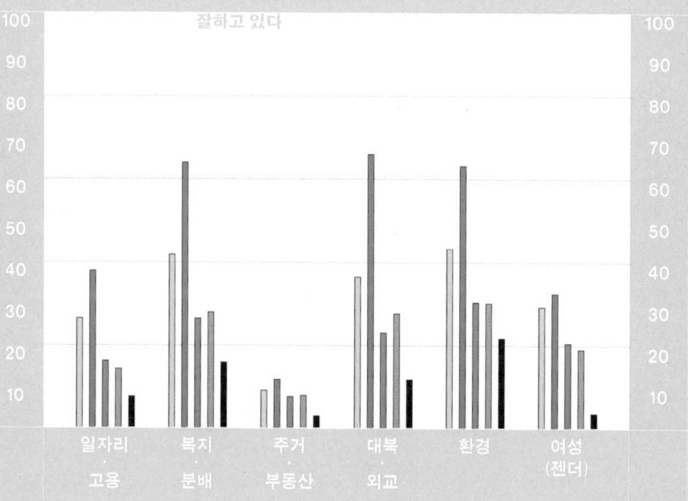

		일자리 · 고용	복지 · 분배	주거 · 부동산	대북 · 외교	환경	여성 (젠더)	
	전체 평균	26.5	41.9	9.3	36.5	43.3	29.3	
+6 이상	강한 페미니즘 성향 20대 여자	37.9	64.0	11.9	66.0	63.2	32.5	+6 이상
+5 이하	강하지 않은 페미니즘 성향 20대 여자	16.3	26.5	7.7	23.1	30.4	20.6	+5 이하
-5 이상	낮지 않은 페미니즘 성향 20대 남자	14.4	28.0	8.0	27.7	30.2	19.1	-5 이상
-6 이하	낮은 페미니즘 성향 20대 남자	7.7	16.0	3.1	11.9	21.8	3.7	-6 이하

(단위: %)

[표 1-2-18] 페미니즘 성향에 따른 역대 대통령 호감도

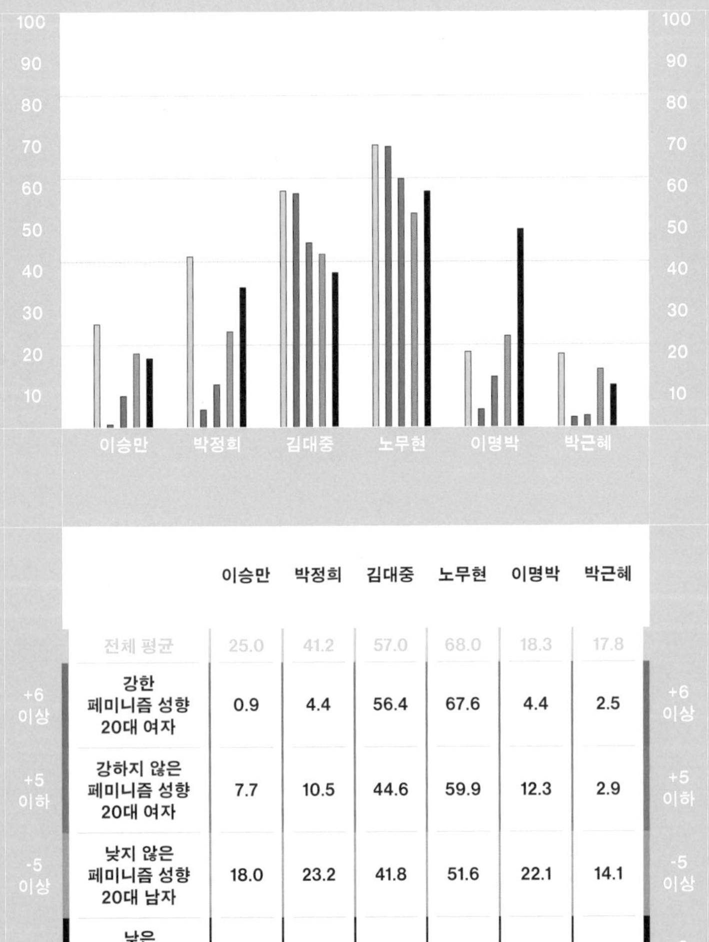

		이승만	박정희	김대중	노무현	이명박	박근혜
	전체 평균	25.0	41.2	57.0	68.0	18.3	17.8
+6 이상	강한 페미니즘 성향 20대 여자	0.9	4.4	56.4	67.6	4.4	2.5
+5 이하	강하지 않은 페미니즘 성향 20대 여자	7.7	10.5	44.6	59.9	12.3	2.9
-5 이상	낮지 않은 페미니즘 성향 20대 남자	18.0	23.2	41.8	51.6	22.1	14.1
-6 이하	낮은 페미니즘 성향 20대 남자	16.8	33.8	37.3	56.9	47.8	10.3

(단위: %)

[표 1-2-19] 페미니즘 성향별 청년 정치인 호감도

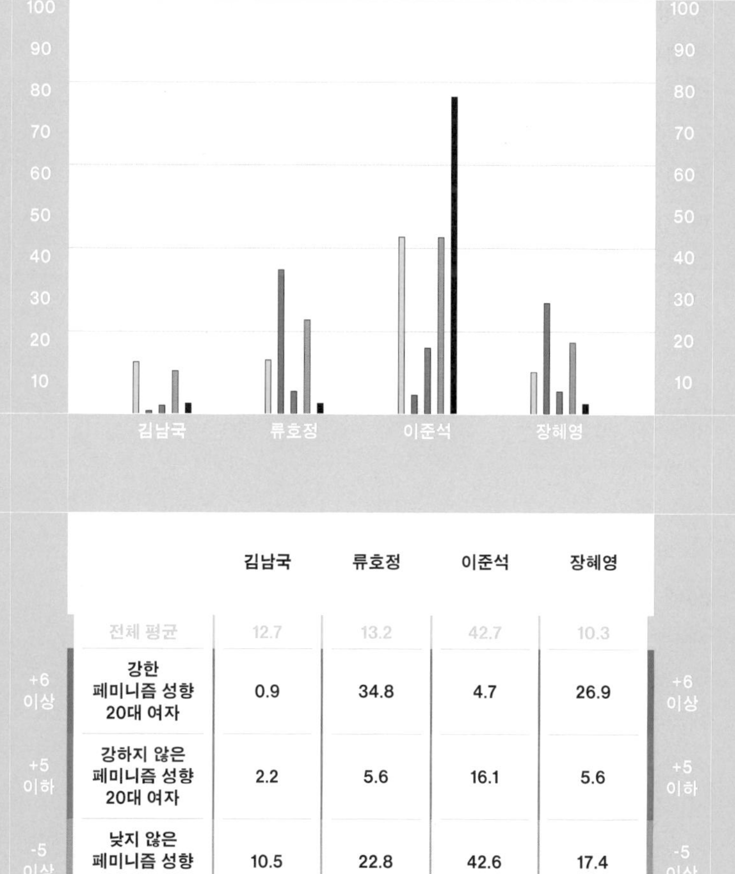

		김남국	류호정	이준석	장혜영
	전체 평균	12.7	13.2	42.7	10.3
+6 이상	강한 페미니즘 성향 20대 여자	0.9	34.8	4.7	26.9
+5 이하	강하지 않은 페미니즘 성향 20대 여자	2.2	5.6	16.1	5.6
-5 이상	낮지 않은 페미니즘 성향 20대 남자	10.5	22.8	42.6	17.4
-6 이하	낮은 페미니즘 성향 20대 남자	2.7	2.7	76.4	2.6

(단위: %)

즘 성향 20대 여성이 이명박 전 대통령(4.4%)과 박정희 전 대통령(4.4%)에게 호감을 느끼는 비율은 한 자릿수에 머물렀다. 노무현 전 대통령에 대한 호감도는 모두에게 높았다.

청년 정치인으로 대표되는 이준석 국민의힘 대표와 류호정 정의당 의원에 대한 호감 비율도 페미니즘 지수에 따라 갈렸다(표 1-2-19). 이준석 대표에게 가장 큰 호감을 표한 그룹은 페미니즘 지수가 낮은 20대 남성(76.4%)이었다. 반면 강한 페미니즘 성향 20대 여성 쪽에서는 4.7%만 호감이 간다고 답했다. 류호정 의원에 대해서는 정반대 응답이 나왔다. 강한 페미니즘 성향 20대 여성은 34.8%, 페미니즘 지수가 낮은 20대 남성은 2.7%만 류 의원에게 호감이 간다고 응답했다.

기성 정당에 대한 낮은 효능감

20대 안에서는 페미니즘 지수에 따라 진보/보수 계열 정당에 대한 선호와 평가가 엇갈리는 모습이 일관되게 나타났다. 페미니즘 지수가 높은(+6점 이상) 20대 여성과 페미니즘 지수가 낮은(-6점 이하) 20대 남성은 각각 20대 남성과 여성의 여론을 주도했다. 두 집단은 X자 형태로 각각에 대해 완전히 다르게 평가했다.

데이터를 살펴본 국승민 교수는 "20대 안에서는 페미니즘에 대한 태도와 진보/보수 분화가 강한 상관관계를 가진 것으로 나왔다"라고 말했다(5장 한국 정치 구도를 바꿀 '젠더 갈등' 참조). 이는 미래의 한국 정치와 사회 시스템을 변동시킬 만

[표 1-2-20] 20대 남녀 투표율 변화

출처: 중앙선거관리위원회

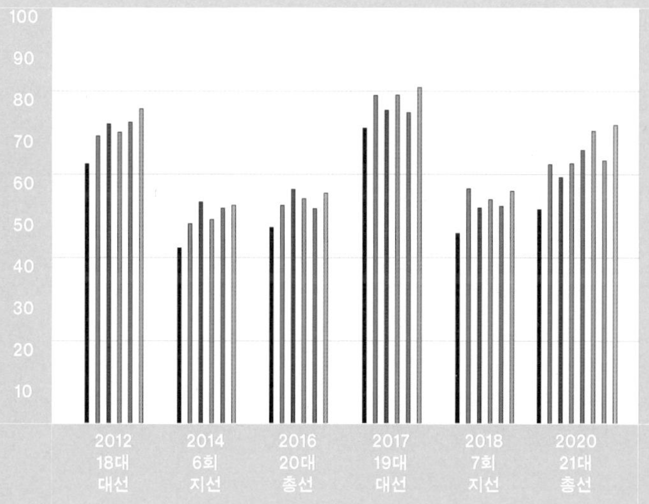

	2012 18대 대선	2014 6회 지선	2016 20대 총선	2017 19대 대선	2018 7회 지선	2020 21대 총선
전체 평균	75.8	56.8	58.0	77.2	60.2	66.2
20대 후반 남자	62.5	42.3	47.3	71.1	45.9	51.6
20대 후반 여자	69.2	48.2	52.6	79.0	56.6	62.4
20대 전반 남자	72.1	53.4	56.4	75.4	52.0	59.3
20대 전반 여자	70.1	49.2	54.2	79.1	54.0	62.6
19세 남자	72.5	51.9	51.8	74.8	52.4	65.8
19세 여자	75.7	52.6	55.5	80.9	56.0	70.4
18세 남자	-	-	-	-	-	63.3
18세 여자	-	-	-	-	-	71.8

대선: 대통령 선거 | 지선: 전국 동시 지방 선거 | 총선: 국회의원 선거 (단위: %)

한 새 균열이라는 뜻이다. 적어도 지금의 20대에서 페미니즘은 젠더 문제가 아니다. 분배, 노동 등 다른 영역에 대한 자신의 견해와 '지지 정당' 결정에까지 영향을 미치는 변수로 떠올랐다.

다만 이것이 곧바로 정치적 선택(지지·투표)으로 직결되지는 않았다. 20대 여성의 표심은 부유 중이다. 투표할 의사는 높은데 누굴 찍을지는 정하지 못했다. 지난 10년 동안 20대의 투표율은 꾸준히 상승했다. 이 중에서도 2017년 19대 대통령 선거를 기점으로 20대 여성의 투표율은 20대 남성의 투표율을 훌쩍 뛰어넘었다(표 1-2-20).

2022년 20대 대선에서도 마찬가지일 가능성이 크다. 그러나 20대 여성의 59.5%가 '2022년 대선에서 여당과 야당 중 어느 쪽을 지지하느냐'는 질문에 모르겠다고 답했다. 전체 집단 중 가장 높은 비율이다(표 1-2-21). 전체 평균(30.7%)의 2배에 달한다(2021년 5월 〈한국일보〉-한국리서치 웹 조사. 자세한 내용은 중앙선거여론조사심의위원회 참조).

왜 그럴까. 이는 2021년 4·7 서울시장 보궐선거 당시 방송 3사의 출구 조사에서 이미 드러난 태도다. 정부·여당에 대한 심판 여론이 강하던 당시, 20대 남성 72.5%가 국민의힘 오세훈 후보에게 지지를 보냈다. 20대 여성은 전체 연령대별·성별 집단 중 오세훈 후보에게 가장 낮은 지지(40.9%)를 표시했다(표 1-1-1). 15.1%는 제3당에 표를 던졌다. 〈시사IN〉은 이 질문에 답을 찾기 위해 20대 여성의 정치적 효능감(정치 참여가 사회를 변화시킬 수 있다는 감각)을 측정해보았다(표 1-2-22).

[표 1-2-21] 연령대별·성별 2022년 대선 지지 정당

출처: 2021년 5월 〈한국일보〉-한국리서치 웹 조사

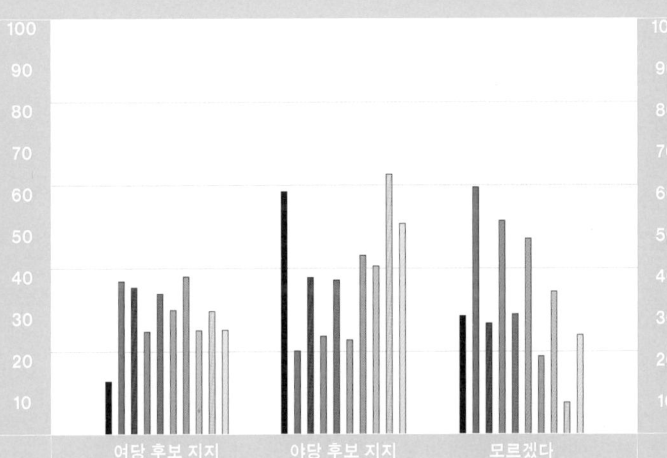

	여당 후보 지지	야당 후보 지지	모르겠다
전체 평균	27.5	41.8	30.7
20대 남자	12.9	58.5	28.6
20대 여자	20.3	20.2	59.5
30대 남자	35.4	37.8	26.8
30대 여자	24.8	23.7	51.5
40대 남자	33.9	37.2	29.0
40대 여자	30.0	22.8	47.2
50대 남자	38.0	43.1	18.9
50대 여자	25.1	40.5	34.4
60세 이상 남자	29.7	62.6	7.7
60세 이상 여자	25.2	50.8	24.0

(단위: %)

'우리 같은 사람은 정부나 정치권이 하는 일에 말할 자격이나 능력이 없다'라는 문항에 대해 20대 여성 16.5%만이 동의했다. 하지만 20대 여성의 절반 이상(56.2%)은 '정부는 나 같은 사람들의 의견에 관심이 없다'고 인식했다. 더욱이 '현재 나의 생각과 이익을 대변해주는 정당이 있다'고 여기는 20대 여성은 17.4%에 불과했다.

20대 여성은 '부유하는 심판자'

질문이 남는다. 정부·여당에 실망한 20대 남성은 보수 야당 지지로 선회했는데, 왜 20대 여성은 그렇지 않았을까? 그 이유를 정당에 대한 효능감에서 찾을 수 있다. 각 정당이 남녀를 얼마나 대변한다고 생각하는지 물었다. 20대 여성은 국민의힘이 여성을 대변(10점 만점 중 2.7점)하기보다 남성을 대변(5.9점)한다고 판단했다. 이는 20대 남성도 동의하는 바다. 20대 남성은 국민의힘이 남성을 대변한다는 데 5.5점을 줬다(표 1-2-23).

그에 비해 20대 여성은 더불어민주당이 여성을 대변한다는 데 4.0점을 줬다. 20대 남성의 생각(더불어민주당이 여성을 대변 5.3점)과는 차이가 있다(표 1-2-24). 20대 여성은 기성 정당에 대한 효능감도 낮은 편이다. 국민의힘이 나를 대변해주지 않는다고 생각하지만, 더불어민주당과 정의당에 효능감을 느끼는 것도 아닌 셈이다. 문재인 정부가 페미니즘을 대변하는 정부인지를 묻는 질문에는 더 극명히 반응했다. 20대 여성에서는 16.4%(매우 동의 3.4% + 약간 동의 13.0%)만, 20대 남성에서는 56.4%(매우 동의 33.3% + 약간 동의 23.1%)가 그렇다고 답했다(표 1-2-25).

요약하자면, 20대 여성은 정치에 관심이 많고 정치참여에 높은 열의를 가지고 있지만 자신들의 요구가 정치권에 관철된다고 생각하지 않는다. 효능감을 느끼는 정당을 찾지 못했다. 그러니 어느 정당과 정치인을 지지해야 할지 결정하지 못하고 있다.

이러한 경향을 견인하는 강한 페미니즘 성향의 20대 여성들 또한 아직 '부유하는 심판자'에 머물러 있다. 다만 향후 정치 상황에 따라 달라질 수 있다. 이들의 파워는 유동적이다. 다가올 선거에서 강한 페미니즘 성향을 띤 20대 여성의 표심은 한국 정치 역학을 가늠해보는 하나의 바로미터가 될 수 있다.

[표 1-2-22] 연령대별·성별 정치적 효능감

		전체 평균	20대 남자	20대 여자	30대 남자	30대 여자	40대 남자	40대 여자	50대 남자	50대 여자	60세 이상 남자	60세 이상 여자
①	우리 같은 사람은 정부나 정치권이 하는 일에 말할 자격이나 능력이 없다	28.4	24.4	16.5	32.5	21.4	15.9	29.7	29.2	29.9	29.0	43.0
②	나는 한국이 당면하고 있는 중요한 정치 문제를 잘 이해하고 있다	65.8	68.4	43.5	65.7	51.2	72.7	56.5	76.4	68.2	81.2	63.5
③	현재 나의 생각과 이익을 대변해주는 정당이 있다	30.3	39.7	17.4	33.6	21.5	32.8	24.2	35.0	31.3	36.5	27.4
④	정부는 나 같은 사람들의 의견에 관심이 없다	65.4	66.4	56.2	63.9	62.5	65.6	58.4	69.7	72.8	71.7	63.5

(단위: %)

[표 1-2-23] 다음 각 정당이 남성을 얼마나 대변한다고 생각하십니까?

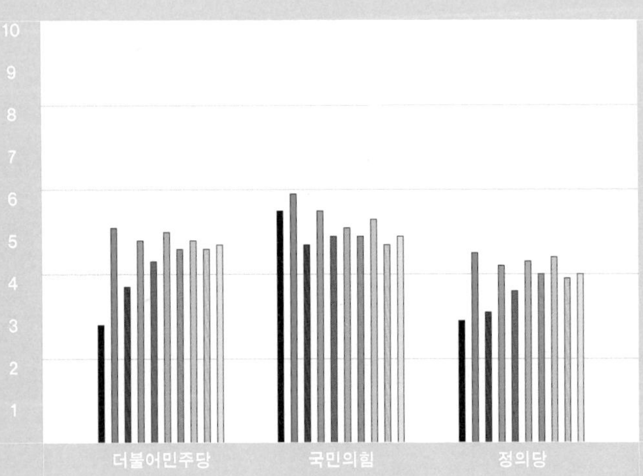

	더불어민주당	국민의힘	정의당
전체 평균	4.5	5.1	3.9
20대 남자	2.8	5.5	2.9
20대 여자	5.1	5.9	4.5
30대 남자	3.7	4.7	3.1
30대 여자	4.8	5.5	4.2
40대 남자	4.3	4.9	3.6
40대 여자	5.0	5.1	4.3
50대 남자	4.6	4.9	4.0
50대 여자	4.8	5.3	4.4
60세 이상 남자	4.6	4.7	3.9
60세 이상 여자	4.7	4.9	4.0

(단위: 점)

[표 1-2-24] 다음 각 정당이 여성을 얼마나 대변한다고 생각하십니까?

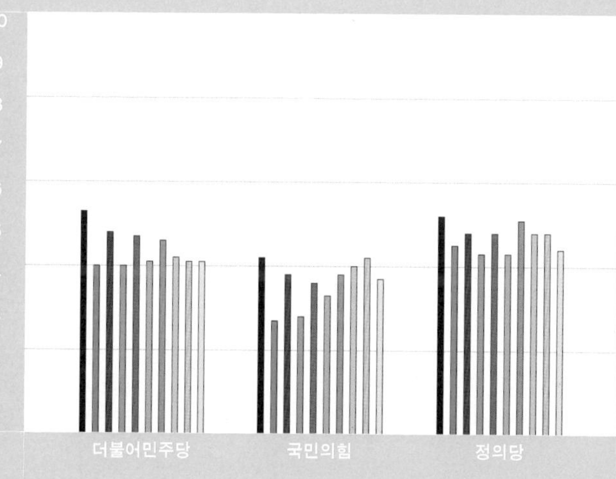

	더불어민주당	국민의힘	정의당
전체 평균	4.4	3.7	4.7
20대 남자	5.3	4.2	5.2
20대 여자	4.0	2.7	4.5
30대 남자	4.8	3.8	4.8
30대 여자	4.0	2.8	4.3
40대 남자	4.7	3.6	4.8
40대 여자	4.1	3.3	4.3
50대 남자	4.6	3.8	5.1
50대 여자	4.2	4.0	4.8
60세 이상 남자	4.1	4.2	4.8
60세 이상 여자	4.1	3.7	4.4

(단위: 점)

[표 1-2-25] 문재인 정부가 페미니즘을 대변하는 정부라고 생각하십니까?

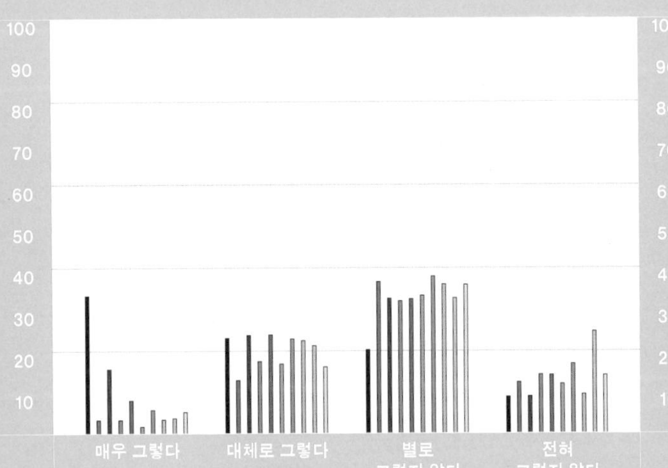

	매우 그렇다	대체로 그렇다	별로 그렇지 않다	전혀 그렇지 않다	모르겠다
전체 평균	8.0	20.0	33.2	14.2	24.6
20대 남자	33.3	23.1	20.3	8.9	14.4
20대 여자	3.4	13.0	36.6	12.4	34.6
30대 남자	15.7	23.8	32.6	9.0	18.9
30대 여자	3.4	17.5	32.0	14.3	32.8
40대 남자	8.1	23.9	32.5	14.2	21.2
40대 여자	1.8	16.9	33.3	12.0	36.0
50대 남자	5.8	22.9	37.9	16.9	16.4
50대 여자	3.5	22.5	36.0	9.5	28.5
60세 이상 남자	3.8	21.3	32.7	24.7	17.5
60세 이상 여자	5.3	16.2	35.9	14.2	28.3

(단위: %)

‘오조오억’은 남성 혐오 단어인가? 〈시사IN〉은 한국리서치와 함께 실시한 웹 조사에서 이른바 혐오 단어에 관한 인식을 물었다. 때마침 웹 조사를 실시한 2021년 7월 30일부터 8월 2일 사이에는 해당 단어가 연일 매스컴을 타고 있었다.

2021년 7월 30일 양준우 국민의힘 대변인은 자신의 페이스북에 2020 도쿄 올림픽 양궁 금메달 3관왕 안산 선수에 대해 썼다. 안 선수를 두고 ‘페미니스트 아니냐’라는 논란이 시작된 직후였다. 근거는 그가 ‘숏컷’에 여대 출신, 과거 인스타그램에 “○○ 안 본 지 오조오억 년” 같은 말을 썼다는 것이었다. 양 대변인은 “이 논란의 핵심은 ‘남혐(남성 혐오) 용어 사용’과 래디컬 페미니즘(급진적 여성주의)에 있다”라고 주장했다.

‘오조오억’은 온라인 여초 커뮤니티(여성 이용자가 많은 커뮤니티)를 중심으로 사용되어온 신조어다. 매우 많다는 뜻을 담고 있다. 2017년 한 오디션 프로그램에 출연한 연습생에게 팬이 “10점 만점에 오조오억 점”이라고 말하며 널리 알려졌다. 이후 CF나 드라마, 예능 프로그램의 자막 등에도 사용되었다. 2018년 방영된 tvN 드라마 〈김 비서가 왜 그럴까〉에서는 남자 주인공이 웨딩드레스를 입은 연인에게 “상상했던 것보다 오조오억 배는 더 예쁘다”라는 대사를 했다. 2019년 동원F&B에서는 ‘오조오억’이라는 자막이 들어간 참치 캔 CF를 만들어 ‘대박’을 쳤다.

'오조오억'이 남성 혐오 단어라는 주장은 일부 남초 커뮤니티(남성 이용자가 많은 커뮤니티)에서 나온 것으로 알려졌다. 이 커뮤니티 이용자들은 '오조오억'에 '남성 정자가 쓸데없이 5조 5억 개나 된다'라는 뜻이 내포되어 있다고 주장했다. 페미니스트들이 남성을 비하·혐오하며 사용하기에 '남성 혐오 단어'라는 논리다.

응답자 10명 중 6명, "'오조오억'이 뭔지 모르겠다"

실제로 일부 남초 커뮤니티 이용자들은 이러한 주장을 펼치며 '오조오억'이라는 단어를 사용한 이들에게 집단으로 항의하고, 사과를 받아내기도 했다. 구독자 100만 명이 넘는 한 인기 유튜버는 2020년 유튜브에 올린 영상에 나온 '오조오억 개'라는 자막에 대해 뒤늦게 공식 사과했다. 2021년 벌어진 일이었다. 한 걸그룹의 멤버 역시 2021년 6월 25일 '오조억 점'이라는 단어를 썼다는 이유로 남성 팬들에게 공격을 받았다.

웹 조사 결과는 어땠을까. '오조오억' 표현이 뜨거운 논란 중이었는데도 의외로 모르겠다는 답이 제일 많았다(표 1-3-1). 응답자 10명 중 6명이 모르겠다고 답했다(62.8%). 혐오 표현이냐 아니냐를 떠나, 단어의 인지도 자체가 낮다고 볼 수 있다. 해당 단어를 안다고 답한 응답자 중에서도 혐오 표현이 아니라는 답변이 더 많았다. '혐오 표현이 아니다(23.3%)'의 비율이 '혐오 표현이다(13.8%)'보다 10%포인트가량 높았다. 절반 이상이 모르겠다고 응답했고 그나마 '오조오억'을 아는

[표 1-3-1] '오조오억'이라는 단어에 대한 의견은?

전체 연령대별·성별

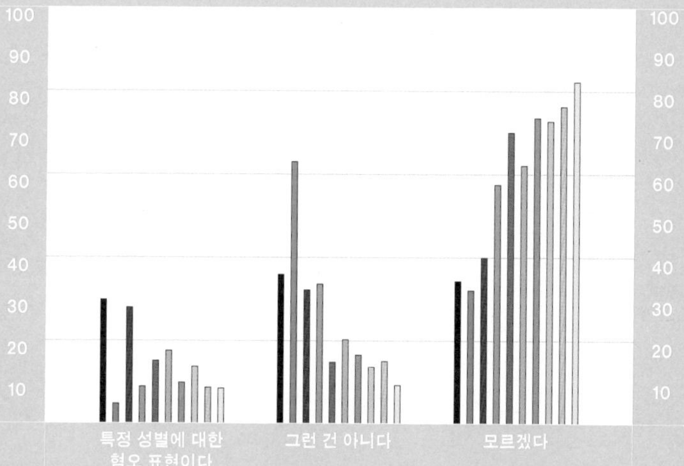

	특정 성별에 대한 혐오 표현이다	그런 건 아니다	모르겠다
전체 평균	13.8	23.3	62.8
20대 남자	29.8	35.9	34.3
20대 여자	4.8	63.0	32.1
30대 남자	27.9	32.2	39.9
30대 여자	8.9	33.6	57.5
40대 남자	15.1	14.9	70.0
40대 여자	17.6	20.3	62.1
50대 남자	9.9	16.6	73.5
50대 여자	13.7	13.7	72.7
60세 이상 남자	8.7	15.1	76.2
60세 이상 여자	8.5	9.3	82.2

(단위: %)

사람들도 다수가 남성 혐오 단어라는 데 동의하지 않는다는 이야기다.

그렇다면 '오조오억'이 남성 혐오 표현이라고 응답한 이들은 누굴까. 20대 남성 중 29.8%가 '오조오억'을 혐오 표현으로 인식했다. 전체 평균(13.8%)의 2배가 넘는다. 20대 여성 가운데서는 이 단어를 혐오 표현이라고 답한 비율이 4.8%에 불과했다.

더 중요한 숫자가 있다. 20대 남성 중에서도 '혐오 표현이 아니다(35.9%)' '모르겠다(34.3%)'고 답한 비율이 '혐오 표현이다(29.8%)'보다 높다. 20대 남성 70%가량이 '오조오억'을 모르거나 혐오 표현이 아니라고 응답한 것이다.

그렇다면 혹시 이 주장의 기원으로 알려진 남초 사이트 이용자들이 그러한 의미로 믿는 것일까? 웹 조사 전체 응답자 중 남초 사이트 이용자들에게 물었더니 그중 절반은 '모르겠다(51.1%)'고 답했다. 남초 사이트 이용자 중에서도 혐오 표현이 아니라는 응답(25.8%)이 혐오 표현이라는 응답(23.1%)보다 조금 높았다(표 1-3-2).

대다수 시민이 정확한 의미마저 알지 못하는 단어를 둘러싸고 공격과 사과가 거듭되었던 셈이다. 이는 소수의 강한 의견이 전체 의견처럼 보이는 착시효과가 일어나고 있음을 시사한다. 여성현실연구소 권김현영 소장은 "오조오억이 여초 사이트에서 많이 사용되었다는 이유만으로 일부 남초 사이트 이용자들은 이 말을 혐오 표현이라고 주장했다. 주목해야 할 것은 그들의 주장과 근거가 별다른 검증을 거치

[표 1-3-2] '오조오억'이라는 단어에 대한 의견은?

20대 성별

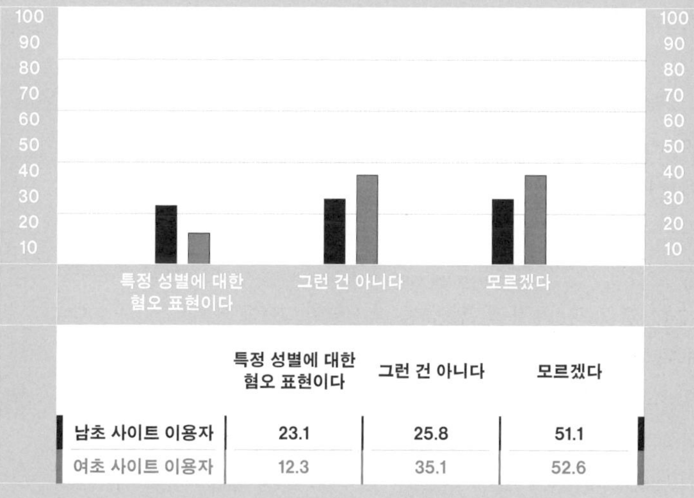

	특정 성별에 대한 혐오 표현이다	그런 건 아니다	모르겠다
남초 사이트 이용자	23.1	25.8	51.1
여초 사이트 이용자	12.3	35.1	52.6

남초/여초 사이트: 남성/여성 유저가 더 많은 인터넷 사이트 (단위: %)

지도 않고 힘을 얻었다는 점이다"라고 말했다.

과대 대표되고 있는 혐오 여론

'오조오억'이 혐오 표현이라고 응답한 이들을 지지 정당, 정책 선호, 연령, 성별 등으로 교차분석했다. 가장 선명하게 드러나는 부분은 지지 정당이었다. 국민의힘을 지지하는 20대(남성/여성 모두 포함)의 경우 10명 중 4명(39.4%)이 '오조오억'을 남성 혐오 단어라고 답했다(표 1-3-3). 20대 전체 응답(17.9%)보다 2배가량 높았다. 국민의힘을 지지하는 20대가 '남성 혐오 프레임'에 강하게 반응하고 있다는 의미다. 이번 웹 조사만으로는 국민의힘이 남성 혐오 단어에 반응하는 그룹을 새 지지층으로 흡수했는지 혹은 거꾸로 남성 혐오 단어에 반응하는 그룹이 국민의힘의 새 지지층으로 유입됐는지 정확히 알기 어려웠다. 그러나 '어떤 단어가 혐오 표현인지 아닌지'라는 논란 자체가 특정 집단을 정치적으로 응집시키는 데 긴요할 수 있다는 사실은 확인 가능했다.

조사 설계와 분석에 참여한 정한울 박사는 이번 웹 조사 결과를 살피며 2021년 8월 11일 프로야구 KIA타이거즈 대 한화이글스의 경기 시구에 나선 안산 선수를 언급했다. 정 박사는 안 선수에 대한 우호적 여론을 언급하며 "일부 남초/여초 커뮤니티의 극단적 혐오 여론이 과대 대표되면서 젠더 갈등을 더욱 악화시키고 있는 것으로 보인다"라고 말했다.

남성 혐오 논란에 휩싸였던 GS25 '캠핑가자 포스터'에 대한 인식도 물었다(표 1-3-4). GS25 '캠핑가자 포스터' 논란은

[표 1-3-3] '오조오억'이라는 단어에 대한 의견은?

지지 정당별

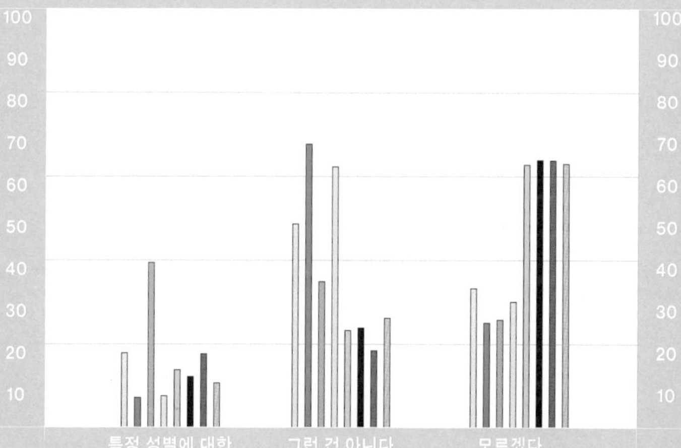

	특정 성별에 대한 혐오 표현이다	그런 건 아니다	모르겠다
20대 전체 평균	17.9	48.7	33.3
더불어민주당 지지 (20대)	7.2	67.7	25.1
국민의힘 지지 (20대)	39.4	34.9	25.8
정의당 지지 (20대)	7.6	62.3	30.1
전체 평균	13.8	23.3	62.8
더불어민주당 지지 (전체)	12.2	23.9	63.9
국민의힘 지지 (전체)	17.7	18.5	63.8
정의당 지지 (전체)	10.7	26.2	63.0

(단위: %)

[표 1-3-4] GS25의 '캠핑가자 포스터'에 남성 혐오 표현이 담겨 있다고 생각하십니까?

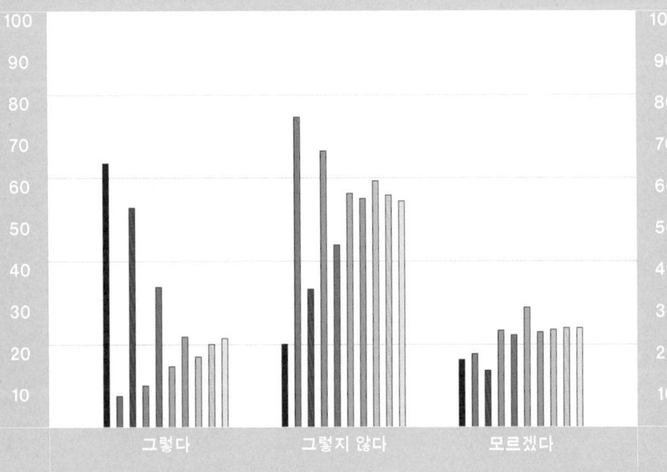

	그렇다	그렇지 않다	모르겠다
전체 평균	25.8	52.1	22.1
20대 남자	63.5	20.1	16.4
20대 여자	7.6	74.6	17.8
30대 남자	52.9	33.3	13.8
30대 여자	10.1	66.5	23.4
40대 남자	33.8	43.9	22.3
40대 여자	14.8	56.3	28.9
50대 남자	21.9	55.1	23.0
50대 여자	17.1	59.3	23.6
60세 이상 남자	20.1	55.9	24.0
60세 이상 여자	21.5	54.5	24.0

(단위: %)

경품 이벤트가 시작된 2021년 5월 1일 한 남초 커뮤니티에 올라온 게시글에서 촉발되었다. '남성 성기 크기를 비하하는 페미니스트들의 집게손 모양이 포스터 안에 그려져 있다'는 주장이었다.

이후 다른 남초 사이트들로 주장이 확산되었다. 청와대 국민청원 게시판에는 'GS25와 해군의 PX 계약을 전면 철회해달라'는 청원까지 올라갔다. 기업, 공공기관을 가리지 않고 집게손 모양을 비롯한 남성 혐오 코드 색출전이 벌어졌다. 이준석 국민의힘 대표도 자신의 페이스북에 GS25를 비판하는 글을 게재했다. 결국 포스터를 그린 디자이너와 마케팅 담당자가 징계받으며 사태가 마무리되었다.

꼬박 한 달간 이어진 논란이었던 만큼 '모르겠다(22.1%)'는 응답은 전 세대에 걸쳐 낮았다. '이 포스터가 남성 혐오 표현을 담고 있느냐'는 질문에 20대 남녀는 완전히 반대 방향으로 응답했다. 20대 남성 가운데 63.5%는 GS25 포스터에 남성 혐오 표현이 담겨 있다고 답한 반면, 20대 여성 74.6%는 그렇지 않다고 대답했다.

혐오 표현과 '기분 나쁨' 구분해야

혐오 표현을 연구해온 숙명여대 법학부 홍성수 교수는 혐오 표현과 '기분 나쁨'을 구분할 필요가 있다고 지적했다. GS25 포스터가 의도적으로 남성 혐오 표현을 담고 있었다고 주장하기 위해서는 '기분이 나쁘다' '의혹이 있다'가 아니라 "실제로 그 표현에 의해 불안과 위협을 느끼는, 자신이 배제되었다고 인식하게 되는 구체적 맥락이 필요하다"는 이야기다.

남초 사이트의 '총공(총공격을 뜻하는 온라인 은어)'이 전방위로 펼쳐졌던 한 달여간 언론도 중계 보도를 쏟아냈다. 민주언론시민연합(민언련)은 2021년 5월 1일부터 6월 13일까지 'GS25'로 검색해서 나온 기사 중 해당 논란 관련 보도 336건을 추려 분석했다. 민언련은 "언론보도 양상이 온라인 커뮤니티와 다를 바 없었다. 커뮤니티에서 제기된 논란을 그대로 전달하거나 유사한 사례를 단순 언급한 보도가 전체의 70%를 넘었다"라고 비판했다. 특히 "보편적인 손가락 모양과 특정 온라인 커뮤니티 상징의 유사성만을 근거로" 남성 혐오 논란이 펼쳐졌다며 언론의 역할을 따져 물었다. 실제로 많은 언론이 논란을 전달하기는 했으나 남초 사이트가 펼친 주장의 근거를 체크하지는 않았다.

웹 조사에 응한 이들의 생각도 비슷했다. 젠더 갈등을 생성하는 일부 커뮤니티, 이를 이용하는 정치인, 조회수에만 골몰해 싸움을 부추기는 언론에 대한 문제의식을 드러냈다. '젠더 갈등을 부추기는 주체'를 묻는 질문에 언론(78.4%), 정치인(77.6%), 여초 커뮤니티(70.9%), 남초 커뮤니티(68.0%), SNS(63.2%) 등을 지목했다(표 1-3-5). 이 점은 세대와 성별을 가리지 않은 합의처럼 보이기도 했다.

"남자친구와 결국 헤어졌다"

20대는 젠더 갈등에 특히 예민하게 반응했다. 한국 사회에서 가장 심각한 갈등은 무엇이라고 보는지에 대한 질문에

[표 1-3-5] 남녀 갈등 증폭 원인은?

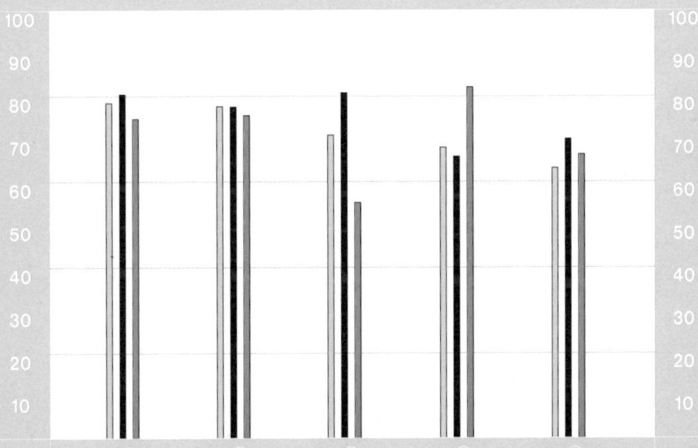

		전체 평균	20대 남자	20대 여자
①	언론이 남녀 갈등을 부추기는 경향이 있다	78.4	80.4	74.7
②	정치인이 남녀 갈등을 부추기는 경향이 있다	77.6	77.5	75.5
③	여초 커뮤니티가 남녀 갈등을 부추기는 경향이 있다	70.9	80.8	55.2
④	남초 커뮤니티가 남녀 갈등을 부추기는 경향이 있다	68.0	65.9	82.1
⑤	페이스북, 트위터, 인스타그램 등 SNS가 남녀 갈등을 부추기는 경향이 있다	63.2	70.0	66.4

(단위: %)

서 20대(남성/여성 모두 포함) 85.6%가 젠더 갈등을 꼽았다(표 1-3-6). 이 응답률은 젠더 갈등을 지목한 전체 평균(65.0%)보다 높다. 20대는 전통적 갈등 양상으로 꼽히는 진보/보수 갈등(84.1%), 빈부 갈등(81.2%), 세대 갈등(77.4%)보다 젠더 갈등이 심각하다고 평가하고 있었다.

최근 한 온라인 커뮤니티에서는 한 여성이 자신의 남자친구와 주고받은 카카오톡 메시지를 캡처해 올린 글이 화제였다. 남자친구가 "(안산 선수가) 금메달 딴 건 자랑스러운 일이지만 그런 부분에 있어서 제대로 확인하고 넘어가야 한다고 생각한다"라고 말하자 그 여성은 '그런 부분'이 무엇이냐고 물으며 "오빠 설마 남초 사이트에서 활동하는 거 아니야? '웅앵웅(아무 말이나 중얼대는 행위를 표현하는 의성어)'을 말하는 게 페미인가? 그런 게 페미라면 난 페미야"라고 답했다. 작성자는 캡처 이미지와 함께 "남자친구와 결국 헤어졌다"라고 적었다.

이번 웹 조사에서도 관련된 응답을 확인할 수 있었다. 여성/남성 혐오 표현을 사용하는 친구와 관계가 변화된 적이 있는지에 대해 물었다(표 1-3-7). 전체 조사 대상의 51.3%는 변한 적 없다고 답했으나, 20대는 44.5%만이 같은 답변을 내놓았다. 특히 관계를 단절했다는 응답이 조사 대상 전체에서는 5.7%였으나 20대에서는 12.8%로 나왔다. 20대가 성 혐오 표현에 대해 다른 세대보다 민감하다는 의미다.

유명인에 대한 판단은 어떨까? 혐오 표현을 썼다는 비판을 받은 뒤 여론의 뭇매를 맞고 공식 사과했던 연예인의 사

[표 1-3-6] 한국 사회에서 가장 심각한 갈등은 무엇이라고 생각하십니까?

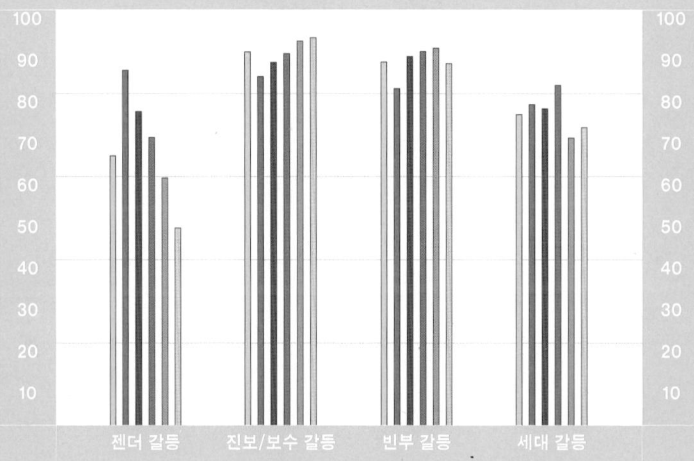

	젠더 갈등	진보/보수 갈등	빈부 갈등	세대 갈등
전체 평균	65.0	90.0	87.6	74.9
20대	85.6	84.1	81.2	77.4
30대	75.7	87.5	88.9	76.4
40대	69.4	89.6	90.1	82.0
50대	59.7	92.6	90.9	69.3
60세 이상	47.7	93.4	87.2	71.8

(단위: %)

[표 1-3-7] 내 친구가 남성 혹은 여성 혐오 표현을 사용해서 관계가 변한 적이 있습니까? 있다면 어떻게 변했습니까?

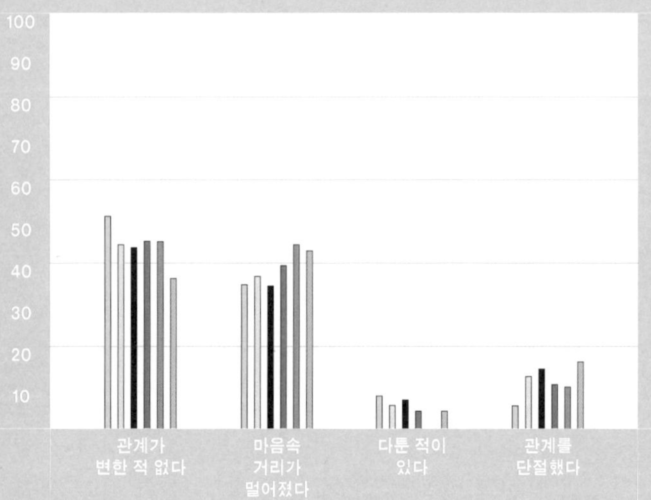

	관계가 변한 적 없다	마음속 거리가 멀어졌다	다툰 적이 있다	관계를 단절했다
전체 평균	51.3	34.8	8.1	5.7
20대 전체 평균	44.5	36.8	5.8	12.8
20대 남자	43.8	34.5	7.1	14.6
20대 여자	45.3	39.4	4.4	10.9
20대 남초 사이트 이용자	45.2	44.5	0	10.3
20대 여초 사이트 이용자	36.3	43.0	4.4	16.3

(단위: %)

례가 많았던 만큼 이에 대해서도 물어보았다. 전체 응답자 중 10.5%가 그(유명인)와 관련된 모든 것을 적극 거부하게 되었다고 답변했다(표 1-3-8). 그런데 이 비율이 20대(남성/여성 모두 포함)에서는 19.0%에 달했다. 타인의 혐오 표현을 그저 '불편하지만 참고 말 일'이 아니라 적극적으로 관계를 변화시키는 변수로 삼는 성향이 20대에서 특히 강하게 나타난다는 의미다.

이번 웹 조사를 〈시사IN〉과 함께 설계·분석한 국승민 교수는 이렇게 말했다. "친구와의 관계 변화에서 가장 강한 형태가 무엇일지 고민한 끝에 '관계를 단절했다'라는 답변을 넣었다. 그런데 가장 극단적인 관계 변화를 겪었다고 응답한 사람이 10% 이상이라는 점이 놀랍다. 특히 젊은 세대로 내려갈수록 수치가 올라가는 패턴이 분명하다는 점도 주목할 만하다."

[표 1-3-8] 좋아하는 연예인이나 정치인이 남성 혹은 여성 혐오 표현을 사용해서 그에 대한 마음이 변한 적이 있습니까?

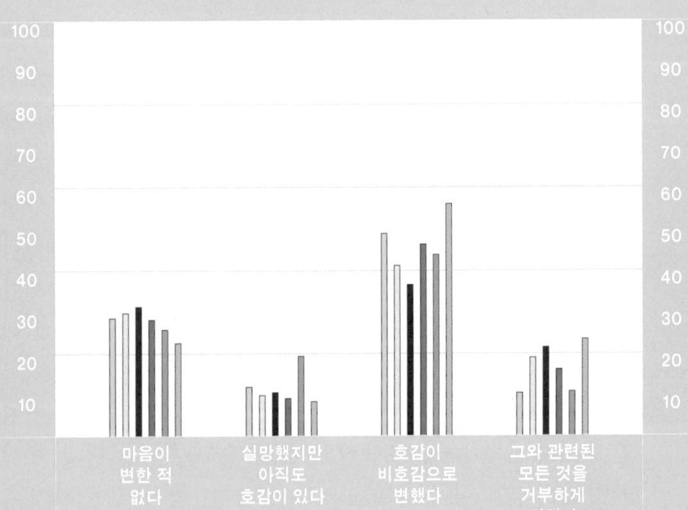

	마음이 변한 적 없다	실망했지만 아직도 호감이 있다	호감이 비호감으로 변했다	그와 관련된 모든 것을 거부하게 되었다
전체 평균	28.6	12.0	48.9	10.5
20대 전체 평균	29.8	10.0	41.2	19.0
20대 남자	31.3	10.7	36.5	21.5
20대 여자	28.2	9.3	46.3	16.2
20대 남초 사이트 이용자	25.8	19.4	43.8	10.9
20대 여초 사이트 이용자	22.6	8.5	56.0	12.9

(단위: %)

'나는 길거리에서 모르는 사람에게 성범죄를 당할까 봐 불안하다' '나는 가정·학교·직장에서 아는 사람에게 성범죄를 당할까 봐 불안하다' '나는 온라인 공간에서 성범죄를 당할까 봐 불안하다' '나는 공중화장실을 이용할 때 불안하다' '나는 불법 촬영물에 의한 성범죄 피해의 대상이 될까 봐 불안하다' 등 전체 세대의 남녀에게 어떤 상황에서 성범죄에 대한 불안을 느끼는지 물어보았다. 〈시사IN〉과 한국리서치가 함께 실시한 이번 웹 조사에 따르면 전체 연령대별·성별 집단 가운데 20대 여성이 가장 심각한 불안감을 느꼈다. 20대 여성 대다수가 '공중화장실을 이용할 때 불안하다'고 응답했다(약간 동의 42.5% + 매우 동의 39.0% = 81.5%, 표 1-4-1). '불법 촬영물에 의한 피해자가 될까 봐 불안하다'는 응답자도 81.3%에 달했다(약간 동의 43.4% + 매우 동의 37.9%, 표 1-4-2). 20대 남성 가운데 '공중화장실을 이용할 때'와 자신이 '불법 촬영물에 의해 피해자가 될까 봐' 불안감을 느끼는 이들의 비율은 각각 20.1%와 24.8%였다.

성범죄에 대한 여성들의 공포는 세대 불문

그뿐 아니라 20대 여성의 상당수는 '길거리의 모르는 사람(67.8%)'이나 '온라인 공간의 이용자(56.1%)' 등 상대적으로 낯선 대상은 물론이고, '가정·학교·직장의 아는 사람(52.0%)'에게도 성범죄에 대한 불안감을 안고 있었다(표 1-4-3, 표 1-4-4,

[표 1-4-1] 나는 공중화장실을 이용할 때 불안하다

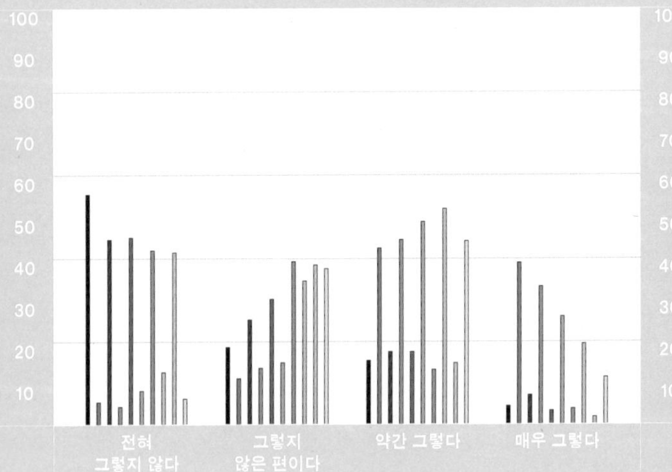

	전혀 그렇지 않다	그렇지 않은 편이다	약간 그렇다	매우 그렇다	모르겠다
전체 평균	25.7	26.6	31.1	13.8	2.8
20대 남자	55.4	18.7	15.5	4.6	5.9
20대 여자	5.5	11.2	42.5	39.0	1.7
30대 남자	44.6	25.3	17.6	7.2	5.3
30대 여자	4.4	13.7	44.5	33.2	4.1
40대 남자	45.1	30.2	17.6	3.5	3.6
40대 여자	8.2	15.0	48.8	26.0	1.9
50대 남자	42.0	39.2	13.3	4.0	1.6
50대 여자	7.0	19.0	51.9	19.5	2.6
60세 이상 남자	41.5	38.4	14.9	1.9	3.2
60세 이상 여자	6.3	37.5	44.2	11.5	0.5

(단위: %)

[표 1-4-2] **나는 불법 촬영물에 의한 성범죄 피해의 대상이 될까 봐 불안하다**

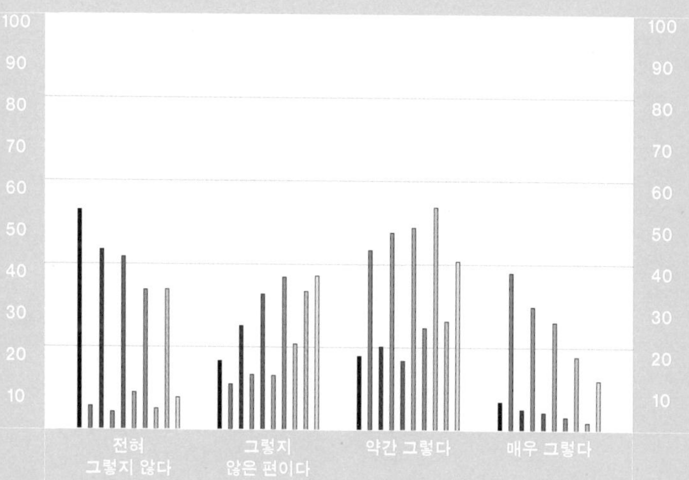

	전혀 그렇지 않다	그렇지 않은 편이다	약간 그렇다	매우 그렇다	모르겠다
전체 평균	23.4	25.7	34.0	13.4	3.5
20대 남자	52.9	16.7	17.9	6.9	5.6
20대 여자	5.8	11.1	43.4	37.9	1.7
30대 남자	43.4	25.1	20.2	5.1	6.3
30대 여자	4.4	13.4	47.6	29.8	4.8
40대 남자	41.7	32.7	16.8	4.4	4.5
40대 여자	9.1	13.2	48.8	26.1	2.8
50대 남자	33.7	36.8	24.7	3.3	1.6
50대 여자	5.2	20.8	53.7	17.8	2.6
60세 이상 남자	33.8	33.4	26.3	2.0	4.5
60세 이상 여자	7.9	37.1	40.7	12.1	2.2

(단위: %)

[표 1-4-3] 나는 온라인 공간에서 성범죄를 당할까 봐 불안하다

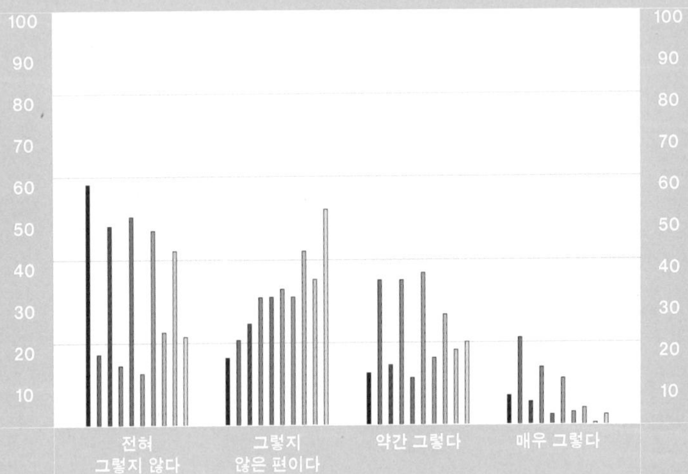

	전혀 그렇지 않다	그렇지 않은 편이다	약간 그렇다	매우 그렇다	모르겠다
전체 평균	33.4	33.4	22.0	6.4	4.7
20대 남자	58.2	16.4	12.7	7.2	5.6
20대 여자	17.3	20.7	35.0	21.1	5.8
30대 남자	48.2	24.6	14.6	5.7	6.9
30대 여자	14.6	30.9	35.0	14.0	5.5
40대 남자	50.4	31.0	11.5	2.6	4.5
40대 여자	12.7	32.9	36.8	11.3	6.4
50대 남자	47.1	31.0	16.3	3.2	2.4
50대 여자	22.6	42.1	26.7	4.2	4.4
60세 이상 남자	42.2	35.2	18.2	0.6	3.9
60세 이상 여자	21.5	52.1	20.1	2.6	3.7

(단위: %)

[표 1-4-4] 나는 길거리에서 모르는 사람에게 성범죄를 당할까 봐 불안하다

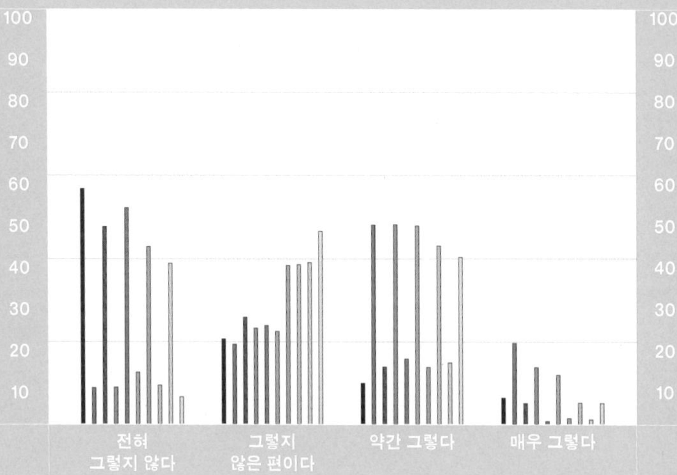

	전혀 그렇지 않다	그렇지 않은 편이다	약간 그렇다	매우 그렇다	모르겠다
전체 평균	27.9	31.6	29.4	6.5	4.5
20대 남자	56.8	20.7	10.1	6.5	5.9
20대 여자	9.0	19.4	48.1	19.7	3.8
30대 남자	47.7	25.9	14.0	5.2	7.2
30대 여자	9.1	23.3	48.2	13.9	5.4
40대 남자	52.2	23.9	15.9	0.9	7.1
40대 여자	12.7	22.5	47.9	12.1	4.8
50대 남자	42.9	38.4	13.9	1.6	3.3
50대 여자	9.6	38.6	43.1	5.3	3.4
60세 이상 남자	38.9	39.1	15.0	1.3	5.7
60세 이상 여자	6.8	46.6	40.3	5.2	1.0

(단위: %)

[표 1-4-5] 나는 가정·학교·직장에서 아는 사람에게 성범죄를 당할까 봐 불안하다

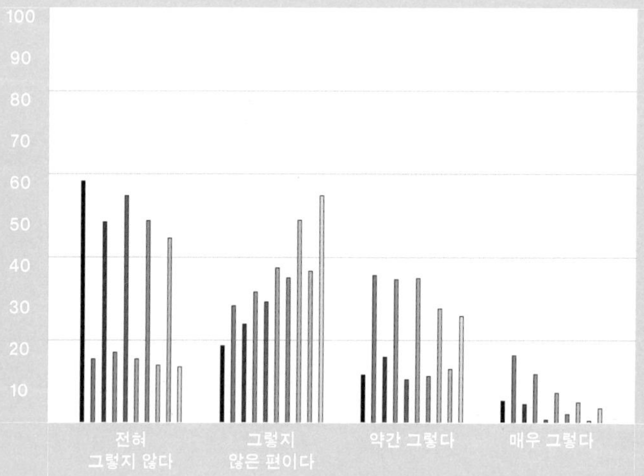

	전혀 그렇지 않다	그렇지 않은 편이다	약간 그렇다	매우 그렇다	모르겠다
전체 평균	32.5	36.2	21.7	5.3	4.3
20대 남자	58.3	18.7	11.7	5.5	5.9
20대 여자	15.5	28.3	35.6	16.4	4.1
30대 남자	48.5	23.9	16.0	4.7	6.9
30대 여자	17.1	31.6	34.6	11.9	4.8
40대 남자	54.8	29.2	10.6	0.9	4.5
40대 여자	15.5	37.4	34.9	7.4	4.8
50대 남자	48.8	35.0	11.4	2.3	2.4
50대 여자	14.0	48.9	27.6	5.1	4.4
60세 이상 남자	44.6	36.6	13.1	0.7	5.1
60세 이상 여자	13.6	54.8	25.8	3.7	2.1

(단위: %)

[표 1-4-6] 나는 성범죄 피해 사실을 공개할 때 2차 피해를 당할까 봐 불안하다

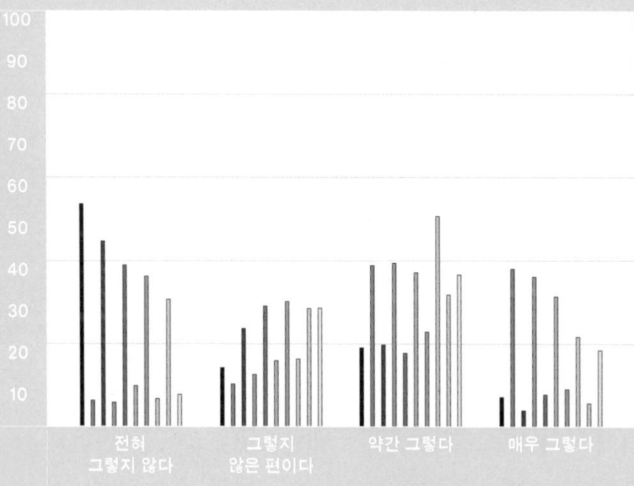

	전혀 그렇지 않다	그렇지 않은 편이다	약간 그렇다	매우 그렇다	모르겠다
전체 평균	23.6	22.1	31.7	17.1	5.6
20대 남자	53.6	14.3	19.1	7.2	5.9
20대 여자	6.5	10.4	38.8	38.0	6.3
30대 남자	44.7	23.7	19.8	4.0	7.9
30대 여자	6.0	12.7	39.4	36.1	5.8
40대 남자	39.0	29.1	17.8	7.8	6.3
40대 여자	10.0	16.0	37.1	31.4	5.5
50대 남자	36.2	30.2	22.9	9.1	1.6
50대 여자	6.9	16.4	50.7	21.7	4.3
60세 이상 남자	30.7	28.5	31.8	5.7	3.2
60세 이상 여자	7.9	28.6	36.6	18.5	8.4

(단위: %)

표 1-4-5). 더욱이 성범죄 피해 사실을 공개하는 경우 이에 따른 '2차 피해'에도 76.8%가 불안감을 느낀다고 답했다(약간 동의 38.8% + 매우 동의 38.0%, 표 1-4-6). 같은 질문들에 동일한 답변을 한 20대 남성의 비율은 10%대 후반에서 20%대 중반 사이에 머물렀다.

한국 여자들이 성범죄에 대해 느끼는 두려움이 어느 정도라고 생각하는지에 대해서도 남녀 각각에게 질문했다(표 1-4-7). 여성에게는 '자신(여성)이 느끼는 성범죄 두려움', 남성에게는 '여성이 느끼는 성범죄 두려움에 대한 자신(남성)의 생각'을 물어본 셈이다. 한국 여성 10명 중 8명 이상(84.9%)이 성범죄에 대한 두려움이 '크다'고 말했다(매우 크나 34.0% + 큰 편이다 50.9%). 전 세대 여성 모두 별 차이가 없다. 최소 79.8%(60세 이상 여성)에서 최대 87.6%(20대 여성)다. 이 질문에 대해 20대 남성은 50.0%가 '크다(매우 크다 9.2% + 큰 편이다 40.8%)', 32.1%는 '크지 않다(크지 않은 편이다 18.7% + 전혀 크지 않다 13.4%)'고 답했다.

2016년 강남역 살인사건, 2017년 미투 운동, 2018년 혜화역 시위, 2019년 N번방 사건 등 계속되는 사건들은 동시대를 살아가는 남녀의 인식에 어떤 영향을 미쳤을까? 이번 〈시사IN〉 조사에서 드러난 점은 '성범죄에 대한 인식'에서도 남녀가 크게 갈린다는 것이다. 격차가 가장 큰 세대는 20대였다.

[표 1-4-1]에 등장하는 '공중화장실'은 강남역 살인사건이 벌어진 공간이다. 불법 촬영이 빈번하게 발생하는 장소이기도 하다. 2016년 서울시는 여자 화장실 몰래카메라 범죄

[표 1-4-7] 한국 여자들이 느끼는 성범죄 두려움이 어느 정도라고 생각하십니까?

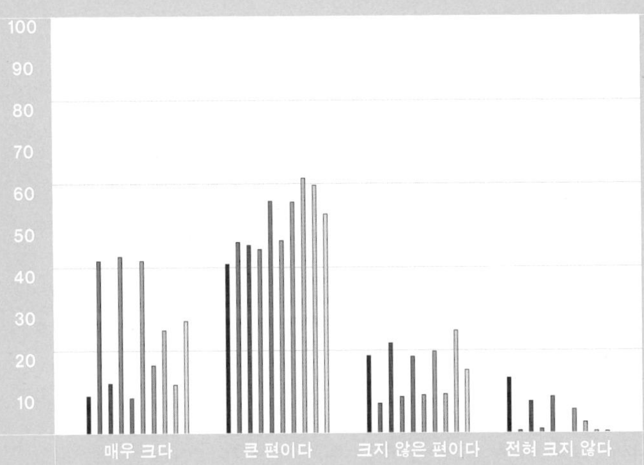

	매우 크다	큰 편이다	크지 않은 편이다	전혀 크지 않다	모르겠다
남자 전체 평균	11.8	52.3	20.9	6.7	8.3
여자 전체 평균	34.0	50.9	10.8	0.9	3.4
20대 남자	9.2	40.8	18.7	13.4	17.9
20대 여자	41.6	46.0	7.3	0.7	4.5
30대 남자	12.2	45.3	21.7	7.8	13.0
30대 여자	42.6	44.3	8.9	1.1	3.1
40대 남자	8.7	55.8	18.5	8.9	8.0
40대 여자	41.6	46.4	9.3	0	2.7
50대 남자	16.5	55.6	19.7	5.8	2.5
50대 여자	24.9	61.3	9.5	2.7	1.7
60세 이상 남자	11.9	59.6	24.7	0.6	3.2
60세 이상 여자	27.1	52.7	15.3	0.5	4.3

(단위: %)

방지를 위해 '여성안심보안관 사업'을 시행했다. 자치구별로 여성안심보안관 2~4명을 배치하고 공공·민간 화장실에 설치된 '고정식 카메라'를 단속하는 활동을 했다.

'몰카 탐지 카드' 펀딩 성공의 의미

2018년에는 SBS 〈생활의 달인〉에 '몰카(불법 촬영 카메라) 찾기 달인'이 나와 공중화장실에서 몰래카메라를 찾는 방법을 전수했다. 와이파이를 검색했을 때 길고 이상한 조합의 이름이 나오는지 확인하라는 팁이었다. 2020년 같은 프로그램에 또 다른 달인이 나왔다. 이번에는 휴대전화 카메라에 빨간색 셀로판지를 대고 사방을 비춰보며 몰래카메라를 찾는 방법을 알려줬다. 두 방송 모두 큰 관심을 모았다. 한 시민은 방송을 본 후 빨간 셀로판지로 카메라를 찾는 원리를 이용해 '몰카 탐지 카드'를 만들어 크라우드펀딩 사이트에 올렸다. 이 제품은 1차 펀딩에서 5000%가 넘는 성공률을 달성했다. 20대 여성 10명 중 8명이 공중화장실 이용과 불법 촬영 카메라를 불안해하는 현실이 반영된 것이다.

불법 촬영물에 대한 여성들의 불안감은 2018년 버닝썬 게이트와 2019년 N번방 사건 등을 떠올리면 더 명확하게 이해할 수 있다. 불법으로 촬영된 영상은 남성들 간 메신저로 공유되거나 음란 사이트, 디스코드, 텔레그램 등을 통해 유통되며 무제한 복제되어 걷잡을 수 없는 피해로 이어진다. 2018년 한국여성정책연구원은 온라인 성폭력을 당한 전국 여성(15~49세) 2000명을 대상으로 설문조사를 했다. 조사 결과에 따르면, 불법 촬영물이 유포된 피해자 45.6%가 자살을 생각했고 이 중 19.2%는 실제로 자살을 시도했다.

2021년 3월 여성가족부는 '디지털 성범죄 피해자 지원센터'를 운영하며 접수한 피해 사례와 삭제 지원 현황 등을 공개했다. 자료에 따르면 2020년 디지털 성범죄 피해자 지원센터에 접수된 범죄 피해자는 총 4973명으로 2019년 대비 2.4배(2087명) 증가했다. 피해자의 상당수는 여성으로 4047명(81.4%)이었다. 피해 유형을 살펴보면, 접수된 피해 6983건 가운데 불법 촬영이 2239건(32.1%)으로 가장 많았다.

2021년 6월 국제인권단체 휴먼라이츠워치(Human Rights Watch, HRW)가 발표한 〈내 인생은 당신의 포르노가 아니다: 한국의 디지털 성범죄〉 보고서에 따르면, 2020년 국내 「성폭력범죄의 처벌 등에 관한 특례법」(카메라 등 이용 촬영) 위반 혐의로 재판에 넘겨진 1849명 가운데 1356명(73.3%)이 1심에서 집행유예나 벌금형을 선고받는 데 그쳤다. 다크 웹(특수한 웹 브라우저를 사용해야 접속할 수 있으며 일반적인 방법으로는 서버, 접속자 등을 찾을 수 없는 웹)에서 세계 최대 아동 성착취물 배포 사이트를 운영한 손정우 씨도 징역 1년 6개월을 살고 2020년 7월 석방되었다.

디지털 성범죄 건수가 크게 증가했다는 통계는 또 있다. 방송통신심의위원회 통계를 보면 한국의 디지털 성범죄 관련 신고는 2015년(3768건)부터 2020년(3만 5603건)까지, 5년 새 10배 가까이 늘었다. 이와 관련해서 대법원 양형위원회가 N번방 사건을 계기로 디지털 성범죄 양형 기준을 새롭게 확정하며 변화를 시도하기도 했다. 이에 따라 상습적인 아동·청소년 성착취물 제작 범죄에 대한 법원의 권고 형량이 최대 29년 3개월로 높아졌다. 그러나 디지털 성범죄에 대한 법적 제재가 그 심각성을 따라잡지 못할뿐더러 예방할 수 있는 실효성도 갖추지 못했다는 비판이 계속 제기되고 있다.

20대 남자 61.1% "여자들은 성범죄 위험을 실제보다 과장한다"

온라인은 물론 현실 세계에서 일어나는 다양한 성범죄에 대한 법률 규정들(예컨대 '무엇이 성범죄이고 어떤 경우에 성립되는가?')을 확실하게 재규정하고 적절한 양형 기준을 만들어나가야 하는 상황이다. 이를 위해서는 성범죄에 대한 인식부터 사회적으로 합의해야 한다. 그러나 이번 〈시사IN〉 조사에서는 성범죄에 대한 인식이 성별에 따라 크게 다른 것으로 나타났다.

전체 남성 52.4%는 한국 여자들이 성범죄를 당할 위험을 '실제보다 과장한다'고 인식했다(여성은 17.7%). 인식 격차는 20대에서 가장 컸다. 20대 여성은 7.9%만이 한국 여자들이 성범죄 위험을 실제보다 과장한다고 답했으나, 20대 남성에서는 61.1%에 달했다(표 1-4-8). 전체 남성 평균보다도 높은 수치다.

그렇다면 성범죄 인식 항목 중 20대 남성들이 가장 높게 '불안하다'고 답한 것은 무엇일까? 20대 남성들은 '무고(사실이 아닌 일을 거짓으로 꾸미어 해당 기관에 고소하거나 고발하는 일)'의 피해자가 될 수 있다는 데에 가장 큰 두려움을 느끼고 있었

[표 1-4-8] 한국 여자들은 성범죄를 당할 위험을 어떻게 평가하고 있다고 생각하십니까?

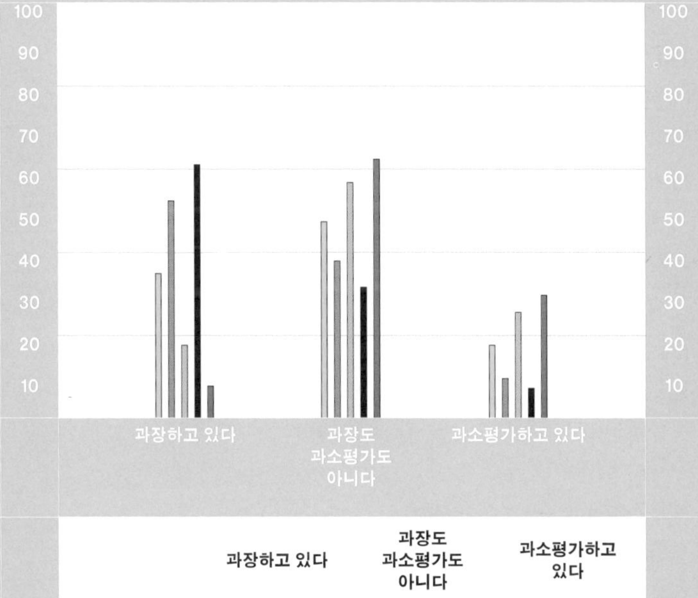

	과장하고 있다	과장도 과소평가도 아니다	과소평가하고 있다
전체 평균	34.9	47.4	17.7
남자 전체 평균	52.4	37.9	9.7
여자 전체 평균	17.7	56.8	25.6
20대 남자	61.1	31.6	7.3
20대 여자	7.9	62.4	29.7

(단위: %)

다. [표 1-4-9]에 따르면, 20대 남성 절반 이상이 의도와 상관없이 성범죄의 가해자로 지목될까 봐 불안하다(54.8%)고 응답했다. 한국 남성들이 잠재적 성범죄 가해자로 부당하게 몰리고 있다는 항목에도 20대 남성 73.6%가 그렇다고 답했다(표 1-4-10). 20대 여성은 22.7%만 이에 동의했다.

'성범죄 무고'와 관련해 다음과 같이 질문했다. '사법부가 성범죄를 판결할 때 실수할 수 있다. 두 사례 중 무엇이 더 큰 실수라고 생각하나?' 이에 대한 응답으로 '①실제 성범죄 가해자가 처벌받지 않는 경우 ②성범죄 가해 사실이 없는 사람이 처벌받는 경우 ③두 경우 모두 동등하게 문제다 ④잘 모르겠다' 네 가지 보기를 제시했다.

무고 혐의 중 실제 유죄 비율은?

이 문제에서도 성별 간 인식 차이가 극명하게 드러났다. 범죄자가 처벌당하지 않거나 무고한 사람이 법적 처벌을 받는 ①과 ②에 대해 '두 경우 모두 문제'라는 답변의 응답률은 20대 남녀 모두에서 두 번째(20대 남자 29.4%, 20대 여자 35.9%)에 머물렀다. 20대 여성 50.9%가 '①실제 성범죄 가해자가 처벌받지 않는 경우가 더 큰 실수'라고 답한 반면, 20대 남성은 22.0%만이 같은 반응을 보였다. 20대 남성은 40.1%가 '②성범죄 가해 사실이 없는 사람이 처벌받는 경우가 더 큰 실수'라고 답했으나 이에 동의하는 20대 여성은 10.9%에 불과했다(표 1-4-11).

실제 한국 사회에서 어떤 경우가 더 흔하게 일어난다고

[표 1-4-9] 나는 의도와 상관없이 성범죄의 가해자로 지목될까 봐 불안하다

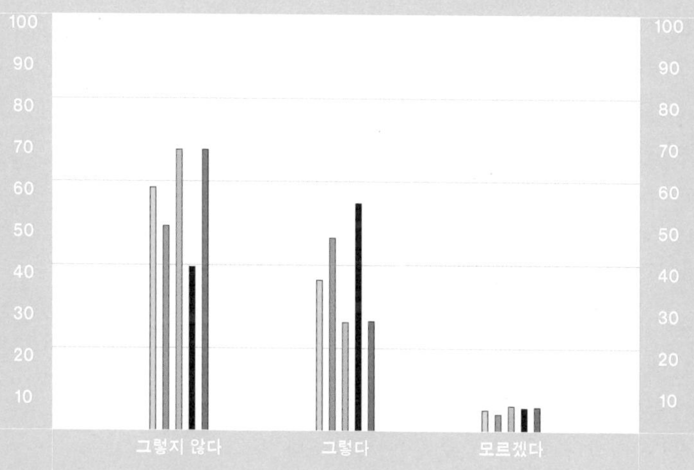

	그렇지 않다	그렇다	모르겠다
전체 평균	58.5	36.3	5.2
남자 전체 평균	49.3	46.5	4.2
여자 전체 평균	67.6	26.2	6.2
20대 남자	39.5	54.8	5.7
20대 여자	67.6	26.5	5.9

(단위: %)

[표 1-4-10] 한국에서 남자는 잠재적인 성범죄 가해자로 부당하게 몰리고 있다

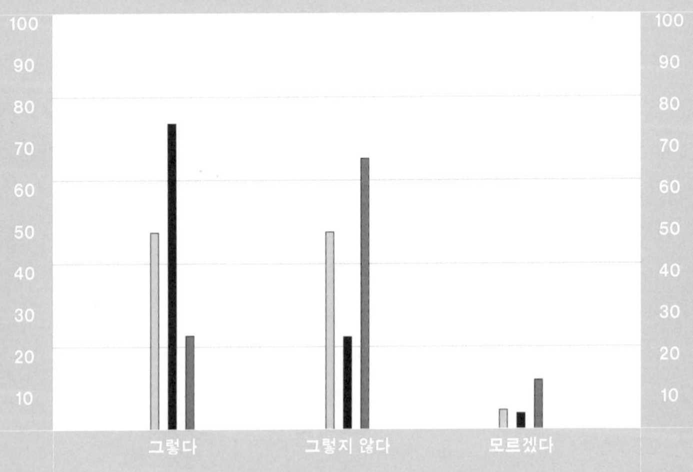

	그렇다	그렇지 않다	모르겠다
전체 평균	47.5	47.6	4.8
20대 남자	73.6	22.4	4.0
20대 여자	22.7	65.2	12.0

(단위: %)

생각하는지 다시 질문했다. 성별과 세대를 따지지 않은 모든 응답자 기준(전체 평균) 답변을 보면 '실제 성범죄 가해자가 처벌받지 않는 경우가 더 흔하다'가 52.8%, '성범죄 가해 사실이 없는 사람이 처벌받는 경우가 더 흔하다'가 17.4%, '두 경우가 비슷하다'가 23.7%, '잘 모르겠다'가 6.1%다.

그런데 20대에서는 남녀 모두 '튀는 답변'을 내놓았다. 20대 남성 중 34.9%가 성범죄 가해 사실이 없는 사람이 처벌받는 경우가 더 흔하다고 답변했는데, 이는 평균(17.4%)의 2배에 달하는 수치다. 20대 여성은 70.7%(전체 평균 52.8%)가 실제 성범죄 가해자가 처벌받지 않는 경우가 더 흔하다고 응답했다(표 1-4-12). 역시 평균을 상회하는 응답이다.

실제 통계를 보자. 한국여성정책연구원이 2019년 발행한 연구보고서 〈여성폭력 검찰통계 분석(II): 디지털 성폭력 범죄, 성폭력 무고죄를 중심으로〉에 따르면 2017~2018년 성폭력 사건 가해자로 검찰과 경찰의 수사를 받은 사람(피의자)은 8만 명이다. 이 중 3만 명가량이 불기소되었다. 같은 기간 검찰이 성폭력 무고 혐의로 수사한 피의자는 모두 1190명이었다. 그중 60.3%(717명)는 기소되지 않았다. 검찰이나 경찰이 재판에 넘겨 무고 혐의의 유죄가 인정된 사람은 전체의 28.7%(341명)였다.

남녀 모두 동의한 부분도 있었다. 모두가 '성범죄 처벌이 더 강화되어야 한다'고 입을 모았다(표 1-4-13). 20대 남성은 80.9%(약간 동의 22.0% + 매우 동의 58.9%), 여성은 93.7%(약간 동의 10.0% + 매우 동의 83.7%)가 그렇다고 답했다. 앞서 언급한 디지

[표 1-4-11] 다음 실수 중에 어떤 것이 더 큰 문제라고 생각하십니까?

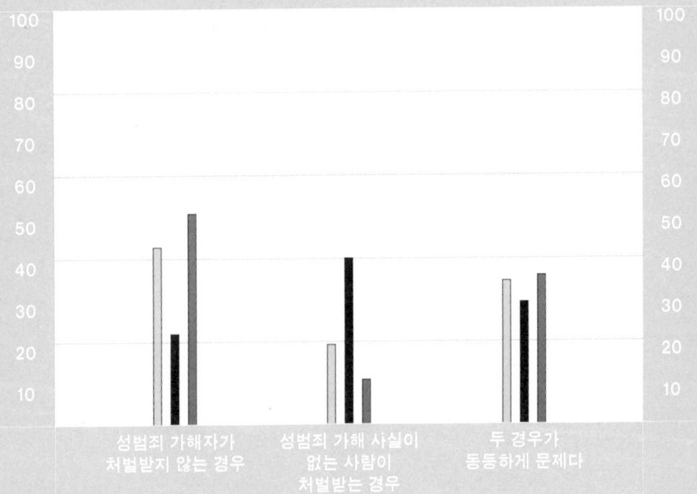

	성범죄 가해자가 처벌받지 않는 경우	성범죄 가해 사실이 없는 사람이 처벌받는 경우	두 경우가 동등하게 문제다	모르겠다
전체 평균	42.9	19.3	34.6	3.2
20대 남자	22.0	40.1	29.4	8.6
20대 여자	50.9	10.9	35.9	2.3

(단위: %)

[표 1-4-12] 두 사례 중 어느 사례가 더 흔하다고 생각하십니까?

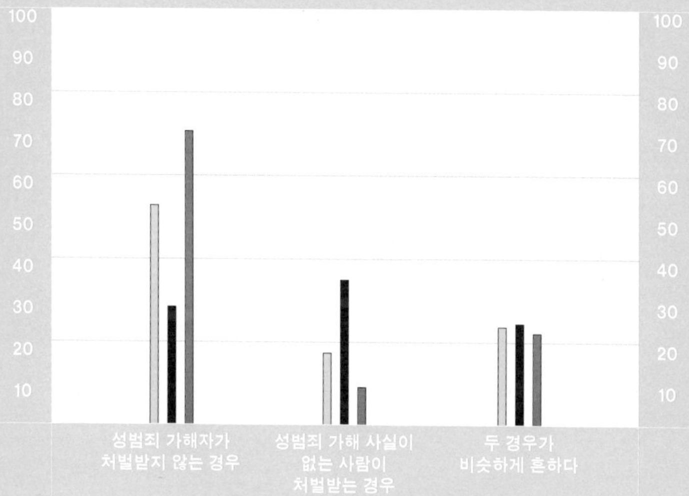

	성범죄 가해자가 처벌받지 않는 경우	성범죄 가해 사실이 없는 사람이 처벌받는 경우	두 경우가 비슷하게 흔하다	모르겠다
전체 평균	52.8	17.4	23.7	6.1
20대 남자	28.4	34.9	24.5	12.2
20대 여자	70.7	9.2	12.2	7.9

(단위: %)

털 성범죄 피해자 지원센터의 자료에 따르면, 성범죄 피해자 가운데 남성도 점차 증가하는 추세다. 2020년 디지털 성범죄 피해를 신고한 남성은 926명으로 전년도(2019년, 255명)의 3.6배에 달했다.

[표 1-4-13]　　성범죄 처벌은 더 강화되어야 한다

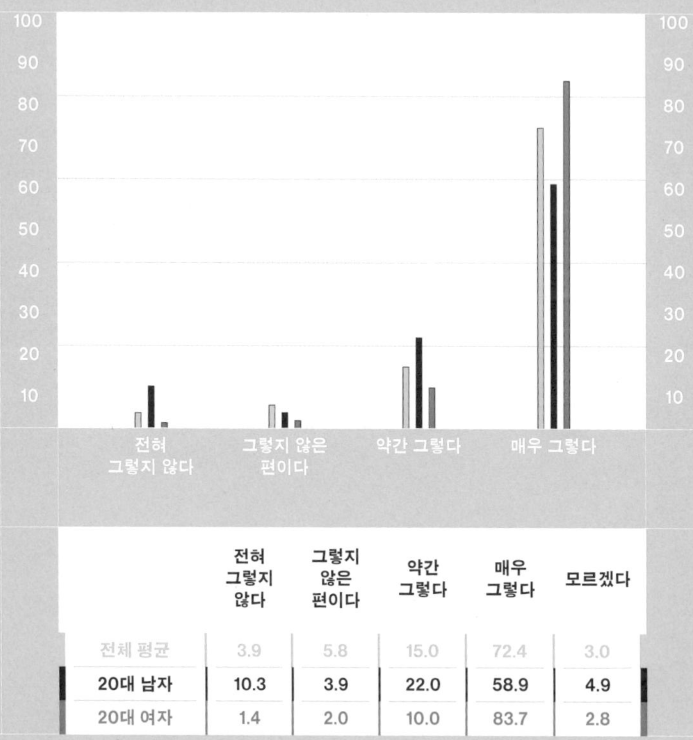

	전혀 그렇지 않다	그렇지 않은 편이다	약간 그렇다	매우 그렇다	모르겠다
전체 평균	3.9	5.8	15.0	72.4	3.0
20대 남자	10.3	3.9	22.0	58.9	4.9
20대 여자	1.4	2.0	10.0	83.7	2.8

(단위: %)

2부 20대 여자, 그 바깥을 말하다

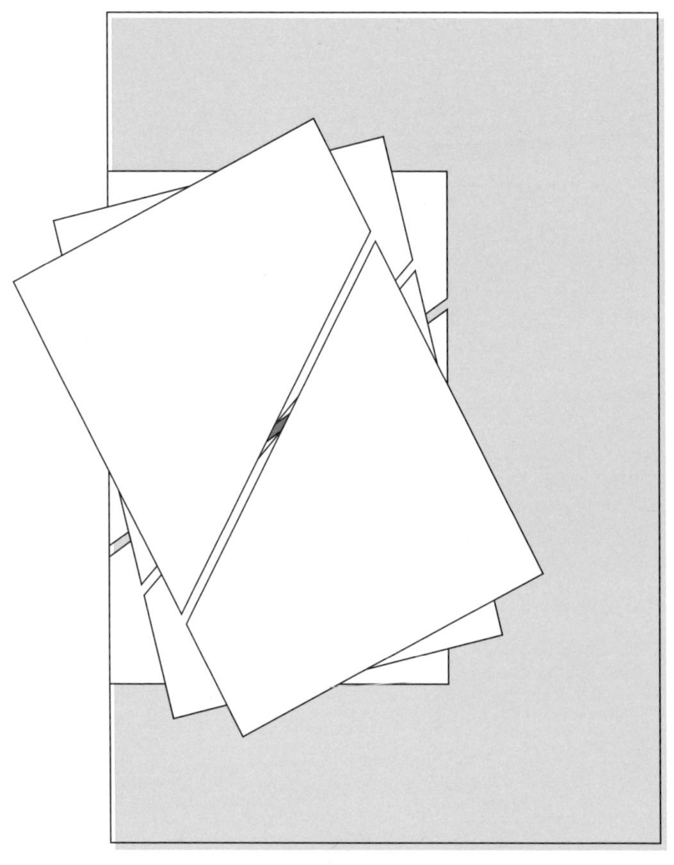

2020년 6월 미국에서 '흑인의 생명도 소중하다(Black Lives Matter, BLM)' 운동이 한창일 때 한국의 어떤 인터넷 사이트를 보고 놀란 적이 있다. 미국에서 일어나는 정치적 논란이 한국 웹상에서 그대로 펼쳐지고 있었다. 미국의 프로스포츠가 BLM 운동을 지지하기에 곧 망할 것이라는 확신에 찬 글들이 인상 깊었다. 젊은 남성 위주로 구성된 남초 커뮤니티는 BLM 운동에 비판적이었고, 젊은 여성 위주의 여초 커뮤니티는 BLM 운동을 응원하는 구도가 흥미로웠다.

미국의 '정체성 정치' 이슈가 한국 온라인 커뮤니티에서 논쟁의 도마 위에 오르기도 했다. 정치적 올바름(Political Correctness, PC)의 비판자로 유명한 캐나다 심리학자 조던 피터슨(Jordan B. Peterson)에 대한 평가, 디즈니 영화 〈인어공주〉의 주인공으로 흑인 여성 캐스팅이 적절한지 등을 둘러싼 논란이 한국에서도 뜨겁게 진행된 것이다. 서구권의 정체성 정치를 둘러싼 갈등을 살펴보면 한국 정치를 더 잘 설명할 수 있을까?

바이든 vs 트럼프, 누굴 지지하는지 알고 싶다면

미국 여론조사에서 바이든과 트럼프 지지자를 가장 잘 구분할 수 있는 질문은 무엇일까? '오늘날 미국에서 흑인은 얼마나 많은 차별을 경험하고 있는가?'다. 흑인이 사회경제적 차별을 당하고 있다고 믿을수록 바이든을 지지할 가능성이 높다. 그 반대의 경우는 트럼프 지지자이기 쉽다. 2020년 미국 대선 이후에 실시된 미국 선거 조사(American National Elec-tion Studies, ANES)에 따르면, '흑인이 전혀 혹은 거의 차별받지 않는다'고 응답한 유권자의 85.1%가 트럼프에게 표를 던졌다. '흑인이 아주 많은 차별을 당하고 있다'고 응답한 유권자 중에서는 7.8%만이 트럼프를 지지했다. 인종차별의 현실을 인정하느냐 여부가 전혀 다른 정치관으로 나타나는 것이다.

남의 나라 이야기가 한국과 무슨 관련이 있느냐고 묻는 사람들이 있을 터이다. 그러나 한국의 유권자도 미국의 유권자와 유사하게 갈리기 시작했다는 징후가 포착된다. 차이가 있다면, 전체 유권자가 아닌 20대 유권자 안에서 일어나는 현상이라는 점이다. 인종차별 대신 젠더차별에 대한 인식이 갈등의 전선이다. 이번 〈시사IN〉-한국리서치 웹 조사에서 그 차이를 살펴보았다.

한국에서 여성이 사회적으로 차별받고 있다는 문항(표 1-1-20)에 '매우 동의'한 20대 응답자의 60.2%가 문재인 대통령의 국정 운영을 지지했다. 전혀 동의하지 않은 20대 응답자들은 13.2%만이 국정 운영에 긍정적이었다.

또한 '페미니스트'라는 정체성에 적극적으로 동의한 20대 응답자 74.6%가 문재인 정부의 국정 운영을 지지한 반면, 전혀 동의하지 않은 응답자 중에서는 15.9%만 국정 운영에 긍정적이었다. 무려 60%포인트에 가까운 차이다(표 2-1-1).

더욱 주목할 점은 20대 내부의 성별 갈등이 문재인 대통령에 대한 태도에 국한되지 않는다는 것이다. 젠더·페미니

[표 2-1-1] "나는 스스로 페미니스트라고 생각한다"라는 응답과 문재인 정부 국정 운영 지지율의 관계

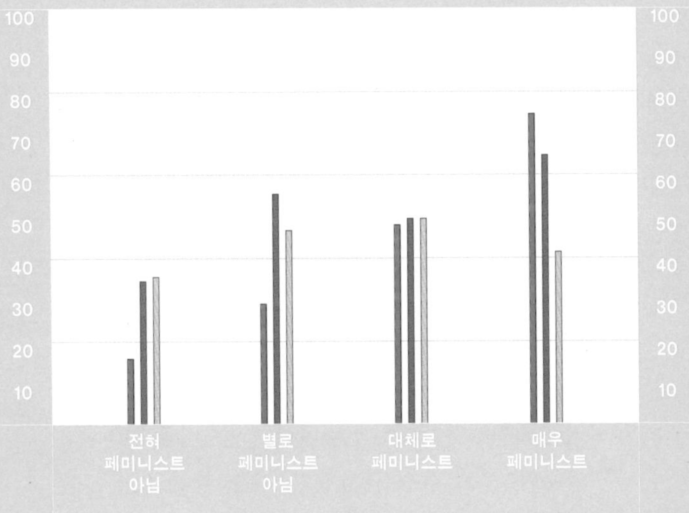

	전혀 페미니스트 아님	별로 페미니스트 아님	대체로 페미니스트	매우 페미니스트
20대 전체	15.9	29.0	48.0	74.6
30대 전체	35.4	55.4	49.5	64.7
40세 이상 전체	35.5	46.7	49.5	41.4

그래프 세로축: 문재인 정부 국정 운영 지지율 (단위: %)

즘에 대한 태도는 진보와 보수 이념의 분화와 강한 상관관계를 갖게 되었다. 이를 알기 위해 두 가지 지수를 사용했다. 첫째는 〈시사IN〉이 2019년 '20대 남자 현상'을 조사하면서 만든 페미니즘 지수다. 페미니즘에 대한 태도를 묻는 질문 6개를 통해 최저 -12점에서 최고 +12점에 이르는 지수를 구성했다. 낮은 점수일수록 페미니즘에 부정적이고, 높은 점수일수록 페미니즘에 긍정적이다.

두 번째는 진보 지수다. 이번 조사에서 '성장 대 복지'부터 '차별금지법 찬성 대 반대'에 이르는 11개의 정책 선호 질문을 던졌다. 모든 질문에서 진보적 응답을 할 경우 +11점, 모두 보수적 응답을 할 경우 -11점이다. [표 2-1-2]를 보면, 페미니즘 지수와 진보 지수가 강한 '양의 상관관계'를 나타내고 있다. 페미니즘에 긍정적일수록 진보 지수도 높아지는 모양새다. 20대에 국한해서 보자면 페미니즘 지수 -12점의 응답자들은 평균 -4.6점의 진보 지수를 보여준 반면, 페미니즘 지수 +12점의 응답자들은 평균 +2.8점의 진보 지수를 기록했다. 페미니즘 지수가 가장 높은 사람과 가장 낮은 사람은 11개 정책 질문 중 평균 8개에서 응답이 달랐다. 이쯤 되면 페미니즘에 대한 태도가 20대의 정치적 균열에 절대적 영향을 미친다고 해도 과언은 아닐 듯하다.

페미니즘에 긍정적일수록 진보 지수 높게 나타나

시민들의 견해를 깊게 가르는 사안일수록 깊숙이 들여다보면 다면적 갈등이 드러나기 마련이다. 미국과 서유럽에서는

[표 2-1-2] 페미니즘 지수와 진보 지수의 상관관계

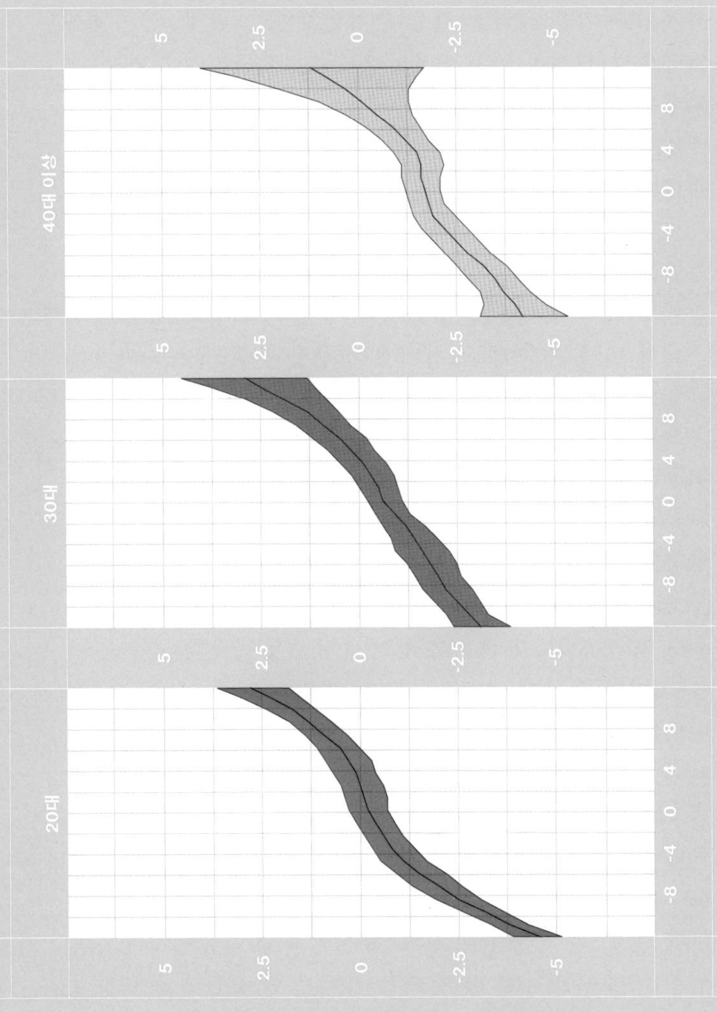

그래프 가로축: 페미니즘 지수 | 그래프 세로축: 진보 지수 (단위: 점)

정체성 정치를 둘러싼 갈등이 치열하다. 그런데 왜 미국과 서유럽의 정체성 정치가 한국의 젠더 갈등을 이해하는 데 도움이 될까? 인종·이민을 둘러싼 갈등이 수면 위로 떠오른 배경, 전개 구도, 정치심리학적 연계성이 모두 비슷하기 때문이다.

한국의 젠더 갈등은 전혀 새롭지 않다는 지적을 종종 받는다. 1998년 여성부 출범, 1999년 군가산점 폐지 등 페미니즘에 대한 남녀 간의 갈등도 뿌리가 깊다. 미국의 경우도 비슷하다. 인종은 미국 정치에서 민주당과 공화당을 가르는 균열의 핵심으로, 긴 역사를 갖고 있다. 1964년 존슨 대통령과 민주당이 민권법을 통과시키면서 남부 백인들은 서서히 민주당을 떠나고 있었다. 공화당은 이 기회를 놓치지 않았다. 닉슨 대통령은 '마약과의 전쟁', 레이건 대통령은 '복지(남용) 여왕(welfare queen)', 아버지 부시 대통령은 '윌리 호튼(Willie Horton) 가석방 비판 광고' 등과 같이 인종과 관련된 이슈를 직간접적으로 제기하며 미국 남부를 공략했다.

이러한 과거와 현재의 정체성 정치 사이의 차이는 2000년대 후반에 생기기 시작한다. 2000년대 후반 오바마 대통령의 당선, 2008년 경제 위기, 제조업의 쇠락이 연달아 발생한 것이다. 백인들의 지위가 변하기 시작했다. 이민 인구 증가와 이민자 2세대로 인해 비백인 인구 비중이 꾸준히 증가한다는 사실이 본격적으로 거론되기 시작한 것도 비슷한 시기다. 백인, 특히 백인 노동자 계층의 위상에 변화가 생기며 인종·이민을 이슈로 한 정체성 정치가 정치 균열의 핵심이 되었다. '인종 갈등 이후의 정치'를 열 것이라고 예상한 오바마 대통령의 8년은 '인종 갈등이 가장 부각된 정치'가 되어버렸다.

캘리포니아대학교 어바인(UC Irvine)의 마이클 테슬러(Michael Tesler) 교수에 따르면 이는 미국 최초의 흑인 대통령이 당선되면서 인종에 대한 고려가 정치에 더 선명하게 등장하게 되었기 때문에 일어난 변화다. 테슬러 교수는 건강보험 개혁을 둘러싼 찬반이 인종에 대한 태도로 갈리는 점에 주목했다. 2007년 여론조사에서 '건강보험은 (국가보다) 개인이 알아서 챙겨야 한다'는 의견에 대한 찬반을 분석해보니, 인종적 적대감(racial resentment)이 가장 높은 사람과 가장 낮은 사람에서 찬성한 수치의 차이가 30%포인트 났다. 인종적 적대감이 높을수록 건강보험은 국가의 책임이 아니라고 본 것이다. 2007년 여론조사에 응답한 사람들을 2009년에 재조사했다. 똑같은 사람들에게 건강보험에서 개인의 책임에 대해 다시 물어보았더니, 인종적 적대감의 영향이 대폭 증가했다. 인종적 적대감이 가장 높은 사람과 가장 낮은 사람의 찬성 수치 차이가 60%포인트 가까이 증가한 것이다. 인종에 대한 태도가 건강보험에 대한 찬반 의견까지 가른 셈이다. 흑인들은 백인들보다 건강보험 개혁을 언제나 더 지지해왔지만, 흑인과 백인의 차이는 오바마 시대 들어 더 커졌다. 1993년에 클린턴 대통령이 건강보험 개혁을 시도했을 때 흑인은 백인에 비해 약 20~30%포인트 더 높은 지지를 보였다. 오바마 대통령이 건강보험 개혁을 통과시킨

2009~2010년에는 그 차이가 40~50%포인트로 확연히 더 커졌다. 정책에 대한 인종 간 거리도 커졌으며, 인종차별에 대한 태도에 따라 정책 지지 여부도 크게 달라졌다.

오바마 대통령 등장 이후의 역설

건강보험 정책만이 아니다. 미국 국민들은 기존에 인종을 떠올리지 않았던 이슈에서도 인종을 보기 시작했다. 이제 민주당은 흑인을 위해 정부 지원을 늘리고자 하는 정당이 되었고, 공화당은 흑인을 위한 정부 지원을 줄이고자 하는 정당이 되었다. 밴더빌트대학교의 존 사이즈(John Sides) 교수, 테슬러 교수, 그리고 UCLA의 린 바브렉(Lynn Vavreck) 교수가 미국 선거 조사 데이터를 분석해보니 이러한 경향이 뚜렷했다. [표 2-1-3]에 그 경향이 잘 나타나 있다. 유권자들에게 민주당 대통령 후보와 공화당 대통령 후보가 정부 지원을 통해 흑인을 도와주고자 하는 정도를 1~7점 척도로 평가해 달라고 요청했다. 민주당/공화당의 차이를 보니 2004년까지만 하더라도 민주당이 평균 1점 정도만 높았다. 그러나 2008년부터 그 차이가 급증하기 시작했다. 2016년에 유권자들은 민주당이 공화당보다 2.5점 정도 더 높게 흑인들을 지원하려 한다고 생각했다. 오바마 대통령의 자서전인 〈약속의 땅(A Promised Land)〉(웅진지식하우스, 2021)에도 잘 드러나 있듯이, 오바마는 인종 이슈에 대한 언급을 최소화하려고 했지만 유권자들은 이미 인종을 보고 있었다.

그렇지만 오바마 대통령만으로 모든 변화를 설명할 수

[표 2-1-3] 미국 민주당/공화당 후보의 흑인 지원 정책 정도에 대한 유권자들의 인식 차이

1-7점 척도 평가 후 두 정당 간 차이

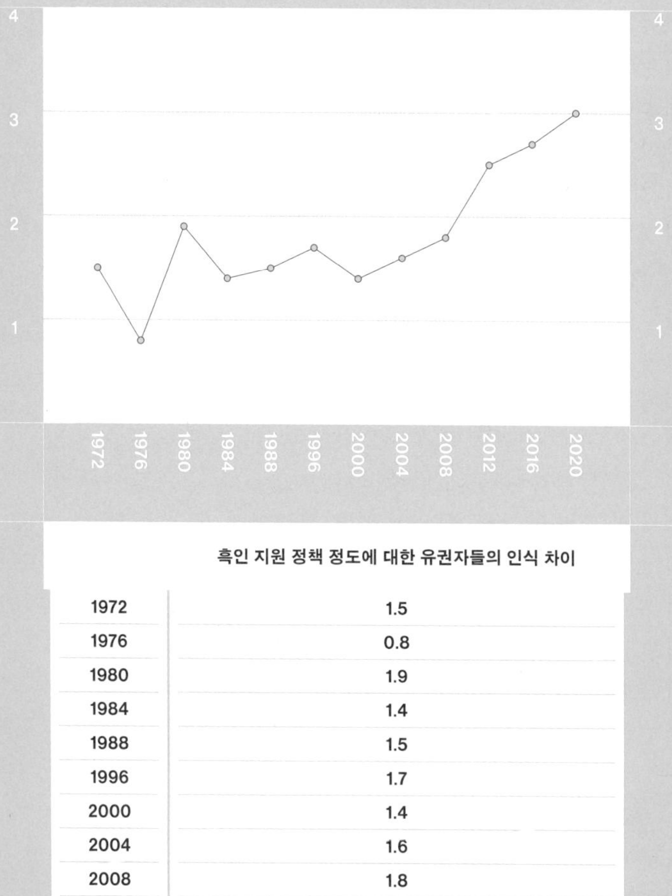

흑인 지원 정책 정도에 대한 유권자들의 인식 차이	
1972	1.5
1976	0.8
1980	1.9
1984	1.4
1988	1.5
1996	1.7
2000	1.4
2004	1.6
2008	1.8
2012	2.5
2016	2.7
2020	3.0

(단위: 점)

없다. 경제 위기와 제조업의 쇠락, 그에 따른 백인들의 경제적 위기를 같이 설명해야 한다. 중국의 경쟁력 증가로 미국 제조업이 쇠퇴하면서 미국의 여러 지역에서 직업을 잃고 임금이 줄어드는 노동자가 급증했다. 중국에서 수입하는 물량이 압도적으로 증가하는 상황이 미국에 미치는 영향을 MIT의 데이비드 오토(David Autor), 취리히대학교의 데이비드 돈(David Dorn), 하버드대학교의 고든 핸슨(Gordon Hanson) 교수가 연구했는데, 경제적 파급뿐만 아니라 정치적 파급력도 엄청났다. 이들의 시뮬레이션에 의하면 중국에 의해 제조업이 쇠퇴하지 않았다면 트럼프의 당선은 불가능했다. 이러한 경제 쇠퇴에서 인종의 역할은 무엇일까? 이 질문을 품고 직접 연구해본 결과 중국에서 수입하는 양이 1% 증가할수록 인종적 적대감을 측정하는 질문에 적대적인 응답을 할 확률이 10%씩 증가한다. 경제적 위기에, 사회적으로도 백인 인구 비중이 감소하고, 정치적으로도 흑인이 대통령을 하게 됨에 따라 백인들이 변화하기 시작한 것이다. 백인들에게 정체성이 중요해졌고, 이러한 정체성을 적절히 동원한 트럼프가 대통령이 될 수 있었던 셈이다.

무임승차와 소수자가 핵심 키워드가 된 까닭

미국에서 정체성 정치가 부상한 현상이 한국 20대 중심의 젠더 갈등과 어떻게 연결될까? 20대 남성들은 성차별적인 구조의 이득을 봤던 윗세대와 달리 자신들은 그러한 구조의 혜택을 전혀 보고 있지 않다고 믿는다. 여학생의 대학 진학률이 2021년 기준 81.6%로 남학생의 76.8%를 상회한다. 또한 2010년 이후 둔화된 경제성장은 젊은 세대 내 경쟁을 더 가속화했다. 백인들이 자신들의 위상에 위협을 느꼈듯이, 20대 남성들도 위협을 느끼는 상황이다. 이들의 세계관 안에서는 무임승차자를 낳을 수 있을 소수자에 대한 보호보다 경쟁이 더 중요할 것이다. 이렇게 무임승차와 소수자는 핵심 키워드가 된다.

위상에 대한 위협은 정체성 정치를 부상시키기 위한 최적의 조건이다. 미국 유권자들이 흑인을 대하는 민주당/공화당의 차이를 급격히 인지한 것과 마찬가지로 한국 유권자도 문재인 정부가 여성에 더 우호적이라고 인지하기 시작했다. 2021년 5월 〈한국일보〉-한국리서치 조사 결과에 따르면 문재인 정부가 여성에 우호적이라는 의견은 41.3%로, 적대적이라는 의견 16.2%보다 약 25%포인트 높았다. 이를 이끄는 것은 단연 20대 남성이다. 문재인 정부가 여성에 우호적이라는 의견이 64.3%로, 적대적이라는 의견 12.5%보다 무려 52%포인트가량 높다. 사실 여부를 떠나 정부나 정치인이 자신이 속하지 않은 다른 그룹에 우호적이라고 느껴지는 조건이 마련되자 정체성 정치의 꽃이 피기 시작한 것이다.

20대 내 정체성 정치를 드러내는 세 가지 키워드

20대 안에서 정체성 정치에 따라 일어나는 갈등을 더 이해해보기 위해, 미국과 서유럽의 정체성 정치를 설명하는 데 사용되는 이론적 틀로 한국 20대의 페미니즘 관련 갈등을 분석해보기로 했다. 데이터 분석 과정에서 세 가지가 눈에 띄었다. '무임승차에 대한 태도' '소수자와의 연대감' '신뢰'다. 미국과 서유럽의 포퓰리스트들은 '국가의 지원이 무임승차하는 사회적 소수자에게 간다'고 믿는다. 이들 지역의 진보세력은 '무임승차에 대한 지나친 우려 때문에 사회적 소수자가 지원을 받지 못한다'고 주장한다. 이처럼 무임승차에 대한 태도는 소수자에 대한 태도 및 정치 성향과 깊은 연관성을 갖는다. 이러한 현상이 한국에서도 확인될까? 무임승차에 대한 태도가 페미니즘에 대한 태도와 연관되어 있을까?

이를 검증하기 위해 미시간대학교 샬럿 카바예(Charlotte Cavaille) 교수의 측정법을 빌려보았다. 응답자에게 다음 두 가지 중 더 문제가 되는 상황을 고르라고 요청했다. 하나는 정부 기관의 실수로 '정부 혜택을 받아서는 안 될 사람이 받는' 경우, 다른 하나는 '혜택을 받아야 하는데 못 받는' 경우다. 전자를 더 큰 문제로 보는 사람은 무임승차에 민감한 성향으로 볼 수 있다. 후자가 더 큰 문제라고 하면 보호의 사각지대에 민감한 사람이다.

이번 〈시사IN〉 조사에서는 응답자들의 '무임승차 민감지수'를 측정하기 위해 대조적인 두 가지 상황 중 어느 쪽이 더 큰 문제인지 질문했다. 첫째, '기초생활수급자 지원 자격이 없는데 지원받는 경우' 대 '자격이 있지만 지원을 못 받는 경우(표 2-1-4)'. 둘째, '대학 입학 능력이 없는데 합격하는 경우' 대 '능력은 있지만 불합격하는 경우(표 2-1-5)'. 셋째, '난민

[표 2-1-4] 다음 실수 중 어떤 것이 더 큰 문제라고 생각하십니까?

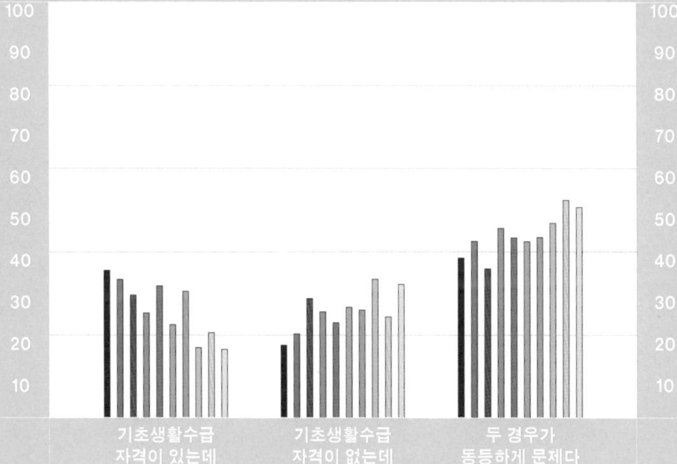

	기초생활수급 자격이 있는데 지원받지 못하는 경우	기초생활수급 자격이 없는데 지원받는 경우	두 경우가 동등하게 문제다	모르겠다
전체 평균	25.3	26.2	45.1	3.4
20대 남자	35.5	17.6	38.5	8.4
20대 여자	33.3	20.3	42.6	3.8
30대 남자	29.6	28.8	35.9	5.6
30대 여자	25.3	25.6	45.7	3.4
40대 남자	31.8	23.0	43.4	1.8
40대 여자	22.5	26.7	42.5	8.3
50대 남자	30.5	26.0	43.5	0
50대 여자	17.0	33.4	46.9	2.6
60세 이상 남자	20.6	24.4	52.4	2.6
60세 이상 여자	16.6	32.2	50.7	0.5

(단위: %)

[표 2-1-5] 다음 실수 중 어떤 것이 더 큰 문제라고 생각하십니까? 170

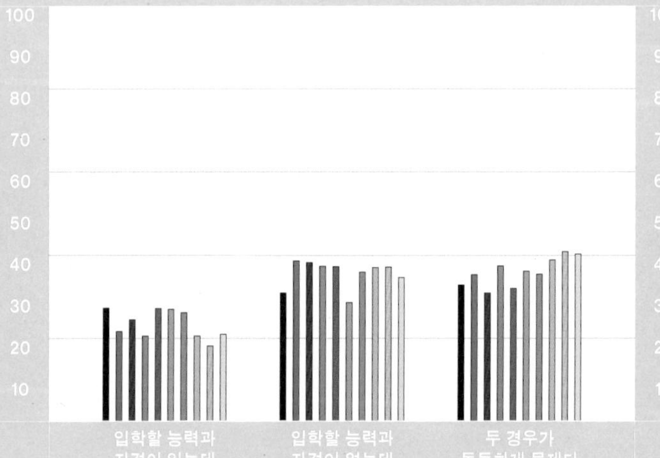

	입학할 능력과 자격이 있는데 불합격하는 경우	입학할 능력과 자격이 없는데 합격하는 경우	두 경우가 동등하게 문제다	모르겠다
전체 평균	23.1	35.5	36.5	4.9
20대 남자	27.3	30.9	32.8	9.0
20대 여자	21.7	38.6	35.3	4.5
30대 남자	24.5	38.2	30.9	6.4
30대 여자	20.6	37.3	37.4	4.8
40대 남자	27.2	37.2	32.0	3.6
40대 여자	27.0	28.6	36.1	8.4
50대 남자	26.2	35.9	35.4	2.4
50대 여자	20.6	37.0	38.9	3.5
60세 이상 남자	18.2	37.1	40.9	3.8
60세 이상 여자	21.0	34.6	40.3	4.1

(단위: %)

[표 2-1-6] 다음 실수 중 어떤 것이 더 큰 문제라고 생각하십니까?

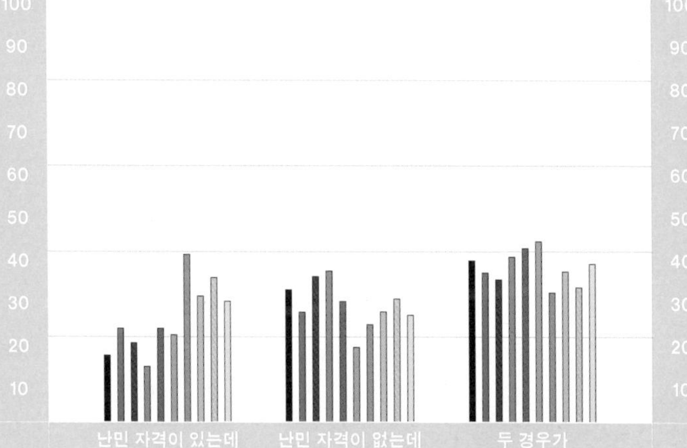

	난민 자격이 있는데 부여받지 못하는 경우	난민 자격이 없는데 부여받는 경우	두 경우가 동등하게 문제다	모르겠다
전체 평균	25.3	27.2	36.1	11.4
20대 남자	15.7	31.0	37.8	15.5
20대 여자	22.0	25.8	35.0	17.1
30대 남자	18.6	34.1	33.4	13.9
30대 여자	13.1	35.4	38.7	12.8
40대 남자	22.0	28.3	40.8	8.9
40대 여자	20.5	17.6	42.4	19.6
50대 남자	39.3	22.9	30.4	7.4
50대 여자	29.5	25.9	35.3	9.3
60세 이상 남자	33.9	28.9	31.6	5.7
60세 이상 여자	28.3	25.1	37.1	9.4

(단위: %)

자격이 없는데 자격을 부여받는 경우' 대 '난민 자격 보유자지만 자격을 받지 못하는 경우(표 2-1-6)'.

각각의 상황은 '자격·능력이 없는데도 혜택을 받는 경우'와 '자격·능력이 있는데도 혜택을 받지 못하는 경우'로 나뉘어 있다. 여기서 전자(자격·능력이 없는데도 혜택을 받는 경우)에 더 큰 문제가 있다고 선택한다면, '무임승차에 민감'한 것으로 설정했다. 세 가지 상황에서 모두 '전자가 더 큰 문제'라고 답하면 그의 '무임승차 민감 지수'는 +3점이다. 모두 '후자(자격·능력이 있는데도 혜택을 받지 못하는 경우)'를 선택한 사람의 무임승차 민감 지수는 -3점으로 설정했다. 즉, 점수가 높을수록 무임승차에 민감하다.

무임승차 민감 지수와 페미니즘 지수의 상관관계

[표 2-1-7]는 무임승차 민감 지수와 페미니즘 지수의 관계를 보여주고 있다. 20대에서 뚜렷한 '음의 상관관계'가 드러난다. 무임승차가 문제라고 생각할수록 페미니즘에 대한 부정적인 태도가 나타난다. 일관되게 후자를 선택한 응답자(-3점)의 페미니즘 지수는 평균 -0.4점이었다. 반면 세 가지 상황 모두에서 '전자가 더 큰 문제'라고 답한 응답자들은 페미니즘 지수 평균 -3.5점을 기록했다. 페미니즘에 부정적이라는 의미다.

개별 질문을 봐도 똑같은 패턴이 보인다. 난민 자격이 있는데 난민 지위를 부여받지 못한 경우가 더 큰 문제라고 답한 응답자들의 페미니즘 지수는 평균 +0.9점(페미니즘에 약간

[표 2-1-7] 무임승차 민감 지수와 페미니즘 지수 간 상관 관계

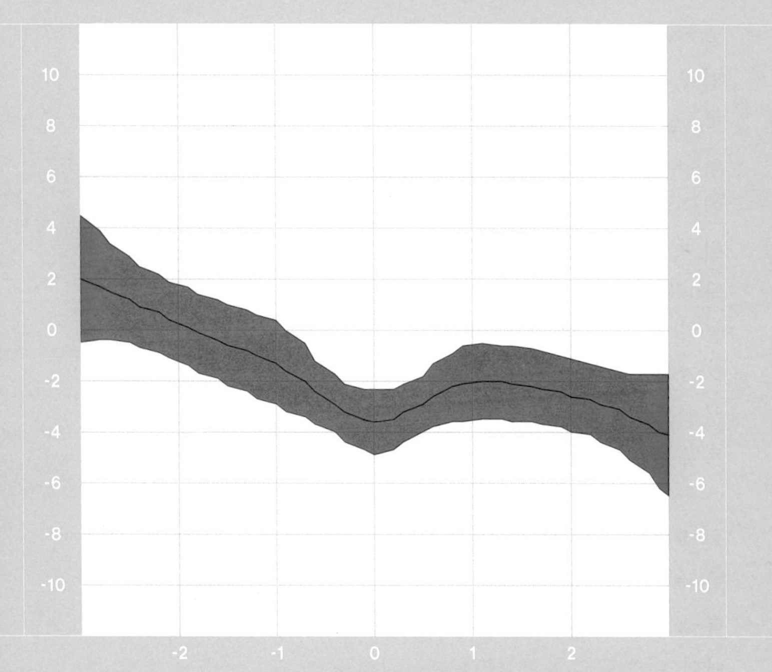

그래프 가로축: 무임승차 민감 지수 | 그래프 세로축: 페미니즘 지수 (단위: 점)

긍정적)이다. 반면 난민 자격이 없는데 난민 지위를 받는 무임승차를 더 큰 문제로 본 사람들의 페미니즘 지수는 평균 -6.3점(페미니즘에 매우 부정적)이었다.

소수자와의 일체감도 페미니즘에 대한 태도와 매우 긴밀한 연관을 갖고 있다. 소수자와의 일체감에 관한 이론은 미국 소수인종의 정치적 성향을 설명하는 데서 비롯되었다. 시카고대학교의 마이클 도슨(Michael Dawson) 교수는 흑인들이 왜 통일된 투표를 하는지 설명하기 위해 '연결된 운명(linked fate)'이라는 개념을 고안해냈다. 다른 흑인이 경험하는 일들이 자신에게도 일어날 것이라고 강하게 믿을수록 개인보다는 흑인 전체의 이득을 위한 투표를 하게 된다는 것이다. 이러한 개념을 한국에 적용해본다면 소수인종 대신 사회적 소수자에 대해 물어볼 수 있을 것이다. 즉, '한국의 사회적 소수자가 겪는 일을 내 일처럼 느낄수록' 페미니즘에 더욱 호의적인 감정을 가진다고 볼 수 있을까? 이번 조사에서는 대체로 그렇게 나타났다.

20대 응답자 가운데 한국의 사회적 소수자가 겪는 일을 '매우 내 일처럼 느낀다'고 답변한 사람들의 페미니즘 지수는 평균 +4.6점이었다. '전혀 그렇지 않다'고 답변한 사람들의 페미니즘 지수는 -6.9점이다. 아주 강한 '양의 상관관계'가 드러난다.

마지막으로 검증해볼 것은 사회제도에 대한 신뢰 수준과 페미니즘 사이의 관계다. 미국과 서유럽을 포함한 여러 연구에서 이미 '소수자에 대한 반감이 셀수록' 사회를 불신

[표 2-1-8] 사회 신뢰 수준과 페미니즘 지수 간 상관관계

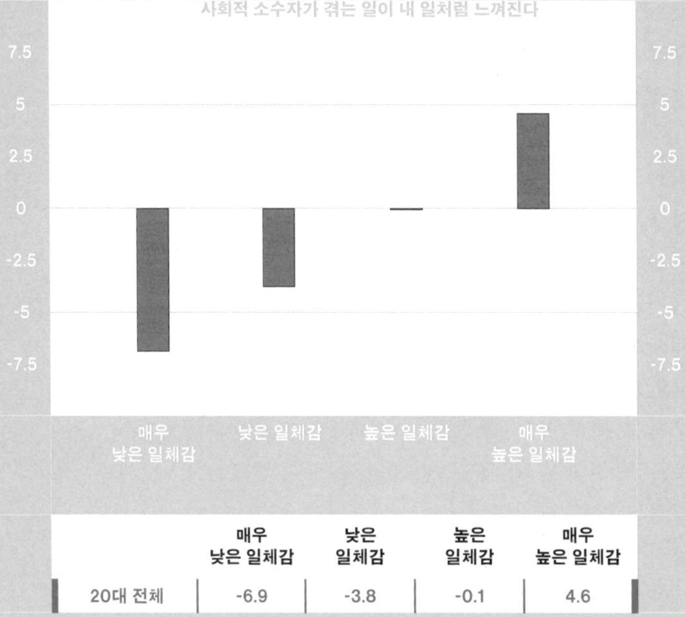

	매우 낮은 일체감	낮은 일체감	높은 일체감	매우 높은 일체감
20대 전체	-6.9	-3.8	-0.1	4.6

그래프 세로축: 페미니즘 지수 (단위: 점)

하고 포퓰리즘 성향이 강한 것으로 나타난 바 있다. 이를 한국에 적용한다면, 사회에 대한 신뢰와 페미니즘 간에 상관관계가 존재한다는 가설을 세울 수 있다. 예컨대 페미니즘(서구라면 소수자)에 대한 강한 반감은 '페미니즘이 제도권의 주류'라는 인식으로 이어질 가능성이 크다. 이는 사회제도에 대한 낮은 신뢰로 연결된다. 역으로 사회제도에 대한 낮은 신뢰가 페미니즘에 대한 반감으로도 이어질 수 있다.

이 가설을 검증하기 위해 두 가지 질문을 했다. 사회 일반에 대한 신뢰를 측정하기 위한 질문은 '한국은 사람들이 서로 믿고 의지하며 살아갈 만하다'로 설정했다. '한국에서 법은 공정하게 집행되고 있다'라는 질문을 통해서는 응답자들의 사회제도에 대한 신뢰 수준을 측정해보려고 했다. 그 결과인 [표 2-1-8]을 보면, 사회에 대한 신뢰 수준이 낮은 20대 남성일수록 페미니즘에 대한 반감 역시 높은 경향이 나타난다. '사람들이 서로 믿고 의지하며 살아갈 만하다'는 질문에 가장 낮은 단계의 신뢰 수준으로 응답한 20대 남성들은 평균 -9.0점의 페미니즘 지수를 나타냈다. '법은 공정하게 집행되고 있다'에 매우 낮은 신뢰를 보인 20대 남성들의 페미니즘 지수는 -8.6점이었다.

20대 남성과 20대 여성이 보여준 정반대 패턴

20대 여성의 경우에도, 사회에 대한 신뢰 수준과 페미니즘 지수는 강한 상관관계를 보였다. 그 방향은 20대 남성과 정반대였다. 다른 사람들을 전혀 믿지 못한다고 응답한, 낮은

[표 2-1-8] 사회 신뢰 수준과 페미니즘 지수 간 상관관계

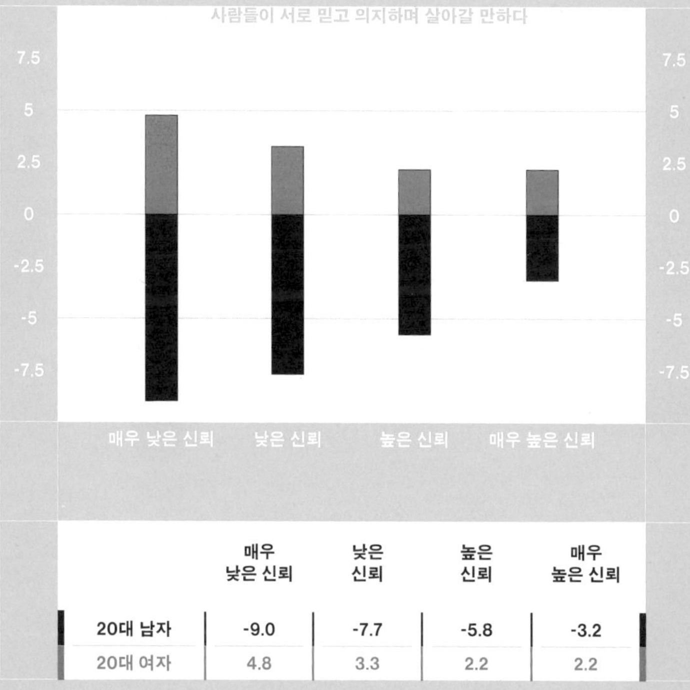

	매우 낮은 신뢰	낮은 신뢰	높은 신뢰	매우 높은 신뢰
20대 남자	**-9.0**	**-7.7**	**-5.8**	**-3.2**
20대 여자	4.8	3.3	2.2	2.2

그래프 세로축: 페미니즘 지수 (단위: 점)

[표 2-1-8] 사회 신뢰 수준과 페미니즘 지수 간 상관관계

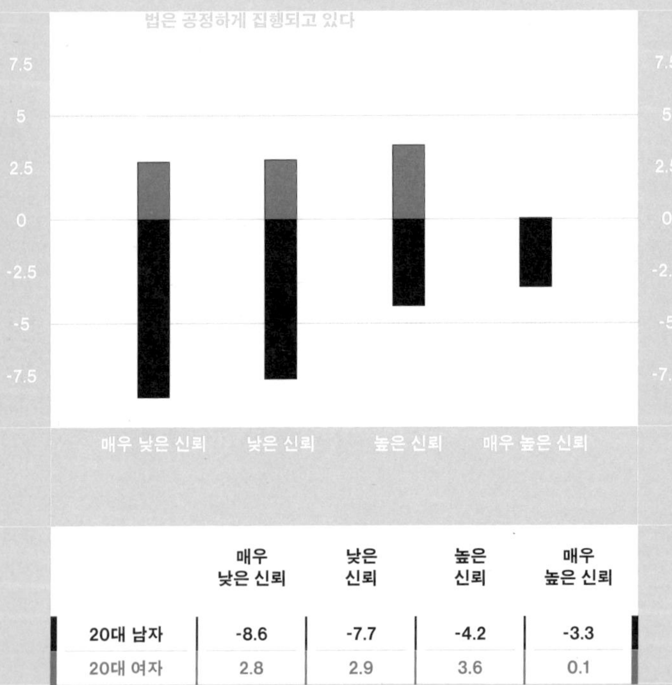

	매우 낮은 신뢰	낮은 신뢰	높은 신뢰	매우 높은 신뢰
20대 남자	**-8.6**	**-7.7**	**-4.2**	**-3.3**
20대 여자	2.8	2.9	3.6	0.1

그래프 세로축: 페미니즘 지수 (단위: 점)

사회적 신뢰 수준의 20대 여성들은 평균 +4.8점의 매우 높은 페미니즘 지수를 기록했다. 사회적 신뢰 수준이 매우 높은 20대 여성들의 페미니즘 지수는 평균 +2.2점에 불과했다.

20대 남성의 경우 사람에 대한 신뢰가 낮을수록 페미니즘에 더욱 부정적이었는데, 20대 여성은 정반대 패턴을 보인 것이다. 세상에 믿을 대상이 없는 사람들에게 그나마 신뢰 가능한 것이 여성에게는 페미니즘, 남성에게는 반페미니즘으로 나타나는 형국이다.

무임승차, 소수자와의 일체감, 신뢰라는 키워드를 통해서 본 20대의 정치적 갈등 양상은 오늘날 미국과 서유럽의 정체성 정치와 매우 유사하다는 점을 알 수 있다. 페미니즘에 대해 부정적 태도를 지닌 20대들은 무임승차가 문제라고 인식하며, 사회적 소수자와 일체감이 낮고, 사회에 대한 신뢰 수준도 낮은 경향을 보인다. 미국의 트럼프 지지자나 서유럽의 우파 포퓰리스트 정당 지지자와 공유하는 점이 많다. 페미니즘을 지지하는 20대들은 보호받아야 할 사람들이 보호받지 못하는 것을 문제로 생각하고, 사회적 소수자의 경험을 자신의 일처럼 느끼려는 성향이 강하며, 사회 일반에 대해 높은 신뢰 수준을 갖고 있다. 미국의 바이든 지지자, 서유럽의 다문화주의 지지자들과 비슷한 성향이다. 즉, 20대 내부의 정치적 갈등은 단순히 페미니즘을 둘러싼 싸움이라고 말하기 어렵다. 다른 민주주의 국가에서 벌어지고 있는 정체성 정치와 매우 유사한 양상을 보여주고 있다.

그렇다면 이번 〈시사IN〉 조사 결과를 근거로 정체성 정치가 한국 정치의 전면에 나섰다고 말할 수 있을까? 일단 [표 2-1-2]에서 페미니즘 지수와 진보 지수의 관계를 보면 모든 세대에 걸쳐 페미니즘이 중요한 정치 이슈라는 점을 확인할 수 있다.

그러나 한국이 서구와 비슷한 '정체성 정치'의 단계를 겪고 있는지는 아직 모호하다. 20대만 보면 격렬한 정체성 정치가 작동 중이지만, 30대 이상은 20대와 전혀 다른 양상으로 나타났다. 30대 이상에서는 무임승차, 소수자와의 일체감, 신뢰라는 변수가 페미니즘 지수와 큰 상관관계를 보여주지 않는다. 문재인 정부 국정 지지도 역시 20대와 달리 30대 이상에서는 페미니즘과 상관관계가 크지 않다.

30대 이상의 유권자 층에서는 미국이나 서유럽 같은 정체성 정치의 갈등 양상이 나타난다기보다는, 정치권에서 페미니즘이 계속 이슈로 떠오르다 보니 유권자들이 자신이 지지하는 정당이나 정치인에 맞춰 페미니즘에 대한 태도까지 결정하는 모양새에 더 가까운 것으로 보인다.

20대 유권자들은 페미니즘 및 젠더 갈등을 통해 정치권과 사회에 영향을 미치고 있다. 이들은 앞으로 계속 성장하고 사회·정치적 영향력을 확대해나갈 세대다. 그렇다면 20대가 사회적 소수자, 무임승차, 신뢰 등을 둘러싸고 형성한 갈등 양상이 앞으로 한국 정치의 구도를 바꾸고, 이에 따라 진보와 보수의 의미까지 재정의할 가능성이 크다.

선거를 앞두고 승리하기 위해 취할 수 있는 전략은 무엇이 있을까? 자기를 지지하는 유권자들이 꼭 투표하러 나오게끔 하고 자기를 지지하지 않거나 지지 후보를 결정하지 않은 유권자들을 설득해서 자기를 투표하게끔 해야 한다. 어찌 보면 당연한 전략이지만 선거 캠프에서는 둘 중에 어느 전략을 선택해야 하는지에 대한 논쟁이 꼭 발생한다. 선거의 구도와 양상에 따라 답도 달라지기 마련인데, 부동층 비율이 유독 높은 2022년 20대 대통령 선거에서는 부동층을 어떻게 공략하느냐가 주요 관심사로 떠오를 것이다. 〈동아일보〉(2021년 9월 10일자)가 한국갤럽의 조사를 인용한 보도에 의하면 대선 6개월 전인 2021년 9월 기준 부동층은 32%다. 2007년 17대 대선 이후 최대치다. 연령대별로 보면 18~29세 유권자가 50%라는 압도적 규모의 부동층을 보유하고 있다.

2021년 5월 〈한국일보〉와 한국리서치가 벌인 웹 조사 결과는 20대 여성 대다수가 부동층이라는 사실을 명확하게 보여준다. 현 정부·여당의 승리를 위해 여당 후보를 찍을 것인지 아니면 현 정부·여당을 심판하기 위해 야당 후보를 찍을 것인지에 대한 질문에 59.5%의 20대 여성이 모르겠다고 응답했다(표 1-2-21). 이는 같은 연령대 남성보다 약 30%포인트나 높은 수치다. 연령대별·성별로 나눈 모든 집단 중에서 가장 높다. 이 59.5%의 20대 여성은 과연 누구일까? 이들은 어떤 정책을 지지하며, 어느 이념적 성향에 가까울까? 페미니즘 이슈에 대해서는 어떤 태도를 갖고 있을까? 이들이 비록 지지 후보를 선택하지 못했지만 정치 사회적 이슈에 대한 의견이 없는 것은 아니다. 이들을 바로 이해할수록 우리 정치권이 놓치고 있는 것이 무엇인지도 분명하게 이해할 수 있을 것이다.

20대 여성 부동층을 이해하기 위해 이번 〈시사IN〉-한국리서치 조사에서 정치, 정책, 젠더와 관련해 던진 질문에 대한 응답 패턴을, 대선에서 '여당 후보 지지'와 '야당 후보 지지', '모르겠다'로 응답한 그룹으로 나누어 비교해보았다. 데이터 분석 결과를 보면서 놀라는 일이 끊이지 않았다. 부동층은 중도 성향이 강할 것이라는 생각을 완전히 깨는 결과가 나왔기 때문이다. 20대 여성 부동층의 경우, 다른 세대의 여당 후보 지지자만큼 혹은 그 이상으로 진보적이며, 사회적 소수자에 대한 태도는 여당 후보를 지지하는 20대 여성들보다 더 긍정적이었다.

20대 여성 부동층은 중도라는 착시

20대 여성 부동층은 자신의 이념 성향을 어떻게 인지하고 있을까. [표 2-2-1]에 따르면, 중도가 가장 큰 비중을 차지하고 있다. 부동층은 중도라는 선입견과 일맥상통하는 결과다. 진보라고 응답한 비율은 21.6%에 불과하다. 20대 남성 부동층의 15.9%가 자신을 진보라고 인식한 것과 유사한 비율이다. 20대 남성이 스스로를 보수라고 인지하는 경향이 강해지고 있는 것을 고려하면, 20대 여성 부동층은 진보세가

[표 2-2-1] 20대 여자의 대선 지지 성향별 진보/중도/보수 비율

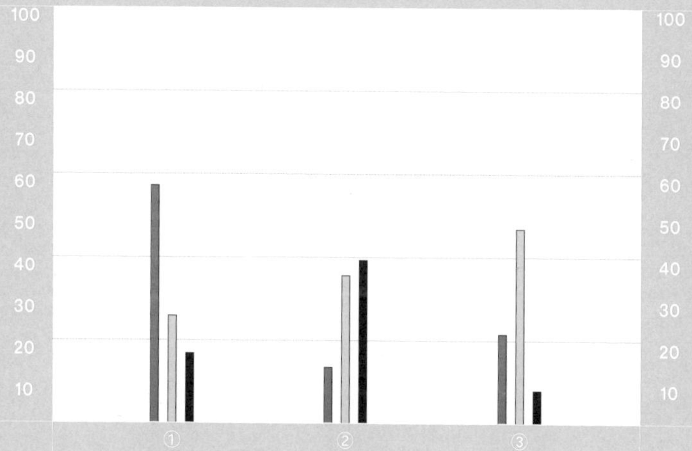

		진보	중도	보수	모르겠다
①	현 정부·여당의 승리를 위해 여당 후보를 지지해야 한다	57.2	25.9	16.9	0
②	현 정부·여당을 심판하기 위해 야당 후보를 지지해야 한다	13.6	35.6	39.3	11.5
③	모르겠다	21.6	46.9	8.0	23.5

(단위: %)

그리 강하지 않다고 결론내리기 쉽다.

그런데 자기 스스로 인지하는 이념 성향에서 정책과 가치로 초점을 옮기면 전혀 다른 결론이 나온다. 진보적인 정책과 가치를 얼마나 지지하는지 측정하기 위해 -11점에서 +11점 척도의 진보 지수를 사용해 20대 여성 내 여당 지지층, 야당 지지층, 부동층을 비교해보았다. 진보 지수는 미국의 퓨 리서치 센터(Pew Research Center)의 방법론을 참조해 만든 지수로서 11개의 정책과 가치 사안에 대해 진보적인 응답을 할 경우 +1점, 보수적인 응답을 할 경우 -1점, 모르겠다고 할 경우 0점을 준 다음 합산했다. 5장에서 페미니즘 지수가 정치 성향과 어떻게 연관되는지 검증하기 위해 사용했던 진보 지수와 같은 지수다.

진보 지수를 통해 살펴본 20대 여성 부동층은 명확한 진보 성향을 드러낸다. [표 2-2-2]에서 볼 수 있듯이 20대 여성의 평균 진보 지수는 +0.6점이다. 전체 응답자의 67%가 0점 이하의 진보 지수를 갖고 있음을 감안한다면 +0.6점이라는 평균 수치는 상당한 진보성을 보여준다고 할 수 있다. 다른 세대와 비교하면 그 진보성은 더 선명해진다. 다른 연령대별·성별의 부동층과 비교했을 때 20대 여성 부동층이 가장 높은 평균 진보 지수를 보여주고 있다. 20대 여성 부동층의 진보 지수는 다른 세대의 여당 지지층 진보 지수와 매우 유사하다. 차기 대선 여당 지지자 중 30대 여성(+0.7점), 30대 남성(+0.9점), 40대(+0.8점) 모두 20대 여성 부동층의 평균 +0.6점과 유사한 수치를 보여준다. 20대 여성 부동층보다 뚜렷

[표 2-2-2] 연령대별·성별·정치 성향별 평균 진보 지수

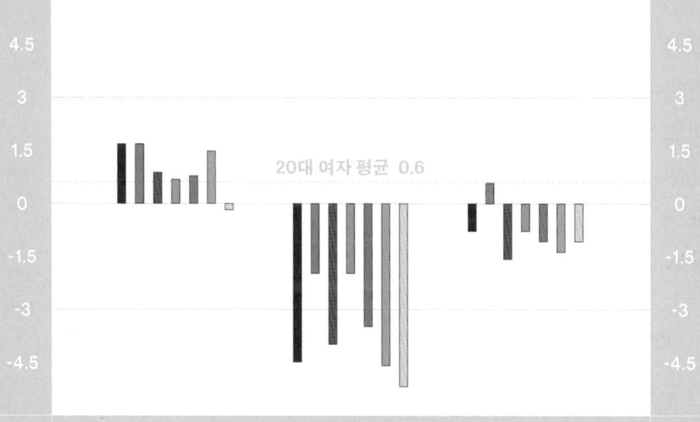

		20대 남자	20대 여자	30대 남자	30대 여자	40대	50대	60세 이상
①	현 정부·여당의 승리를 위해 여당 후보를 지지해야 한다	1.7	1.7	0.9	0.7	0.8	1.5	-0.2
②	현 정부·여당을 심판하기 위해 야당 후보를 지지해야 한다	-4.5	-2.0	-4.0	-2.0	-3.5	-4.6	-5.2
③	모르겠다	-0.8	0.6	-1.6	-0.8	-1.1	-1.4	-1.1

그래프 세로축: 진보 지수

(단위: 점)

하게 높은 진보 지수를 보여주는 것은 20대 남녀 여당 지지군과 50대 여당 지지군 밖에 없다. 개별 정책을 보면 이러한 경향은 더욱 뚜렷해진다. 성장과 복지, 차별금지법 찬반, 환경보호 대 경제성장, 동성결혼 찬반이라는 네 가지 이슈에 대한 응답을 보면 20대 여성 부동층은 전체 응답자와 비교해 진보 성향이 훨씬 강하고, 20대 남성과 차별화되며, 여당 후보를 지지하는 유권자층과 비슷한 성향을 보였다.

복지 중시하고 차별금지법, 동성결혼에 찬성

성장과 복지를 택일하라는 질문에 대해 20대 여성 부동층 중 성장보다 복지를 우선해야 한다는 응답률은 66.4%였다. 전체 응답자의 44.2%가 복지를 우선해야 한다고 응답한 것과 비교하면 20대 여성 부동층은 22.2%포인트 더 높은 수치를 보인 셈이다. 여당 후보를 지지하는 20대 여성(74.2%)보다는 약간 낮지만 여당 후보를 지지하는 20대 남성(61.6%)보다는 높은 수치다. 그런가 하면 차별금지법에 대한 찬성 의견은 20대 여성 부동층의 69.6%로, 이 또한 뚜렷한 진보성을 보여준다. 전체 응답자 찬성률(56.6%)에 비해 13.0%포인트가 높으며 다른 세대와 비교해서도 높은 찬성률이다. 환경보호와 경제성장 중 우선순위를 선택하라는 질문에 대해서는 20대 여성 부동층의 64.4%가 경제성장보다 환경보호가 중요하다고 답했다. 환경보호가 더 중요하다고 답한 전체 응답자(47.5%)에 비해 16.9%포인트 높은 수치다. 마지막으로 동성결혼에 대해 20대 여성 부동층은 61.5%가 찬성했다. 전체 응답자의 30.3%가 찬성 의견을 보인 것에 비해 무려 31.2%포인트 높은 수치다.

정치권에서는 진보적인 경향이 뚜렷한 유권자가 2022년 대선에서 여당 후보를 지지할 것이라고 쉽게 판단할지 모른다. 부동층은 중도적인 정책을 선호하는 유권자가 대부분이라고도 믿을 것이다. 그러나 20대 여성 부동층은 전혀 다른 이야기를 하고 있다. 비록 많은 수가 자신을 중도라고 분류함에도 불구하고 정책과 가치는 진보적인 색깔을 띠고 있다. 이런 진보적 색깔에도 불구하고 굉장히 많은 유권자가 여당이냐 야당이냐를 정하지 못하고 있는 것이다.

소수자에 더 포용적인 부동층

사회적 소수자에 대한 태도는 20대 여성의 정치 성향을 이해하는 핵심 중 하나다. 앞장의 논의를 통해 20대 여성이 소수자와 높은 사회적 연대감을 느끼며 '사회적 소수자가 겪는 차별 금지와 다양성을 우선시하는 정치세력'을 지지하고 있으나, 사회적 소수자에게 느끼는 감정은 그리 호의적이지 않다는 사실을 확인할 수 있었다(표 1-1-35). 이러한 특징을 20대 여성 부동층도 공유하고 있을까? 이를 더 깊이 알아보기 위해 20대 여성이 사회적 소수자에게 갖는 감정온도를 여당 후보 지지자, 야당 후보 지지자, 그리고 부동층으로 나누어 비교해보았다.

1장에서 밝힌 바대로 20대 여성의 감정온도를 측정했을 때 게이(38.0도), 트랜스젠더(33.3도), 난민(30.7도), 조선족

(24.9도)에게 낮은 감정온도를 보인다. 20대 남성의 경우 게이(27.7도), 트랜스젠더(27.9도), 난민(23.2도), 조선족(16.2도)으로 20대 여성보다 더 낮은 감정온도를 나타낸다(표 1-1-35). 이에 비해 20대 여성 부동층은 20대 내부에서 소수자에게 가장 호의적인 감정을 가진 집단이다(표 2-2-3). 20대 여성 부동층의 게이에 대한 감정온도는 평균 40.8도로 여당 후보 지지자나 야당 후보 지지자보다 7~8도 높다. 이는 진보 성향이 강한 20대 남성 여당 후보 지지자의 수치와 유사하다. 트랜스젠더에 대한 감정온도도 평균 35.2도로 여당 혹은 야당 후보 지지자보다 5~6도 높다. 사회적 소수자 중에서 외국인인 조선족에 대한 감정온도 평균은 27.8도, 난민은 32.1도로 20대 내부 모든 집단 중에 가장 높은 수치를 보여준다. 20대 유권자 전반이 사회적 소수자 4개 그룹에 호의적이지 않지만, 그나마 20대 여성 부동층이 일관되게 낮은 수치를 위로 끌어올리고 있는 양상이다.

20대 여성 부동층이 선호하는 정치세력

20대 여성 부동층이 선호하는 정치세력도 이같이 소수자에 대한 포용성을 반영하고 있을까?

〈시사IN〉은 20대 여성과 남성이 다른 세대와 정치적 선호가 다를 것이라는 가설을 검증해보기 위해 4개의 가상 정치세력을 제시하고, 가장 지지하는 정치세력을 묻는 질문을 추가했다. 이 4개의 정치세력은 '법과 사회질서 확립을 우선시하는 정치세력(권위주의)' '정부 개입의 최소화를 우선시하

[표 2-2-3]　20대 여자의 정치 성향별 평균 감정온도

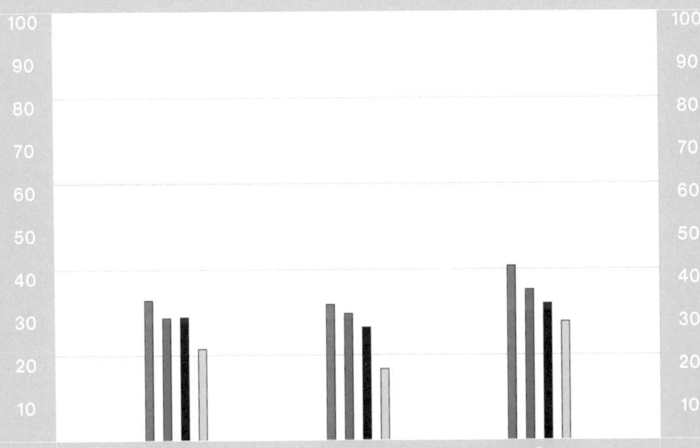

		게이	트랜스젠더	난민	조선족
①	현 정부·여당의 승리를 위해 여당 후보를 지지해야 한다	32.8	28.7	28.9	21.5
②	현 정부·여당을 심판하기 위해 야당 후보를 지지해야 한다	31.8	29.7	26.5	16.8
③	모르겠다	40.8	35.2	32.1	27.8

(단위: ℃)

는 정치세력(자유지상주의)' '경제적 재분배를 우선시하는 정치세력(전통적 좌파)' '사회적 소수자가 겪는 차별 금지와 다양성을 우선시하는 정치세력(다문화주의)'이다. 1장의 [표 1-1-40]에서 전체 응답자 중 12.7%만 차별을 금지하고 다양성을 우선시하는 세력을 선택한 데 비해 20대 여성은 32.1%로 19.4%포인트 더 높은 선택을 했다는 것을 확인했다.

[표 2-2-4]는 20대 여성 부동층이 가장 지지하는 세력도 '사회적 소수자가 겪는 차별 금지와 다양성을 우선시하는 정치세력'임을 보여준다. 지지의 정도가 여당 후보 지지자만큼 높지는 않음에도 불구하고, 모르겠다(24.0%)는 응답을 제외하고 계산하면 지지 수치가 41.7%로 여당 후보 지지층과 매우 유사함을 알 수 있다. 20대 여성 야당 후보 지지층의 50.9%가 '법과 사회질서 확립을 우선시하는 정치세력'을 고른 것과 비교하면 부동층의 응답 패턴은 여당 후보 지지자와 비슷하다는 것을 확인할 수 있다.

사회적 소수자에 대한 태도와 정책 선호를 통해 본 20대 여성 부동층은 여당 후보 지지층과 많은 유사점을 가지고 있다. 그렇다면 차이를 보여주는 지점은 무엇인가? 바로 페미니즘에 대한 태도다. 정책 선호를 통해 본 부동층은 진보였지만, 페미니즘을 통해 본 부동층은 중도라 할 수 있다.

페미니즘에 대해서는 중도적 입장

[표 2-2-5]은 2022년 대선 지지 성향에 따라 페미니즘 지수의 분포 차이를 명확하게 나타낸다. 여당 후보 지지자를 보

[표 2-2-4] 20대 여자의 정치 성향별 선호 정치세력

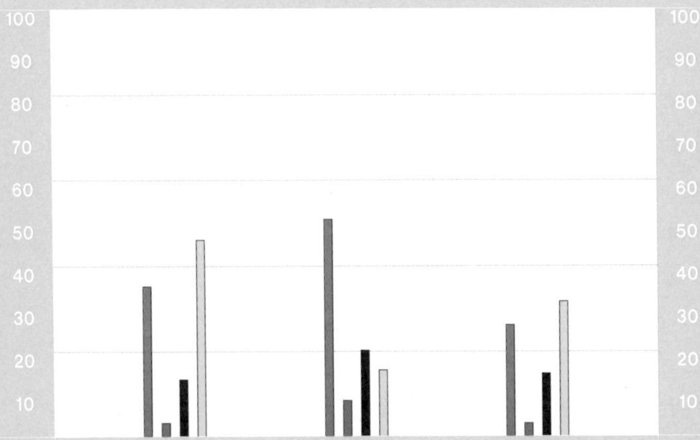

		법과 사회질서 확립 우선시	정부 개입의 최소화 우선시	경제적 재분배 우선시	차별 금지와 다양성 우선시	모르겠다
①	현 정부·여당의 승리를 위해 여당 후보를 지지해야 한다	35.3	3.4	13.5	46.1	1.7
②	현 정부·여당을 심판하기 위해 야당 후보를 지지해야 한다	50.9	8.6	20.3	15.7	4.4
③	모르겠다	26.2	3.2	14.9	31.7	24.0

(단위: %)

면 페미니즘 지수의 최빈 구간이 +10점 이상이고, 야당 후보 지지자의 경우 페미니즘 지수의 최빈 구간이 0, -3, -4점이다. 그에 비해 부동층의 경우 0점이 최빈 구간이다. 부동층의 중간값은 +1점, 평균은 +2.47점으로 중립에서 약한 수준의 친페미니즘적 입장을 보여준다. 20대 여성 부동층은 2장에서 소개한 '강한 페미니즘'이라는 집단과는 다른 집단이라고 할 수 있다.

성차별 현실에 대한 인식도 20대 여성 부동층은 여당 후보 지지층과 야당 후보 지지층의 중간에 있다. '한국에서 여자는 사회적으로 차별받고 있다'는 진술에 대해 20대 여성 부동층은 25.2%가 매우 그렇다고 응답한 데 비해 여당 후보 지지층은 53.2%가 매우 그렇다고 답했다. '매우 그렇다'와 '대체로 그렇다'를 합한 응답률을 비교해봐도, 20대 여성 부동층(70.4%)은 여당 후보 지지층(82.7%)과 야당 후보 지지층(60.1%) 사이에 있다. 남성의 사회적 차별에 대한 의견도 20대 여성 부동층(18.3%)은 여당 후보 지지층(8.5%)과 야당 후보 지지층(31.4%) 가운데에 자리를 잡았다. 마지막으로 남녀 간 임금격차에 대한 인식을 묻는 문항에서도 여당 후보 지지층의 48.4%가 '여자에게 매우 불공정하다'고 답한 반면에 20대 여성 부동층은 23.9%만이 그렇다고 응답했다. 여자에게 매우 혹은 다소 불공정하다는 응답률에서도 20대 여성 부동층(70.7%)이 여당 후보 지지층(77.8%)과 야당 후보 지지층(62.4%) 가운데 위치하는 구도가 똑같이 나타났다.

20대 여성 부동층이 페미니즘과 성차별 인식에 관련해

중도적 입장을 갖고 있다 해서 이들의 젠더 관련 정책 선호가 중도적인 것은 아니다. 대선 후보들이 앞다투어 폐지 내지는 개정을 약속한 여성가족부에 대한 입장을 보자. [표 2-2-6]에 의하면 20대 여성 부동층 중 28.9%만이 여성가족부 폐지론에 공감했다. 이는 여당 후보 지지층(22.2%)과 비슷한 수치이며 야당 후보 지지층(69.1%)과는 뚜렷하게 비교된다. 여성의 군복무에 대해서도 20대 여성 부동층은 여당 후보 지지층(33.0%)과 유사한 수준인 34.9%만 동의한다고 응답했다. 이는 전체 응답자 동의율(50.4%)에 비해 15.5%포인트 떨어지는 것이며 20대 야당 후보 지지층(46.7%)보다도 상당히 낮은 수준이다. 20대 여성 부동층은 페미니즘이나 성차별 현실에 대해 강한 의견을 갖고 있지 않을 뿐, 일부 정치권에서 20대 남성이 선호하는 젠더 정책을 반영하려는 움직임에 대해서는 뚜렷하게 반대하는 모양새를 보인다.

문재인 정권에 대한 실망 뚜렷

지금까지의 논의를 종합해보면, 20대 여성 부동층이 '현 정부 여당의 승리를 위해 여당 후보를 지지'하지 않을 이유를 찾기 어렵다. 20대 여성 부동층은 뚜렷한 진보적 정책을 선호하며, 20대 내부에서 소수자에게 가장 포용적이다. 페미니즘에 대해 강한 지지를 보여주지는 않지만 어느 정도의 지지를 보내고 있다. 20대 남성의 지지를 타깃으로 하는 젠더 정책에 대해서도 뚜렷이 반대하는 입장을 보이고 있다. 그럼에도 왜 많은 수의 20대 여성은 여당 후보를 지지하겠다

[표 2-2-5] 2022년 대선 지지 성향에 따른 페미니즘 지수 분포

■ 현 정부·여당의 승리를 위해 여당 후보를 지지해야 한다
■ 현 정부·여당을 심판하기 위해 야당 후보를 지지해야 한다
□ 모르겠다

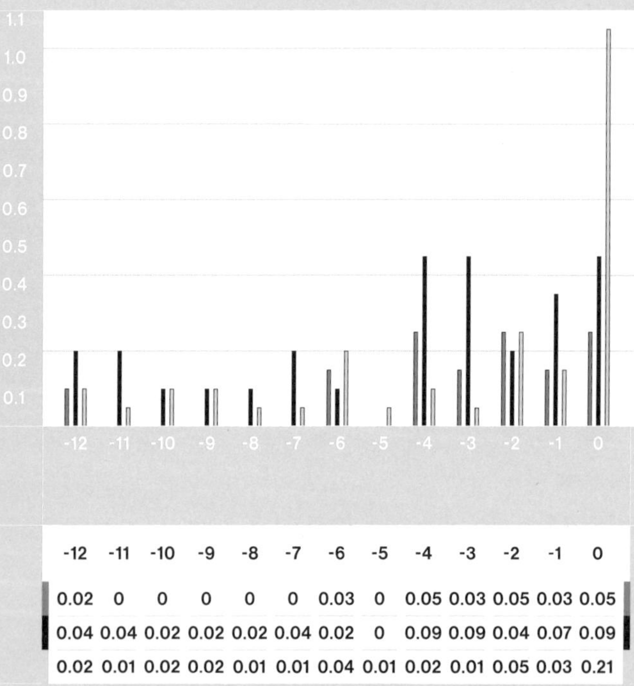

-12	-11	-10	-9	-8	-7	-6	-5	-4	-3	-2	-1	0
0.02	0	0	0	0	0	0.03	0	0.05	0.03	0.05	0.03	0.05
0.04	0.04	0.02	0.02	0.02	0.04	0.02	0	0.09	0.09	0.04	0.07	0.09
0.02	0.01	0.02	0.02	0.01	0.01	0.04	0.01	0.02	0.01	0.05	0.03	0.21

그래프 세로축: 각 그룹 내 밀도(응답자 비율) × 5

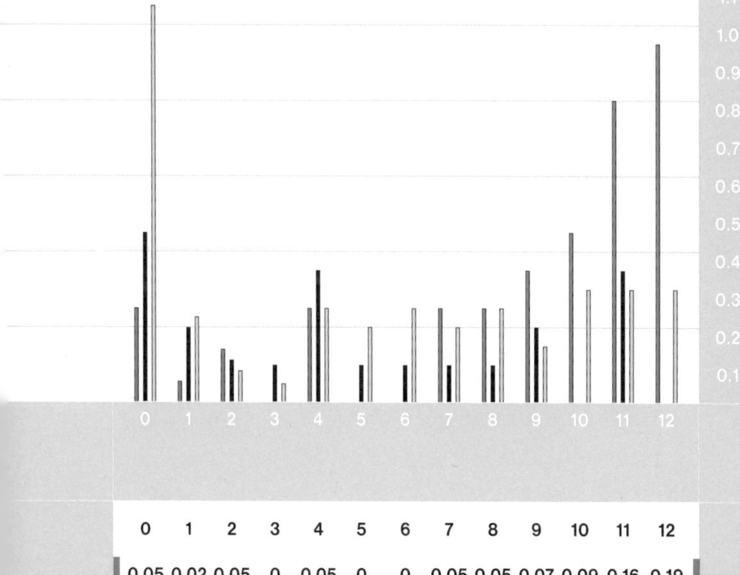

	0	1	2	3	4	5	6	7	8	9	10	11	12
	0.05	0.02	0.05	0	0.05	0	0	0.05	0.05	0.07	0.09	0.16	0.19
	0.09	0.07	0.04	0.02	0.07	0.02	0.02	0.02	0.02	0.04	0	0.07	0
	0.21	0.08	0.03	0.01	0.05	0.04	0.05	0.04	0.05	0.03	0.06	0.06	0.06

(단위: %)

[표 2-2-6] 20대 여자의 정치 성향별 젠더 관련 정책 선호도

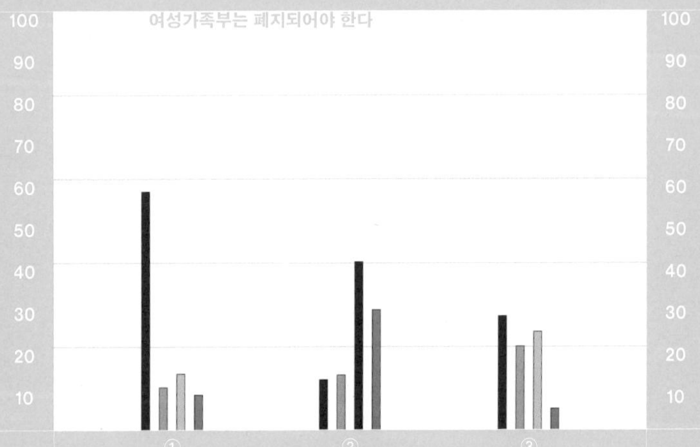

		전혀 동의 안 함	별로 동의 안 함	약간 동의	매우 동의	모르겠다
①	현 정부·여당의 승리를 위해 여당 후보를 지지해야 한다	57.0	10.4	13.6	8.6	10.5
②	현 정부·여당을 심판하기 위해 야당 후보를 지지해야 한다	12.2	13.3	40.3	28.8	4.4
③	모르겠다	27.3	20.1	23.6	5.3	23.7

(단위: %)

[표 2-2-6] 20대 여자의 정치 성향별 젠더 관련 정책 선호도

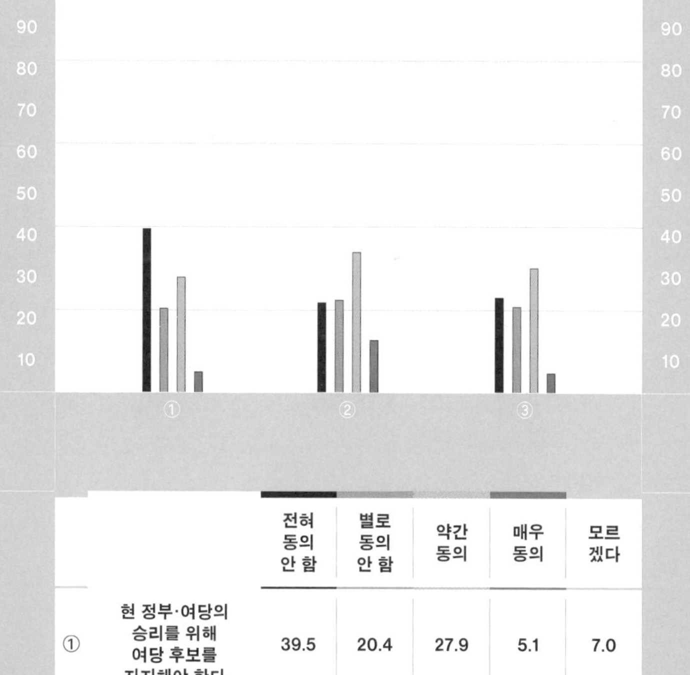

		전혀 동의 안 함	별로 동의 안 함	약간 동의	매우 동의	모르겠다
①	현 정부·여당의 승리를 위해 여당 후보를 지지해야 한다	39.5	20.4	27.9	5.1	7.0
②	현 정부·여당을 심판하기 위해 야당 후보를 지지해야 한다	21.8	22.4	33.9	12.8	9.1
③	모르겠다	23.0	20.8	30.1	4.8	21.4

(단위: %)

고 응답하지 않을까? 더불어민주당의 이재명 후보, 그리고 국민의힘 윤석열 후보에 대한 낮은 호감이 이유라고 지적할 수도 있다. 그러나 〈시사IN〉 조사는 민주당과 국민의힘 대선 후보 경선이 치러지기 전에 이루어졌다. 후보에 대한 호오 때문에 부동층으로 남은 게 아니라는 얘기다.

문재인 정부에 대한 국정 운영 지지율을 보면 답이 보인다. 20대 여성 부동층은 여당 후보 지지층에 비해 확연하게 낮은 국정 운영 지지율을 보여주고 있다. [표 2-2-7]에서 볼 수 있듯이, 20대 여성 부동층은 36.5%만이 문재인 정부의 국정 운영을 지지하고 있다(매우 잘하고 있다 3.2% + 대체로 잘하고 있다 33.3%). 이는 20대 여성 전체(41.2%)보다 낮은 수치이며, 60세 이상(36.9%)과 비슷한 수준이다. 20대 여성 여당 후보 지지층(매우 잘하고 있다 17.3% + 대체로 잘하고 있다 60.8% = 78.1%)과 비교하면 무려 41.6%포인트나 낮은 수치기도 하다.

한편 정책 분야별로 보면 20대 여성 부동층은 복지·분배와 여성(젠더) 부문에서 뚜렷하게 낮은 평가를 주고 있다. 복지·분배 분야에서는 38.6%만 잘하고 있다고 응답해 여당 후보 지지층(65.8%)에 비해 27.2%포인트 낮은 수치를 보였다. 여성(젠더) 분야에서도 21.5%만 잘하고 있다고 평가했으며, 이는 여당 후보 지지층(42.9%)에 비해 21.4%포인트나 낮은 수치다. 많은 면에서 여당 후보 지지층을 닮은 20대 여성 부동층이지만 문재인 정부에 대한 평가는 뚜렷하게 다르다.

2022년 대선을 향해 달리는 더불어민주당 이재명, 국민의힘 윤석열, 정의당 심상정, 국민의당 안철수 캠프는 매일

[표 2-2-7] 20대 여자의 정치 성향별 문재인 정부 국정 지지도

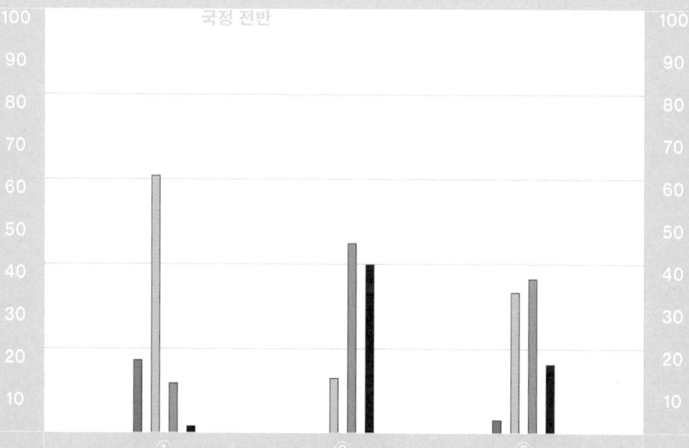

		매우 잘하고 있다	대체로 잘하고 있다	대체로 못하고 있다	매우 못하고 있다	모르겠다
①	현 정부·여당의 승리를 위해 여당 후보를 지지해야 한다	17.3	60.8	11.9	1.7	8.3
②	현 정부·여당을 심판하기 위해 야당 후보를 지지해야 한다	0	13.1	44.9	39.8	2.2
③	모르겠다	3.2	33.3	36.5	9.0	18.1

(단위: %)

[표 2-2-7] 20대 여자의 정치 성향별 문재인 정부 국정 지지도

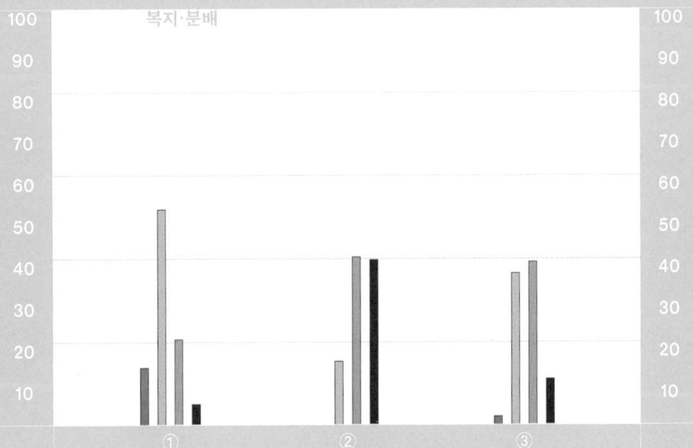

		매우 잘하고 있다	대체로 잘하고 있다	대체로 못하고 있다	매우 못하고 있다	모르겠다
①	현 정부·여당의 승리를 위해 여당 후보를 지지해야 한다	13.9	51.9	20.7	5.1	8.4
②	현 정부·여당을 심판하기 위해 야당 후보를 지지해야 한다	0	15.4	40.4	39.7	4.5
③	모르겠다	2.1	36.5	39.2	11.2	11.1

(단위: %)

[표 2-2-7] 20대 여자의 정치 성향별 문재인 정부 국정 지지도

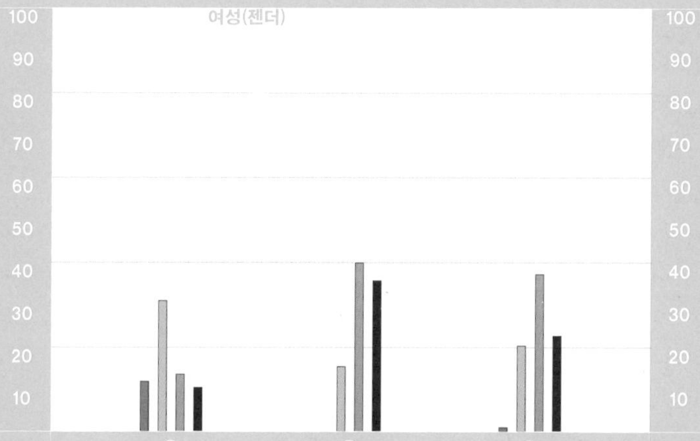

		매우 잘하고 있다	대체로 잘하고 있다	대체로 못하고 있다	매우 못하고 있다	모르겠다
①	현 정부·여당의 승리를 위해 여당 후보를 지지해야 한다	11.9	31.0	13.6	10.5	8.6
②	현 정부·여당을 심판하기 위해 야당 후보를 지지해야 한다	0	15.5	39.9	35.7	8.9
③	모르겠다	1.1	20.4	37.2	22.7	18.6

(단위: %)

발표되는 여론조사를 바탕으로 어느 유권자를 공략할지 고민하고 있을 것이다. 새로 설득할 수 있을 유권자 그룹을 검토하다 보면 20대 여성 부동층이 제일 눈에 띌 것이다. 〈시사IN〉 조사 결과는 20대 여성 부동층이 어떤 특성을 갖고 있는지 밝혀준다는 점에서 이들에 대한 이해를 넓혀주었을 거라 믿는다.

야당 후보들이 믿을 바는 바로 20대 여성 부동층이 문재인 정부에 실망하고 있다는 사실이다. 이들이 선뜻 정부·여당을 심판해야 한다고 마음을 결정하지는 못했지만, 문재인 정부에 대한 국정 운영 지지율은 낮다는 점을 적극 공략하면 길이 열릴 것이다. 20대 여성 부동층이 문재인 정부에게 실망했다고 여당 후보에게 기회가 없는 것은 아니다. 한국의 대통령 선거는 회고적 평가의 성격을 갖지만 미래에 대한 평가 또한 매우 중요시한다는 특징을 지닌다. 진보적 정책, 특히 차별금지법이나 동성결혼 같이 사회적 소수자를 보호하는 정책은 20대 여성의 표심을 끌 수 있는 기회로 다가올 것이다. 20대 여성이 가장 높은 호감도를 보이는 전직 대통령이 노무현 전 대통령(62.9%)이라는 사실, 그리고 2017년 19대 대선과 2020년 21대 총선에서 보수 성향 정당을 찍은 비중이 각각 2.2%, 1.7%밖에 안된다는 점은 여당 후보에게 유리하다.

165만 표를 그냥 포기할 것인가

여당 후보와 야당 후보 중 누가 20대 여성 부동층을 투표장으로 끌어낼 수 있을까. 18~29세 여성은 2020년 총선 기준 약 330만 표, 전체 유권자의 8.5%에 해당한다. 이 중 절반에 해당하는 부동층을 확실히 잡는 후보는 최대 165만 표까지 얻을 수 있다. 2012년 18대 대선이 108만 표, 2002년 16대 대선이 57만 표 차이로 승부가 난 것을 감안하면 엄청난 규모의 표다. 정권에 대한 실망감을 '심판에 대한 열망'으로 이끌 것인가 아니면 '진보와 사회적 소수자에 대한 새로운 열망'으로 동원할 것인가. 각 후보와 후보 캠프의 선택만 남았다.

지면을 통해 20대 여성의 '여당 후보 지지' '야당 후보 지지' '모르겠다' 응답 비율을 공개하는 것이 불가능하다. 중앙선거여론조사심의위원회는 연령대별 가중값이 0.7~1.5 범위에 있지 않으면 공개할 수 없도록 제한하고 있다. 〈시사IN〉-한국리서치 조사는 특정 세대의 여론을 더 심도있게 파악하기 위해 20대와 30대를 추가 표집했기 때문에 위의 가중값 제한을 벗어날 수밖에 없다. 이번 조사가 20대의 충분한 표본을 확보했기에 20대 여론을 다른 조사에 비해 더 정확하게 이해할 수 있음에도 불구하고 응답 비율을 공개할 수 없는 것은 유감이다.

7장 20대 여자 vs 20대 남자

정한울

— 2019년 조사 이후의 변동: 20대 여자의 부상과 안티페미니즘의 확산

2019년 〈시사IN〉 천관율 기자와 작업했던 〈20대 남자〉는 20대 남자 속 극단적 안티페미니즘 성향을 지닌 마이너리티 정체성 집단을 발견해 안팎으로 관심을 모았다. 당시 20대 남자의 마이너리티 자의식이라는 가설은 역설적이게도 '20대 여자'의 부상에서 도출되었다. 2010년 전후 각종 사회경제 통계에서 20대 여자와 20대 남자 사이에 '권력 이동' 조짐이 발생하고 있었다. 2008년 전후로 여성의 대학 진학률이 남성을 앞질렀고, 시험을 통해 경쟁하는 취업 시장에서 여성이 약진하는 현상이 나타났다. 정치적 목소리와 참여의 크기에서도 젊은 여성의 진출이 두드러졌다.

최악의 투표율을 기록했던 2007년 17대 대통령 선거와 2008년 18대 총선 이후 전체적으로 투표율이 상승했는데, 이를 이끈 것은 2030세대다. 특히 2007년 대선에서 투표율이 46.6%였던 20대는 2017년 19대 대선에서는 76.1%로, 2008년 총선에서 28.1%였던 20대 투표율은 2016년 20대 총선에서는 52.7%로 상승하며 30대 투표율(50.5%)을 넘어섰다(표 2-3-1). 이러한 20대 투표율 상승을 이끌었던 것이 바로 20대 여성이었다. 20대 남자 현상의 뒷면에는 20대 여자 현상이 자리 잡고 있었던 것이다. 그러나 25.9%의 '극단적 안티페미니즘 정체성 집단'을 발견한 충격으로 분석의 초점은 20대 남자에 맞춰졌고, 20대 여자 및 다른 세대에는 눈을 돌리지 못했던 것이 사실이다. 그렇다면 20대 여자는 과연 누구

[표 2-3-1] 연령대별 투표율 변동추이

선거관리위원회 연령대별 대선 투표율 재계산 결과

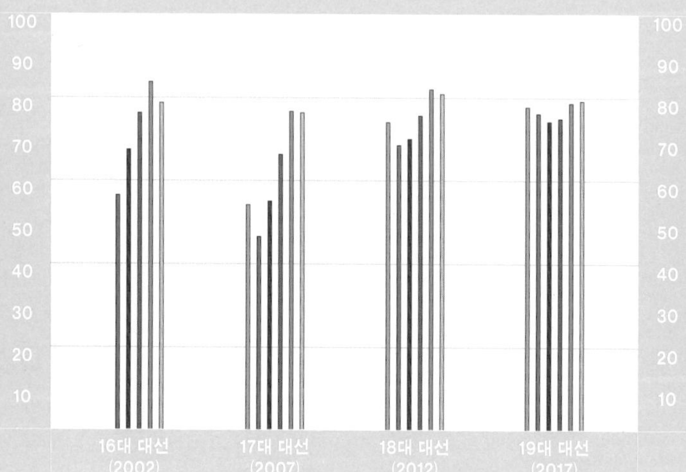

	16대 대선 (2002)	17대 대선 (2007)	18대 대선 (2012)	19대 대선 (2017)
전체 평균	70.8	63.0	75.8	77.2
19세 전체	-	54.2	74.0	77.7
20대 전체	56.5	46.6	68.5	76.1
30대 전체	67.4	55.1	70.0	74.2
40대 전체	76.3	66.3	75.6	74.9
50대 전체	83.7	76.6	82.0	78.6
60세 이상 전체	78.7	76.3	80.9	79.1

(단위: %)

[표 2-3-1] **연령대별 투표율 변동추이**

선거관리위원회 연령대별 총선 투표율 재계산 결과

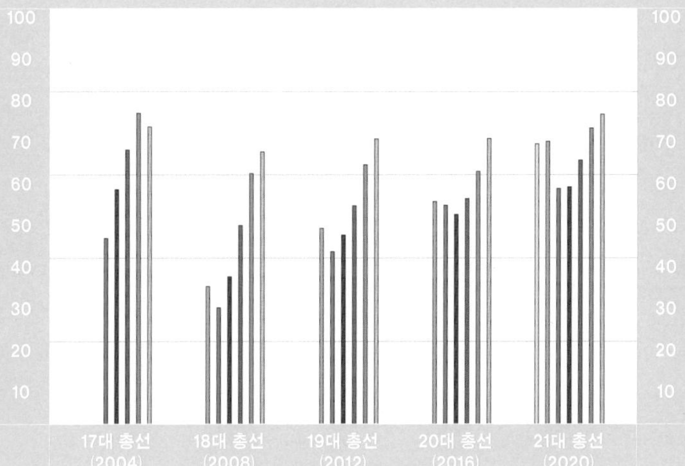

	17대 총선 (2004)	18대 총선 (2008)	19대 총선 (2012)	20대 총선 (2016)	21대 총선 (2020)
전체 평균	60.6	46.1	54.2	58.1	78.5
18세 전체	-	-	-	-	67.4
19세 전체	-	33.2	47.2	53.6	68.0
20대 전체	44.7	28.1	41.5	52.7	56.7
30대 전체	56.5	35.5	45.5	50.5	57.1
40대 전체	66.0	47.9	52.6	54.3	63.5
50대 전체	74.8	60.3	62.4	60.8	71.2
60세 이상 전체	71.5	65.5	68.6	68.7	74.5

(단위: %)

인가? 2년간 어떤 변화가 있었을까? 더 늦기 전에 20대 여자 프로젝트를 재개한 이유다.

안티페미니즘, 더이상 20대 남자 전유물 아니다

2019년 '20대 남자' 조사 후 2년이 지났다. 2021년 20대 남녀의 젠더 인식 격차, 정치적 태도의 차이는 일관되게 확인되고 있다. 그러나 연령대별·성별 페미니즘 인식 지형에 적지 않은 변화도 발견된다. [표 2-3-2]는 페미니즘 태도 관련 6개 문항에 대한 응답을 합산한 페미니즘 지수(-12 안티페미니즘~+12 친페미니즘)의 시계열 변화를 비교한 그래프이다(2019년 20대 남자 안티페미니즘 정체성 집단 25.9%라는 수치는 최극단값인 -12점을 기록한 응답자 비율이다).

조사 결과를 보면, 우선 20대에서는 남녀 간에 페미니즘 인식 격차가 커지고 있는 양상이 확인된다. 20대 남성의 경우 -6.3점(2019년)에서 -5.8점(2020년), 그리고 -6.6점(2021년)으로, 약간의 변동이 있지만 95% 신뢰 수준에서 오차범위 내 변화라 통계적으로 유의미한 변동은 아니다. 그러나 20대 여성의 경우 같은 기간 +0.3점에서 +1.9점, +2.6점으로 페미니즘 성향이 유의미하게 강화되고 있다. 사실 20대 남성의 안티페미니즘 대비 20대 여성의 페미니즘 성향은 지난 2년간 한국 사회에서 20대 남녀 간 젠더 갈등이 증폭되어온 현실을 뒷받침해주는 결과다.

둘째, 30대 남성의 안티페미니즘 성향도 주목할 만하다. -4.3점에서 -5.2점 사이에 있는 수치로 20대 남성에는 못 미

[표 2-3-2] 연령대별 남녀 간 페미니즘 태도의 변화

-12: 안티페미니즘 ~ +12: 친페미니즘

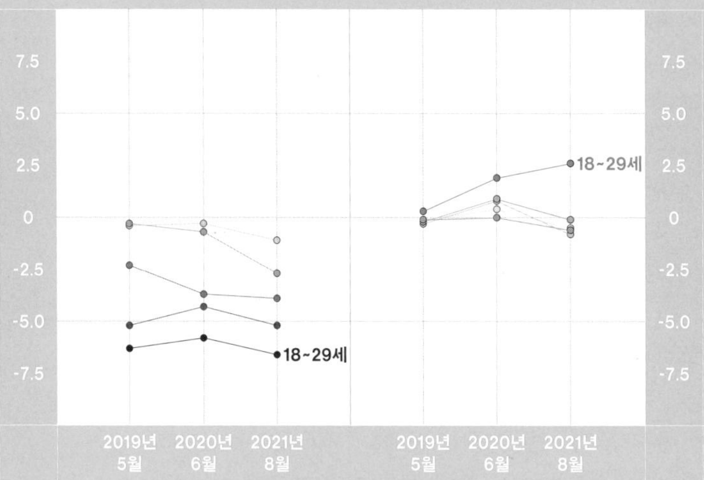

	2019년 5월 (시사IN)	2020년 6월 (HRC)	2021년 8월 (시사IN)
남자 전체 평균	-2.7	-2.7	-3.6
18~29세 남자	-6.3	-5.8	-6.6
30~39세 남자	-5.2	-4.3	-5.2
40~49세 남자	-2.3	-3.7	-3.9
50~59세 남자	-0.3	-0.7	-2.7
60세 이상 남자	-0.4	-0.3	-1.1
여자 전체 평균	-0.2	0.8	0
18~29세 여자	0.3	1.9	2.6
30~39세 여자	-1.0	0	-0.6
40~49세 여자	-0.2	0.9	-0.1
50~59세 여자	-0.3	0.8	-0.8
60세 이상 여자	-0.1	0.4	-0.5

그래프 세로축: 페미니즘 지수 (단위: 점)

치지만, 안티페미니즘 경향이 20대 남성만의 현상은 아니었음을 보여준다. 20대 남성과 마찬가지로 지난 세 번의 조사에서 30대 남성의 안티페미니즘 성향은 전혀 줄어들 기미를 보이지 않는다. 특히 오차범위(95% 신뢰 수준)를 고려하면 20대 남성과 30대 남성의 평균 차이는 통계적으로 유의하다고 해석할 수 없는 차이다.

셋째, 같은 성 안에서 세대 간 페미니즘 인식 차이도 주목할 만하다. 20대 여성에게 나타나는 페미니즘 성향이 강화되면서 페미니즘에 대한 태도에서 30대 이상 여성 그룹들과 유의미한 차이가 발생하기 시작했다. 한국 사회에서 벌어진 격렬한 페미니즘 논란에도 불구하고 30대 이상 여성들의 페미니즘 지수는 중립에 가까운 0점 전후에서 크게 변동이 없다. 반면 남성 그룹의 경우 2019년 조사에서 젊은 세대와 나이 든 세대 간 페미니즘 인식 격차가 뚜렷했는데 2021년 조사에서는 세대 간 격차가 감소하는 추세를 보여준다. 특히 40대와 50대에서 2019년 조사 대비 안티페미니즘 성향이 눈에 띄게 강화된 것으로 나타났다(40대 2019년 -2.3점→2021년 -3.9점, 50대 2019년 -0.3점→2021년 -2.7점). 이제 페미니즘 관련 남녀 사이의 인식 차이는 2030세대를 넘어 4050세대로까지 확산되고 있다.

고학력, 고소득 여성이 페미니즘 확산을 이끌다

다른 연령대 여성의 페미니즘 성향은 정체되어 있는데 유독 20대 여성에서만 페미니즘 성향이 강화되는 이유는 무엇일까? 이제 20대 여성의 페미니즘을 강화시키는 요인을 살펴볼 차례다.

먼저 계층 요인은 어떠할까? 2019년 '20대 남자' 조사를 진행했던 시점에는 가구소득, 학력, 자산 등 계층별로 유의미한 차이가 나타나지 않았지만, 2년이 지나고 진행된 '20대 여자' 조사에서는 유의미한 변화가 발견되었다. 계층이 20대 여성의 페미니즘 확산을 주도하는 요인임이 확인된 것이다. 직관적으로 페미니즘 인식 분포를 비교해보기 위해 페미니즘 지수를 다섯 그룹으로 묶어(-12~-7 강한 안티페미니즘, -6~-1 약한 안티페미니즘, 0 중립, +1~+6 약한 페미니즘, +7~+12 강한 페미니즘) 20대 남녀 응답자의 가구소득, 학력, 자산 규모 수준이 페미니즘 성향과 어떤 관계를 맺는지 비교해보았다.

우선 [표 2-3-3]을 보면 안티페미니즘과 중립 군집의 비율은 소득 수준별로 큰 차이가 없다. 하지만 페미니즘 성향의 강도와는 일정한 상관관계가 확인된다. 강한 페미니즘 그룹과 약한 페미니즘 그룹을 합해 '범페미니즘' 그룹으로 분류하면 20대 남녀 모두 소득 수준별 비율 차이는 크지 않다. 그러나 강한 페미니즘 그룹 비율을 기준으로 페미니즘 성향을 비교해보면 가구소득이 월평균 200만 원 미만인 층에서는 22%에 불과하지만, 200~399만 원인 경우 27%, 400~599만 원인 경우 38%, 600만 원 이상일 경우에는 47%까지 증가한다. 20대 남성에서는 가구소득 월평균 400~599만 원의 중상층에서 안티페미니즘 성향이 강하기는 하지만 통계적으로 유의미한 차이라고 판단할 수 없었다. 20대 여성의

[표 2-3-3] 20대 성별·가구소득별 페미니즘 성향

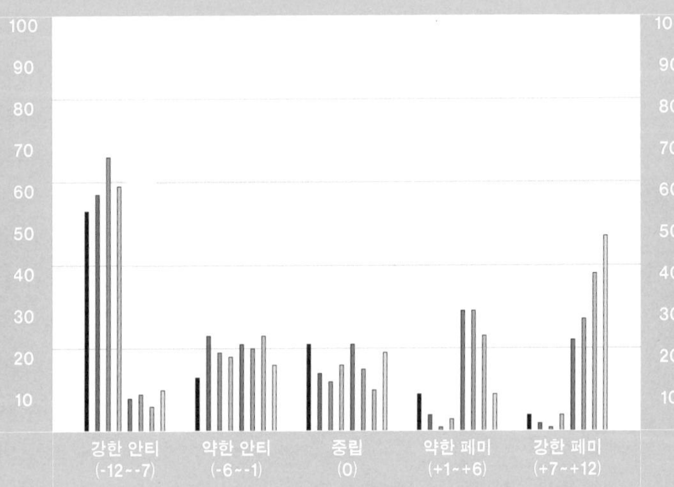

		강한 안티	약한 안티	중립	약한 페미	강한 페미
20대 남자	200만 미만	53	13	21	9	4
	200~399만	57	23	14	4	2
	400~599만	66	19	12	1	1
	600만 이상	59	18	16	3	4
20대 여자	200만 미만	8	21	21	29	22
	200~399만	9	20	15	29	27
	400~599만	6	23	10	23	38
	600만 이상	10	16	19	9	47
20대 전체	200만 미만	32	17	21	18	12
	200~399만	34	22	14	16	14
	400~599만	36	21	11	12	19
	600만 이상	36	17	18	5	25

(단위: %)

소득 수준별 페미니즘 인식 강도 차이에 카이제곱 검정(관찰된 빈도가 기대한 빈도와 유의미한 차이가 있는지에 대한 카이제곱 검증을 하기 위해 사용하는 방법) 결과를 보면 신뢰 수준을 90% 수준으로 완화해야 통계적으로 유의한 결과라고 해석할 수 있는 수준이다.

학력이나 가구 순자산 지표로 보면 20대 여성 내부의 계층적 차이가 페미니즘 인식과 분명한 관계가 있음을 뚜렷하게 보여준다. 학력 수준별로 보면 고졸 이하의 저학력층 여성 중에서 강한 페미니즘과 약한 페미니즘 그룹의 비중은 각각 21%, 18%로 39%만이 범페미니즘 성향으로 분류된다(표 2-3-4). 그러나 대재(대학 재학) 이상 고학력층 여성 중에서는 강한 페미니즘 그룹이 38%, 약한 페미니즘 그룹이 24%로 62%가 범페미니즘 성향이다. 학력 수준별로 페미니즘 인식 강도의 차이가 보다 분명해지는 것이다(이는 카이제곱 검정 결과 95% 신뢰 수준에서 통계적으로 유의한 결과다). 2019년 조사에서도 20대 여성 중 고학력층과 저학력층 사이에 강도 차이가 발견되었지만(20대 고졸 이하 여성의 범페미니즘 성향 32%, 20대 대재 이상 여성의 범페미니즘 성향 49%) 당시 통계적으로 유의한 차이는 아니었다. 20대 남성의 경우 강한 안티페미니즘 그룹이 대재 이상의 고학력층 중에서 61%, 고졸 이하의 저학력층 중에서 50%로 강도 차이는 있었지만 이 역시 통계적으로 유의미한 차이는 아니었다.

가구 순자산 수준별로도 동일한 패턴이 발견된다(표 2-3-5). '1억 미만' '1~3억 미만'의 자산 계층에서는 범페미니즘

[표 2-3-4] 20대 성별·학력별 페미니즘 성향

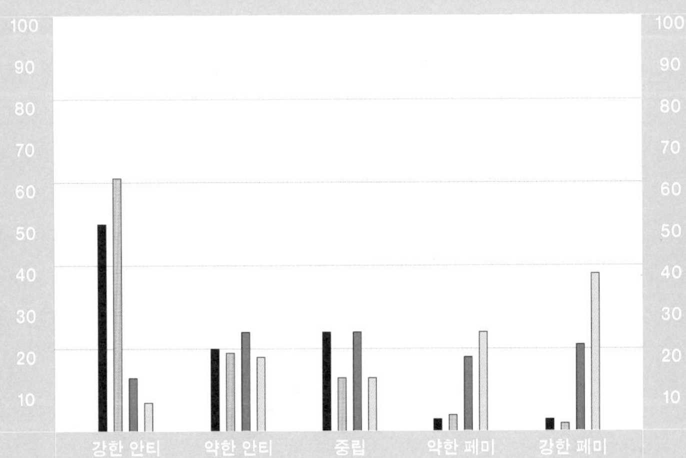

		강한 안티	약한 안티	중립	약한 페미	강한 페미
20대 남자	고졸 이하	50	20	24	3	3
	대재 이상	61	19	13	4	2
20대 여자	고졸 이하	13	24	24	18	21
	대재 이상	7	18	13	24	38
20대 전체	고졸 이하	29	22	24	11	13
	대재 이상	36	19	13	13	19

(단위: %)

성향(강한 페미니즘 + 약한 페미니즘)이 52~54% 수준으로 비슷했고(강한 페미니즘 그룹은 둘 다 27%), 자산 '3~7억 미만' 층에서는 71%(강한 페미니즘 65% + 약한 페미니즘 6%), '7억 이상' 고자산층에서는 무려 79%(강한 페미니즘 72% + 약한 페미니즘 7%)로 자산 규모가 페미니즘 성향과 매우 뚜렷한 상관관계를 보여주고 있다. 20대 남자의 경우 학력, 가구소득과 마찬가지로 자산 수준별로도 페미니즘 태도의 차이가 확인되지 않았다. 2019년 조사와 비교해볼 때 20대 남성의 안티페미니즘은 여전히 계층적 차이가 크지 않은 반면, 20대 여성의 경우 2019년 대비 고학력, 중상위 계층에서 페미니즘 성향이 크게 강화되었음을 보여주는 결과다.

페미니즘이 20대 여자라는 울타리에 갇힌 이유

20대에 집중되었던 시야를 넓히며 발견된 20대 밖 남성들의 안티페미니즘 확산과 20대 밖 여성들의 페미니즘 정체 요인도 찾아보자. 무엇보다 페미니즘 정당화의 원천이라 할 수 있는 성차별 실태에 대한 인식 차이가 남성과 여성, 젊은 세대와 나이 든 세대 사이에 뚜렷하다.

우선 '한국에서 여성은 사회적으로 차별받고 있다'라는 진술에 대한 동의 비율을 보면 전 세대에서 남녀 간의 인식 차이가 뚜렷하다. 여성은 20대부터 60세 이상까지 일관되게 동의하는 비율(매우 그렇다 + 대체로 그렇다)이 과반을 넘는다(표 2-3-6). 그러나 20대 여성 71%가 동의한 반면, 60세 이상에서는 53%에 그치고 있다. 동의하지 않는 비율도 나이 든 여

[표 2-3-5] 20대 성별·자산별 페미니즘 성향

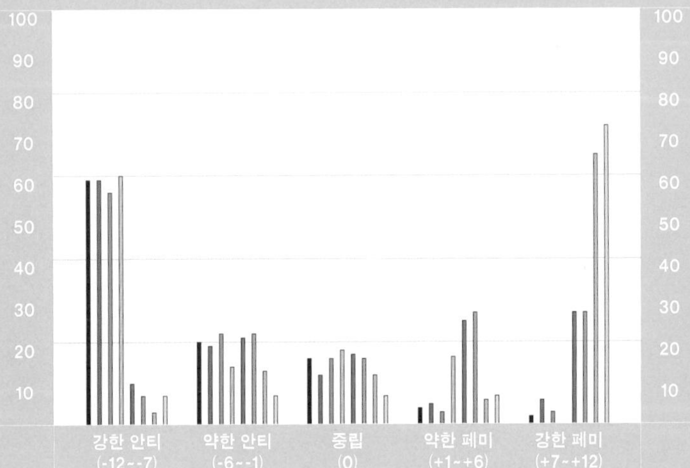

		강한 안티	약한 안티	중립	약한 페미	강한 페미
20대 남자	1억 미만	59	20	16	4	2
	1~3억 미만	59	19	12	5	6
	3~7억 미만	56	22	16	3	3
	7억 이상	60	14	18	9	0
20대 여자	1억 미만	10	21	17	25	27
	1~3억 미만	7	22	16	27	27
	3~7억 미만	3	13	12	6	65
	7억 이상	7	7	7	7	72
20대 전체	1억 미만	35	20	16	14	14
	1~3억 미만	33	20	14	16	17
	3~7억 미만	32	18	15	4	32
	7억 이상	40	11	14	8	27

(단위: %)

성일수록 높게 나타난다. 이는 20대 밖 여성 집단에서 페미니즘 성향이 약화되는 요인으로 짐작된다. 반면 남성의 경우 20대에서 60세 이상까지 여성이 차별받고 있다는 인식에 동의하는 비율이 과반에 크게 못 미친다(20대 19%, 60세 이상 23%). 그동안 우리가 20대에 주목하느라 간과했지만, 여성 차별에 대한 냉담한 인식은 20대 남성만의 현상이 아닌 전체 남성의 공통된 특징이었던 것이다.

반면 '한국에서 남성은 차별받고 있다'라는 진술에 대해 여성들은 세대 불문 동의하지 않는다는 응답이 압도적이지만(20대 71%, 60세 이상 87%), 남성들은 연령대별로 인식이 크게 엇갈린다(표 2-3-7). 20대의 58%, 30대의 48%가 남성이 차별받고 있다고 인식하고 있으며, 40대의 경우 34%에 그치고는 있지만 여성이 차별받고 있다는 답변(28%)에 비해 많았다. 50~60대 남성들에서만 여성이 차별받고 있다는 인식보다 남성이 차별받고 있다는 응답이 낮은 셈이다(50대 16%, 60세 이상 15%). 결국 남성 차별에 대한 인식 차이가 안티페미니즘의 강도를 완화시키는 셈이다.

페미니즘의 적은 페미니즘?

페미니즘의 확산이 정체되고 20대 여성에서만 확산되는 데는 한국 사회 내 페미니즘 운동에 대한 거부감이 20대를 제외한 나머지 세대 여성에게도 적지 않게 퍼져 있는 현실이 영향을 끼쳤기 때문으로 보인다. 무엇보다 한국에서는 페미니즘을 '여성우월주의'로 인식하는 비율이 높다(표 2-3-8). 페

[표 2-3-6] 여성 차별에 대한 성별·연령대별 인식 차이

	매우 그렇다	대체로 그렇다	별로 그렇지 않다	전혀 그렇지 않다	모르겠다
남자 전체 평균	2	23	45	28	2
20대 남자	3	16	36	40	5
30대 남자	3	20	43	30	4
40대 남자	1	27	48	21	4
50대 남자	2	30	43	24	1
60세 이상 남자	2	21	50	26	1
여자 전체 평균	11	52	29	5	3
20대 여자	29	42	17	4	8
30대 여자	16	55	22	3	4
40대 여자	10	61	26	3	1
50대 여자	3	59	30	7	2
60세 이상 여자	5	48	41	5	1

(단위: %)

[표 2-3-7] 남성 차별에 대한 성별·연령대별 인식 차이

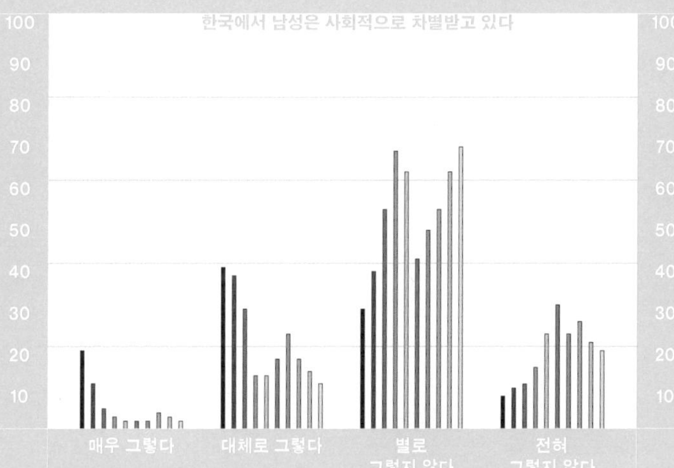

	매우 그렇다	대체로 그렇다	별로 그렇지 않다	전혀 그렇지 않다	모르겠다
남자 전체 평균	7	25	51	14	2
20대 남자	19	39	29	8	4
30대 남자	11	37	38	10	5
40대 남자	5	29	53	11	2
50대 남자	3	13	67	15	2
60세 이상 남자	2	13	62	23	0
여자 전체 평균	2	15	57	23	3
20대 여자	2	17	41	30	10
30대 여자	2	23	48	23	4
40대 여자	4	17	53	26	1
50대 여자	3	14	62	21	1
60세 이상 여자	2	11	68	19	1

(단위: %)

미니즘 지수를 구성하는 '페미니즘은 성평등보다 여성우월주의를 주장한다'라는 진술에 대한 동의 여부를 보자. 세대별로 온도 차이는 있을지라도 남자들은 전 세대에서 대다수가 여성우월주의를 주장하는 것으로 이해하고 있다. 이에 비해 여자들은 세대별 차이가 나타난다. 20대 여성만 이에 동의하지 않는 비율이 57%로 과반을 넘었고, 30대 이상에서는 이에 동의하는 비율과 동의하지 않는 비율이 팽팽하게 맞서고 있다.

또 다른 페미니즘 지수 중 하나인 '페미니즘이나 페미니스트에 거부감이 든다'라는 진술에 대해서도 마찬가지다. 20대 남성들의 압도적인 동의와 함께 20대 여성을 제외한 나머지 세대 여성들 사이에서도 페미니즘, 페미니스트에 대한 거부감이 확인된다(표 2-3-9). 심지어 30~50대 여성에서는 거부감이 든다는 진술에 대한 동의 비율이 동의하지 않는 비율을 넘어서는 것으로 나타났다. 단순한 무지나 홍보 부족으로 치부하기에는 높은 비율로 보인다. 이는 페미니즘에 대한 과도한 공격이나 혐오가 작동한 결과라고 해석할 수도 있지만, 여성조차 설득하기 힘든 극단적 주장이 전체 페미니즘을 대표하는 것으로 오인되고 있음을 시사하는 것일 수도 있다.

가족 형태 변화가 페미니즘 인식에 미치는 영향

결혼·출산과 같은 생애주기의 변화 자체가 페미니즘 갈등에 영향을 미치는 변수가 될 수 있다는 점도 흥미롭다. 우선

[표 2-3-8] 페미니즘은 성평등보다 여성우월주의를 주장한다

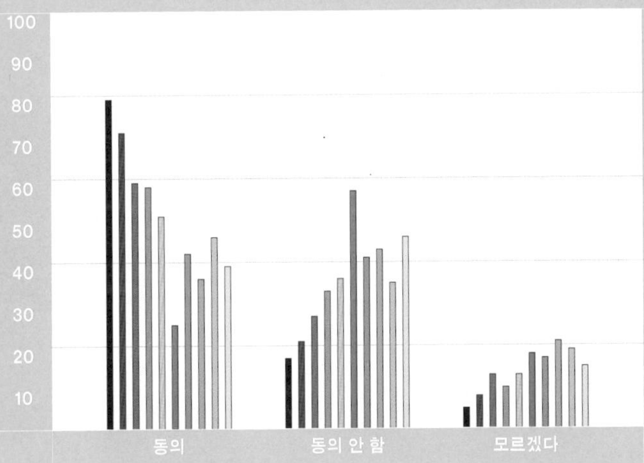

	동의	동의 안 함	모르겠다
남자 전체 평균	62	28	10
20대 남자	79	17	5
30대 남자	71	21	8
40대 남자	59	27	13
50대 남자	58	33	10
60세 이상 남자	51	36	13
여자 전체 평균	38	44	18
20대 여자	25	57	18
30대 여자	42	41	17
40대 여자	36	43	21
50대 여자	46	35	19
60세 이상 여자	39	46	15

(단위: %)

[표 2-3-9] 페미니즘이나 페미니스트에 거부감이 든다

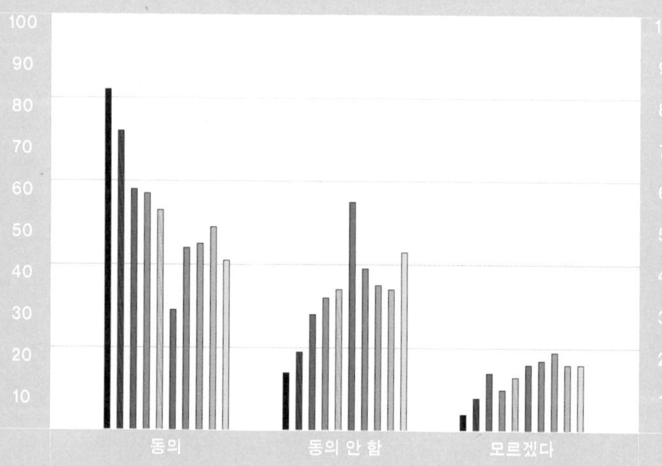

	동의	동의 안 함	모르겠다
남자 전체 평균	63	26	11
20대 남자	82	14	4
30대 남자	72	19	8
40대 남자	58	28	14
50대 남자	57	32	10
60세 이상 남자	53	34	13
여자 전체 평균	42	41	17
20대 여자	29	55	16
30대 여자	44	39	17
40대 여자	45	35	19
50대 여자	49	34	16
60세 이상 여자	41	43	16

(단위: %)

남녀 간 상대 젠더에 대한 관심과 이해가 가장 깊어지는 계기는 누가 뭐라 해도 '결혼'의 경험이라 할 수 있다. 실제로 전체 남녀의 결혼 경험 여부(사별·이혼 포함)는 페미니즘 인식에 상당한 영향을 미치는 것으로 나타난다(표 2-3-10).

미혼·비혼 응답자 654명 중 미혼 남성의 페미니즘 지수는 -5.4점으로 강한 안티페미니즘 성향을 보이는 반면, 기혼 남성의 페미니즘 지수는 -2.5점으로 오차범위를 벗어나 유의한 차이를 보여준다. 반대로 미혼 여성의 페미니즘 지수는 +1.5점인 데 반해 기혼 여성은 -0.6점으로 페미니즘 성향이 크게 감소한다(연령의 영향이라는 반론이 있을 수 있다. 그렇지만 이는 연령, 학력, 자산, 젠더, 혼인 여부를 통제한 뒤 젠더와 혼인 여부 교호작용을 포함한 회귀분석을 통해 얻은 것으로 통계적으로 유의한 결과임을 밝혀둔다). 이는 매우 흥미로운 결과로 보인다. 남성에게는 기혼 경험이 안티페미니즘을 약화시키고, 반대로 여성의 경우 기혼 경험이 페미니즘을 완화시킴으로써 페미니즘 인식을 수렴시키는 영향을 주게 된다는 것을 의미하기 때문이다. 이는 반대로 미혼·비혼이 남성의 경우 안티페미니즘을, 여성의 경우 페미니즘을 강화시켜 페미니즘 갈등을 증폭시키는 요인으로 작용함을 의미한다.

이는 인구구조 또는 가족 형태 변화와 같은 인구학적 변화가 장래 페미니즘 갈등에 장기적으로 미칠 영향을 추론하게 해준다. [표 2-3-11]은 한국보건사회연구원이 발표한 결혼 연령대별 미혼 비율 변화를 보여준다. 연령대가 올라갈수록 혼인율은 높아지고, 특히 여성이 동일 연령대 남성에

[표 2-3-10] 결혼 여부에 따른 남녀 간 페미니즘 인식 격차

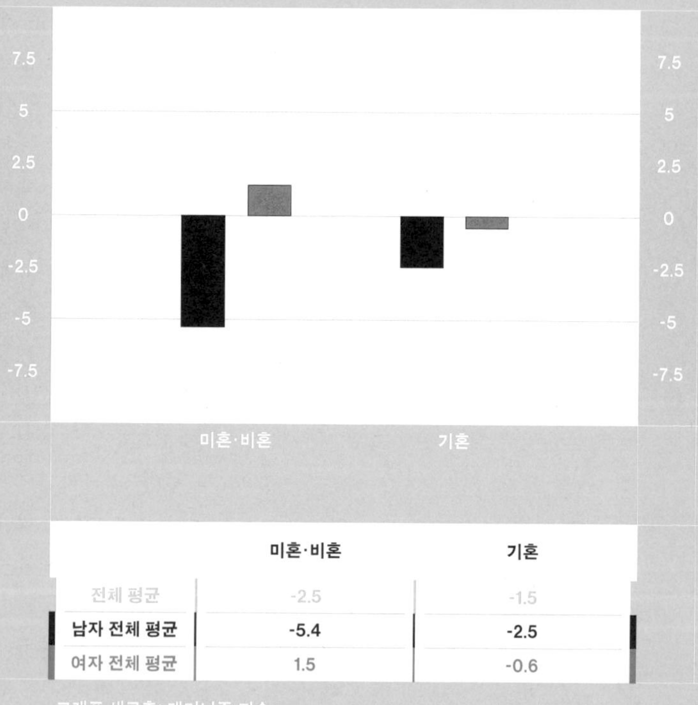

	미혼·비혼	기혼
전체 평균	-2.5	-1.5
남자 전체 평균	**-5.4**	**-2.5**
여자 전체 평균	1.5	-0.6

그래프 세로축: 페미니즘 지수

(단위: 점)

[표 2-3-11] 연령대별 남녀 미혼인구 비율 변화

출처: 한국보건사회연구원

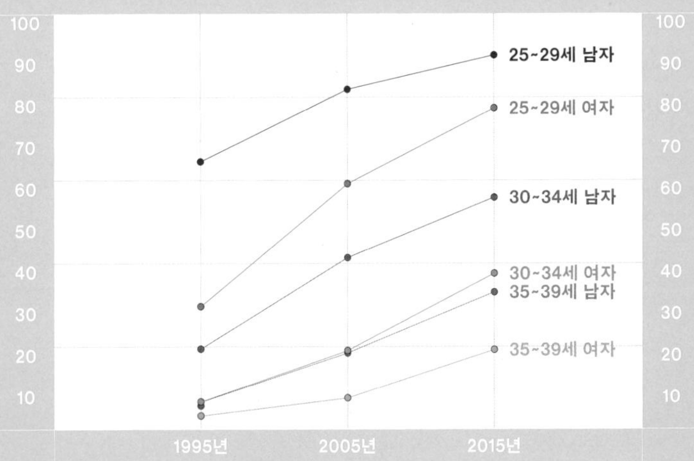

	1995년	2005년	2015년
25~29세 남자	64.4	81.8	90.0
25~29세 여자	29.6	59.1	77.3
30~34세 남자	19.4	41.3	55.8
30~34세 여자	6.7	19.0	37.5
35~39세 남자	6.6	18.4	33.0
35~39세 여자	3.3	7.6	19.2
40~44세 남자	2.7	8.5	22.5
40~44세 여자	1.9	3.6	11.3
45~49세 남자	1.3	4.5	13.9
45~49세 여자	1.0	2.4	6.4

(단위: %)

비해 혼인 비율이 높다. 그렇다면 특정 코호트(특정의 경험을 공유하는 사람들의 집단)의 경우, 나이 들고 혼인율이 늘면서 남녀 간 페미니즘 갈등이 완화될 것으로 예측할 수 있다. 반면 앞으로 갈수록 남녀 모두 미혼 비율이 늘어나는 것은 3040 세대에서도 페미니즘 갈등이 심화될 수 있음을 시사하는 결과다.

또한 이번 조사는 자녀의 성별도 부모의 페미니즘 성향에 영향을 미칠 수 있음을 시사한다. 자녀가 있는 1237명을 대상으로 '남자 자녀만 있는 경우' '남자 및 여자 자녀 둘 다 있는 경우' '여자 자녀만 있는 경우'로 나누어 페미니즘 지수를 비교해보았다(표 2-3-12). 매우 흥미롭게도 자녀의 성별이 아버지와 어머니에게 상반된 방향으로 영향을 미칠 수 있음이 확인되었다. 아버지(남자인 부모)의 경우 남자아이가 있는 경우(아들만 있는 경우 -2.9점, 아들·딸 같이 있는 경우 -2.7점)가 딸만 있는 경우(-1.8점)에 비해 안티페미니즘 경향이 강한 것으로 나타났다. 그러나 어머니(여자인 부모)의 경우에는 반대로 자녀의 성과 반대 방향으로 페미니즘 성향이 움직이는 것으로 나타난다. 남자 자녀만 있는 어머니는 +0.2점, 남자아이와 여자아이 둘 다 있는 어머니는 -0.6점, 여자 자녀만 둔 경우에는 -1.1점으로 여자 자녀만 있는 어머니가 안티페미니즘이 가장 강한 것으로 나타났다. 이는 아버지의 경우 자녀의 성에 조응하는 방향으로 영향을 미친 반면, 어머니는 자녀의 성과 반대 방향의 영향을 받는다는 의미다. 이유에 대해서는 추가적인 분석이 필요하겠으나 자녀의 성별이 부모의

[표 2-3-12] 자녀의 성별과 부모의 페미니즘 지수

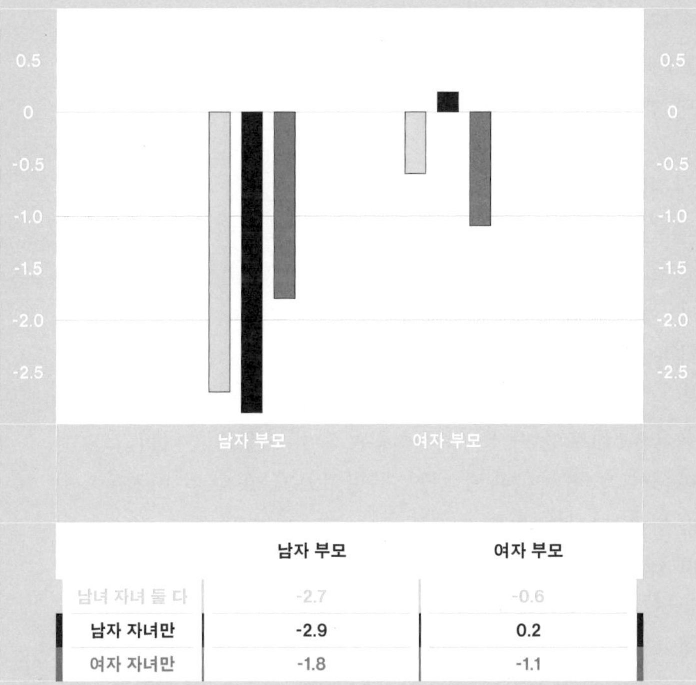

	남자 부모	여자 부모
남녀 자녀 둘 다	-2.7	-0.6
남자 자녀만	-2.9	0.2
여자 자녀만	-1.8	-1.1

그래프 세로축: 페미니즘 지수

(단위: 점)

페미니즘 태도에 영향을 미칠 수 있다는 점은 매우 흥미로운 발견이다. 우리가 생각하지 못했던 다양한 사회적 요인이 젠더 갈등을 교란, 증폭할 수 있음을 의미한다.

'20대 현상'이라는 협소한 시야를 넘어서야

그동안 한국 사회는 세대별 젠더 격차를 주로 '20대 현상'으로 이해해왔다. 페미니즘 갈등을 두고 종합적인 진단을 내리거나 그 변화를 이해하려 들기보다는 20대 남자와 20대 여자의 문제인 양 협소하게 다뤄온 것이다. 젠더 갈등 이슈를 놓고 정치적 이해득실을 따지거나 이를 선정적으로 다루어온 것 또한 사실이다. 그렇지만 이 글에서 다룬 주요 발견들만 보더라도 페미니즘 젠더 이슈는 20대 밖의 세대까지 확장되어 제대로 다뤄져야 함을 알 수 있다. 중장기적으로 인구사회학적·계층적 요인까지 포괄하지 않고서는 젠더 갈등의 해법은커녕 제대로 된 이해조차 쉽지 않을 것이다. '20대 남자'로 시작된 〈시사IN〉-한국리서치 양 기관의 프로젝트가 '20대 여자' 프로젝트로 종결되는 것이 아니라 페미니즘 실증연구의 진화를 시작하는 출발점이 되었으면 하는 바람이다.

에필로그

— 못다 한, 그러나 몹시 중요한 이야기들

국승민 ▪
김다은 •
김은지 ▴
이동한 ◆
정한울 ⬟

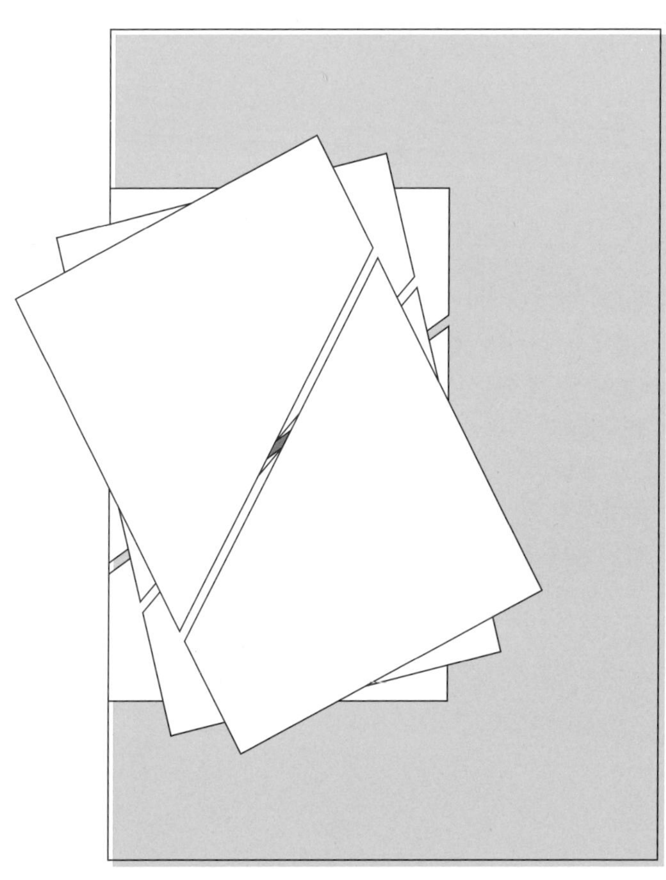

'20대 여자 현상' 기사를 기획한 〈시사IN〉의 김은지·김다은 기자와 한국리서치의 정한울 박사, 이동한 차장, 오클라호마 대학교의 국승민 교수가 2021년 10월 22일 한자리에 모였다. '20대 여자 현상' 기사가 나가고 두 달 정도 지난 후였다. 기사가 나간 이후 다양한 통로로 독자들을 만나고 자못 격렬한 응원과 질문을 들었다. 설문지의 응답들은 숫자에서 의미로 거듭났지만, '의미'라는 것이 으레 그렇듯 어떤 것들은 모호하고 복잡한 숙제로 남겨졌다.

그간 자기만의 방식으로 '20대 여자 현상'을 만난 이들이 기사에 다 담지 못한 남은 이야기를 나눴다. 이 글은 후일담으로, 혹은 주석으로 읽어도 좋다.

● **김다은** '20대 여자 현상'은 20대 여자를 분석한 최초의 초대형 여론조사였다. 전체 프로젝트를 끌고 간 김은지 기자가 기획의 계기를 설명해준다면?

▲ **김은지** 2019년 〈시사IN〉에서 '20대 남자 현상' 기사를 기획했다. 208개 문항을 만들어 궁금한 것을 다 물어보는 웹 조사를 실시했다. 20대 남자들의 여론 지형과 생각, 사고방식 등을 알 수 있는 많은 데이터가 나왔다. 무엇보다 '20대 남자들이 자신을 약자로 인식'한다는 사실을 밝혀내 상당히 화제를 모았다. 사실 그때 20대 여자 쪽에서도 의미 있는 데이터가 보였

다. 하지만 당시는 20대 남자가 문재인 정부 지지에서 이탈한 현상 자체가 워낙 주목을 받다 보니 그쪽에 집중했다. 20대 남자 현상은 반페미니즘, 보수화 등 다양한 가설을 가지고 접근했다. 반면 20대 여자 현상에 대한 가설은 쉽게 찾지 못했다. 그러다 보니 20대 여자 현상에 대한 조사는 계속 미뤄진 측면이 있다. 그러나 2021년 4·7 서울시장 보궐선거 결과는 더 이상 '가설을 못 찾았다'는 취재진의 핑계가 통하지 않게 만들었다.

치열한 논쟁 끝에 살아남은 질문 238개

● **김다은** 2019년에 비해 조사 문항과 표본이 늘었다. 질문 만드는 데만 몇 개월이 소요되었다. 과정을 좀 더 설명해달라.

▲ **김은지** 웹 조사는 질문 문항을 만드는 게 핵심이다. 잘 물어야 잘 들을 수 있기 때문이다. 처음에는 200개가 넘는 문항을 어떻게 만들까 걱정도 많았고 스트레스도 받았다. 정작 만들다 보니 300개가 넘더라(웃음). 그래서 막판에는 빼는 게 오히려 일이었다. 너무 많으면 응답률이 떨어져서 설문의 질이 낮아질 우려가 있어서다. 결과적으로 238개가 살아남았다. 기자, 학자, 여론조사 전문가 각자의 입장에서 살리고 싶은 문항과 '이건 없어도 되지 않나' 싶은 문항에 차이가 있었다. 막판에 빼야 하는 이유와 살려야

하는 이유를 들며 치열하게 논쟁했던 기억이 아직도 선명하다.

● **김다은** 가장 인상적이었던 설문 문항이 있다면 무엇인가? 혹은 그렇게 빠진 질문 중에서 막상 설문 결과를 보고 '아, 이건 넣었어야 했는데' 하고 아쉬웠던 항목이 있다면 어떤 것인가?

▲ **김은지** '가장 지지하는 정치세력' 부분이 가장 기억에 남는다(표 1-1-40). 국승민 교수님이 마지막에 추가한 항목이다. '법과 사회질서 확립을 우선시하는 세력' '정부 개입의 최소화를 우선시하는 세력' '경제적 재분배를 우선시하는 세력' '사회적 소수자 차별 금지와 다양성을 우선시하는 세력' 이렇게 네 가지 유형으로 정치세력을 도식화해서 물었다. 좀 낯선 질문이기도 하고, 내심 '큰 차이가 있을까?' 걱정했다. 그런데 결과를 받아보고 깜짝 놀랐다. 드라마틱한 결과였다. 20대와 다른 세대 사이의 전선이 확연히 보였다.

한국인 전체로 하면 가장 선호하는 정치세력은 '법과 사회질서 확립을 우선시하는 세력(전체 49.2%)'이었다. 2위는 경제적 재분배를 우선시하는 세력(17.6%), 3위는 사회적 소수자 차별 금지와 다양성을 우선시하는 세력(12.7%), 4위는 정부 개입의 최소화를 우선시하는 세력(10.7%)이다. 그런데 20대만 달랐다. 20대 여성이 가장 선호한 정치세력은 '사회적 소수자 차별 금지와 다양성을 우선시하는 세력(32.1%)'이었고, 20대 남성은 선호 2순위가 '정부 개입의 최소화를 우선시하는 세력(20.7%)'이었다. 결과가 정말 재미있었다. 이거 뺐으면 큰일 날 뻔했다. 그 가치를 못 알아보고, 국 교수님이 이 문항을 넣자고 할 때 시큰둥해하며 분량이 넘치면 빼자고 했던 것을 반성한다(웃음).

빠져서 아쉬운 항목을 꼽아보자면, 사회적 소수자 배려와 관련 정책 항목이다. 개수를 줄이는 과정에서 통으로 다 삭제했다. 성소수자나 난민, 조선족 등 다양한 사회집단에 대한 감정온도 문항을 살려뒀으니 '정부 지원이 필요한 사회적 약자'는 비슷할 수도 있을 거 같아 뺐는데 많이 아쉽다. 여성할당제 같은 이슈와 연결해서 기사를 쓸 수 있는 부분인데, 그때는 미처 깨닫지 못했다.

여심위 유감, 가중치 배율이 뭐길래

■ **국승민** 설문에서 빠져서 아쉬운 것보다는, 결과가 나왔는데 기사화하지 못했던 것이 아쉽다. 여심위(중앙선거여론조사심의위원회)에서 공표 불가 판정을 해서 넣지 못한 항목이 있다(다음 항목 참조). 이 중 유의미한 내용이 많았다.

▸ 대통령 선거 투표 의향

- 2022년 20대 대통령 선거 지지
  — 여당 후보 vs 야당 후보
- 차기 대통령 적합도
- 정당별 호감도
- 정당별 호감도 변화
- 대통령 및 주요 대권 주자 호감도
- 더불어민주당이 내부 권력형 성범죄 피해자 보호 노력 시 지지 여부 변동
- 국민의힘이 페미니즘에 대한 비판적인 태도 유지 시 지지 여부 변동
- 페미니즘 행보 강화 시 지지 변동 여부
  — 더불어민주당/국민의힘
- 현재 지지 정당

◆ **이동한** 이 문항의 수치들을 단독으로 제시할 경우, 선거여론조사 보도에 해당되어 여심위에 자료를 등록해야 했다. 그런데 '세대별 가중치 배율' 문제로 설문조사 결과를 등록할 수가 없었다. 이번 조사에서는 20대와 30대가 핵심이었기 때문에 세대별 응답자 수를 달리했다. 전체 2000명 중 20대 600명, 30대 600명, 40세 이상은 800명을 조사했다. 전체 인구 비례를 고려해서 결정한 건데, 그 결과 여심위에서 요구하는 가중치 배율에 맞지 않았다.

◆ **정한울** 설명을 덧붙이자면 세대별 인구 구성비를 보면 18~

29세가 18%, 30대가 16%, 40대와 50대가 각각 19%, 60세 이상이 29% 수준이다. 1000명 조사 기준으로 하면 20대와 30대는 각각 180명, 160명 내외를 추출해야 하고, 2000명 조사로 확대해도 각각 360명, 320명 수준에 그치게 된다. 세대별 남녀 분석까지 해야 하는 본 조사의 취지로 보면 조사 결과를 일반화하기에는 너무 적은 샘플 수다. 따라서 연구팀에서는 전체 표본 수를 2000명으로 확대하되 분석 타깃인 20대와 30대를 각각 600명씩 표집하고, 40세 이상을 800명 조사한 후 세대별 인구 구성비에 맞게 가중치를 부여하기로 했다. 2030세대의 경우 세대 내부의 성별·계층별 분석이 가능할 정도의 충분한 표본을 확보하면서도, 가중치를 통해 전체 집계 결과의 신뢰성을 높이고자 한 것이다.

그런데 여심위의 기준에 따르면 선거여론조사 가중치의 범위는 0.7~1.5배 수준이 되어야 한다. 이는 보통 ARS 조사처럼 2030세대가 지나치게 과소 표집되고 고연령층이 과도하게 과대 표집되는 저질의 여론조사를 규제하기 위한 조치다. 규제 이전 ARS 선거여론조사에서는 2030세대의 경우 30~50명의 샘플에 가중치를 곱해 목표 표본 수를 맞추는 경우가 허다했다. 문제는 본 조사처럼, 반대로 특정 타깃 집단의 여론을 보다 세밀하게 분석하기 위해 그 집단을 확대 모집한 조사도 허용 가중치의 범위 규제를 받게 된다는 점이다. 악화가 양화를 구축하는 셈이다. 결국 여심위 규정은 무조건 20대가 전체의 18%만 차지하는 데이터를 가지고 여론조사를 진행하라는 게 된다.

이런 여심위 기준에 대해서는 문제를 제기해야 한다. 우리 조사의 경우 2000명 중 20대가 600명이었고, 이들에게 응답을 받은 조사인 만큼 결과에 정확도를 높인 셈인데 여심위 등록이 되지 않아 도리어 공표할 수 없게 된 것이다.

■ **국승민** 전체 결과를 보여줄 수 없다면 세대별 조사 결과라도 보여줄 수 있지 않을까 하는 기대가 있었는데 그마저도 허용되지 않았다. 그 점이 가장 답답했다. 다른 여론조사는 20대를 50명 혹은 100명만 조사하고도 대표성을 부여받고 발표를 하는데, 이번 여론조사는 그보다 더 정확도가 높은데도 불구하고 공표할 수 없다는 것이 여심위의 최종 입장이었다. 미국에는 AAPOR(American Association for Public Opinion Research)이라고 하는 여론조사협회가 있다. 학자나 업계 관계자들이 학회를 열면서 여론조사의 정확도를 조정한다. 업계 내부의 자정능력을 바탕으로 여론조사의 질을 지키는 방식이다. 그와 달리 한국은 여심위라는 공적인 기관을 통하는 건데, 오히려 전형적인 규제의 역설이 일어나고 있다는 인상을 받았다.

▲ 김은지 기사를 쓰는 입장에서도 많이 아쉬웠다. 두 번에 걸쳐 나가는 기획 기사 '야마(기사의 주제를 뜻하는 기자 세계 은어)'를 대략 이렇게 잡아뒀다. 1탄은 '20대 여자의 세계', 2탄은 '20대 여자는 페미니즘에 투표하고 20대 남자는 안티페미니즘에 투표한다'. 이러한 내용을 직접적으로 보여주는 데이터가 나왔기 때문이다. '페미니즘 행보 강화 시 더불어민주당/국민의힘에 대한 지지 변동 여부' 항목이 대표적이다. 그뿐만 아니라 '만약 더불어민주당에서 내부 권력형 성범죄 사건 등이 다시 발생했을 때 피해자 보호를 위해 앞장서서 노력한다면, 지지 정도가 변할 것 같은가?' '국민의힘이 이준석 대표가 주장하는 대로 페미니즘에 대해 비판적인 태도를 줄곧 유지한다면, 지지 정도가 변할 것 같은가?'라는 질문도 있었다. 20대 안에서는 페미니즘에 대한 태도가 지지 정당에도 분명한 영향을 미친다는 답이 명징하게 나왔다. 그런데 여심위 결정 때문에 쓰지 못해 정말 아쉬웠다. 결국 원래 담고자 했던 메시지를 다른 데이터로 갈음해서 썼다. 빙빙 돌려 기사를 썼다는 느낌을 지울 수가 없었다.

'좌표 찍힌' 기사의 후유증

● 김다은 인상적인 결과가 나와서 '넣길 잘했다' 하는 문항은 또 어떤 것들이 있었나?

◆ **이동한** 3장 "그런 게 페미라면 난 페미야"의 GS25 '캠핑가자 포스터' 인식 조사와 '오조오억'에 대한 의견을 물었던 문항을 뽑고 싶다. 소수의 의견이 여론으로 여겨지고 있다는 것을 데이터를 통해서 보여줬다.

▲ **김은지** 그 데이터를 다룬 기사는 상당한 화제를 낳았다. 소위 '좌표 찍고' 오는 독자들이 있을 정도였다. 그런데 요즘 포털 사이트에는 기사와 함께 기자의 얼굴 사진이 나간다. 기사에 대한 격렬한 반응을 보고 회사에서 해당 기사를 쓴 김다은 기자의 사진을 내리자고 제안했고, 결국 내렸다. 괜히 사진이 온라인에 공유되어서 문제 될까 하는 우려 때문이었다.

● **김다은** 화제를 낳고 좌표도 찍혀보는 좋은(?) 경험을 했다.

■ **국승민** 사실 20대 남성들에게 안티페미니즘 정체성이 강하다는 것은 이전 조사들에서 충분히 접했다. 이번 조사를 통해 놀랐던 것 하나는 의외의 모습을 볼 수 있었다는 점이다. '오조오억 단어에 대한 의견' 같은 구체적인 의제로 들어가면 20대 남성들의 입장이 생각보다 강하게 나타나지 않기도 했다.

게이, 레즈비언, 조선족, 장애인, 페미니스트, 안티페미니스트 등 다양한 집단에 대한 감정온도를 묻는 문항에서도 그러했다. 페미니스트에 대한 20대 남성들의 감정온도는 14.3도로 낮은 수치다. 그렇지만 페미니즘 지수를 살펴보면 다른 집단과 비교해 유독 낮지도 않았다(표 2-4-1).

이번 조사는 20대 여성이 핵심이니까 20대 남성의 페미니즘에 대한 인식은 많이 다루지 않았다. 그러나 언론에서 주목하는 20대 남성들의 안티페미니즘적 정체성 외에 새로운 면모도 확인되었다.

◆ 정한울 저는 조금 다른 각도에서 해석하고 싶다. 단순히 20대 남성의 안티페미니즘 경향이 과장되었다고 하기는 어렵다. 20대 남녀가 격렬하게 대립하는 영역과 공감대를 형성한 영역을 구별해야 한다고 본다. 어느 측면을 보느냐에 따라 실제로 격렬하게 대립한다는 해석과 실제보다 갈등이 과장되었다는 상반된 해석이 가능하다. 실제로 몇몇 영역에서는 남녀 간 페미니즘에 대한 인식 차이가 굉장히 강하게 나타나는 게 사실이다. 그것은 온라인에서만이 아니라 일반 20대 남성 사이에서도 상당히 확산되어 있다.

다만 가부장제에 대한 태도나 경력 단절 여성에 대한 보상처럼 20대 남성이 안티페미니즘 혹은 반여성주의적 태도를 보이지 않고 친여성적이거나 성평등적인 태도를 보이는 영역, 혹은 20대 여성의 인식과 유사한 영역도 있다. 언론이나 사회가 주로 갈등과 쟁점 영역만 들여다보면서 확대 해석하는 경향이 있는 것 같다. 그런 만큼 그 외의 영역에 대한 균형 있는 접근, 균형 있는 소개 등이 중요하지 않나 싶다. 사실 국승민 교수님과 같은 얘기인데 국 교수님

[표 2-4-1] 연령대별·성별 평균 페미니즘 지수

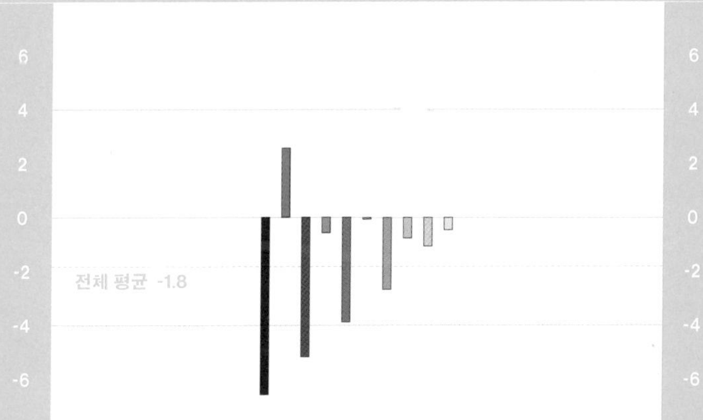

	평균 페미니즘 지수
전체 평균	-1.8
20대 남자	-6.6
20대 여자	2.6
30대 남자	-5.2
30대 여자	-0.6
40대 남자	-3.9
40대 여자	-0.1
50대 남자	-2.7
50대 여자	-0.8
60세 이상 남자	-1.1
60세 이상 여자	-0.5

그래프 세로축: 페미니즘 지수 (단위: 점)

말씀을 자칫 잘못 해석하면 갈등이 사실은 그렇게 크지 않다는 의미로만 받아들일 수도 있을 것 같아 첨언한다.

▲ **김은지** 20대 대부분이 '오조오억'이라는 단어를 안다고 답할 줄 알았는데 모른다는 답이 꽤 많이 나와서 놀랐다. 20대 남성조차도 70%가량은 '오조오억'을 모르거나 혐오 표현이 아니라고 응답했다. 어뷰징(동일한 제목의 기사를 지속적으로 전송하거나, 내용과 다른 자극적인 제목의 기사를 게재해 의도적으로 클릭 수를 늘리는 행위)을 주로 하는 매체들이 특정 커뮤니티에서 시작된 논쟁을 증폭시키고, 갈등을 더 크게 보게 하는 것은 아닌지 의심이 들었다. 젠더 갈등이라는 것에 일종의 착시나 과장이 들어 있지 않나 의심한 적이 있는데, 이번 데이터로 일부 확인한 것 같아 의미가 있었다.

● **김다은** 온라인 커뮤니티 이용자들 역시 '오조오억' 단어에 대한 인식이 시민 대다수와 크게 다르지 않았다. 그렇다면 무엇이 갈등의 화력이 되고 있는지에 대한 의문이 자연스럽게 이어진다. '오조오억'이 혐오 표현이라고 응답한 사람들과 그렇지 않은 사람들의 정치 성향을 교차분석했다. 그 결과 지지 정당에 따라 인식 차이가 확연히 다름을 알 수 있었다. 성별 대립으로만 해석할 이슈가 아니라는 점이 중요한 포인트였다고 생각한다. 교차분석 데이터가 풍부

하게 나온 것은 이번 조사가 가진 규모의 힘 덕분이라고 생각한다.

다른 세대로 번지는 안티페미니즘

- **정한울** 이번 대선과 관련된 SNS에서의 논쟁들이 전체 여론에 끼치는 영향이 미미하다고 생각한다. SNS와 오프라인을 포함한 전체 여론의 접촉면이 2010년대 초반까지는 상당히 컸던 것 같다. 그때는 SNS가 전체 여론에 미치는 영향력이 상당했다. 그렇지만 그 뒤로는 인터넷과 오프라인 혹은 전체 여론이라는 공간이 독립적으로 움직이게 된 것이 사실이다. 지금은 SNS에서 논쟁되는 이슈라 해도 전체 여론에 영향을 끼치지 못하는 경우가 많다. 그래서 인터넷 카페나 커뮤니티 등 SNS에서 쟁점이 되었던 것을 전체 의제로 끌어내는 일은 굉장히 위험하다고 본다. 그건 오히려 여론을 호도하는 결과를 낳는다.
- **김다은** GS25의 '캠핑가자 포스터'에 대한 인식 조사 결과, 40세 이상의 연령층에서 '혐오다'와 '혐오가 아니다'의 인식 격차가 크게 나온 점도 인상적이었다. 젠더에 대한 관점을 사회적으로 학습하고 있다는 인상을 받았다. 원래 40대 이상에서는 페미니즘과 안티페미니즘 이슈에 대해 강력한 입장 차가 있지 않았는데 젠더 갈등을 정치적으로 이용하는 프레임이 생기니까 내가 지지하는 정당과 정치인의 관점

과 의견을 학습하게 되는 거다. '내가 이준석 대표가 속한 당을 지지하는데 이준석 대표가 저렇게 말하니까 저게 맞는 것 같다' 하는 식으로 동류의식을 강화하게 된달까. 40대, 50대로 역방향의 낙수 효과가 생기는 현상은 기사에 충분히 녹이지 못했지만, 굉장히 흥미롭게 생각한 지점이었다.

◆ 정한울 2021년 한 해 동안 여러 조사를 진행하면서 같이 볼 수 있는 지점들을 발견했다. 5월에 실시한 〈한국일보〉 조사, 8월, 9월, 10월에 실시한 KBS 조사, 그리고 7월 말에 실시한 〈시사IN〉 조사가 그것이다. 눈여겨봤던 것 중 하나가 소위 말하는 극단적인 안티페미니즘 정체성이라는 게 20대 남성만의 현상이 아닐 수 있다는 점이었다. 2019년 〈시사IN〉의 '20대 남자 현상' 프로젝트 때만 해도 주로 20대 남성 내에서 나타나는 극단적 안티페미니즘 성향의 집단이 어느 정도 규모인지에 주목했다. 그런데 최근 조사들을 비교해보면 안티페미니즘 지수에서 극단적인 안티페미니즘 성향을 보이는 집단 비율이 20대에는 못 미치고는 있지만, 윗세대에서도 상당히 발견된다.

다시 말해 김다은 기자가 말씀하셨던 것처럼, 최근 조사 결과들을 보면 강한 안티페미니즘적 성향이 다른 세대에서도 발견되고 있다. 그러나 이러한 현상에 대한 해석이 사실은 좀 조심스럽기는 하다. 20대 남성에서 시작된 것이 그 영향을 받아서 다른 세대로 확산된 건지 아니면 30대, 40대, 나아가 그 윗세대에서도 이미 페미니즘 이슈 자체가 실제 일상생활 공간에서 이슈가 되고 있는 건지 확인해봐야 할 것 같다. 김다은 기자 의견처럼 이러한 현상이 정치권의 쟁점화나 사회적인 학습화의 결과인지에 대해서도 마찬가지다. 이런 부분에 대해서는 향후 추가로 검증해야 할 것 같다.

저도 페미니즘 이슈에 대한 논란, 그리고 페미니즘 이슈를 정치적으로 쟁점화해 안티페미니즘을 동원하는 점이 요인 중 하나일 거라고 생각한다. 하지만 그것만으로 20대 이외의 세대에서 페미니즘 관련 갈등이 확산되는 듯한 현상을 해석하기는 부족하다. 윗세대의 일상생활 영역, 그러니까 직장이나 친구 모임 등에서 미투 운동 이후 성폭력 사건 같은 이슈들을 얘기하는 장이 열린 것이 아닐까 하는 생각도 든다. 이런 과정에서 기성세대와 그 윗세대들도 여러 변화에 노출되면서 페미니즘을 둘러싼 갈등이 생기고 충돌하는 영역이 넓어진 건 아닌가 싶다. 예를 들어 4050세대 민주당 지지층의 경우, 이전에는 20대 남자에게 보이는 안티페미니즘을 20대 남자의 보수성으로 비판했다. 그런데 안희정·박원순 시장 사건을 계기로 4050 민주당 지지층 내에서 안티페미니즘 정서가 강화된 것이 또 다른 요인으로 작용했을 수도 있을 것이다. 이처럼 실제 생활 속에서의 페미니즘 이슈가 20대를 뛰어넘어 전 사회적으로 표출될 수 있는 공간이 열리면서 이번 조사 결과가 나온 게 아닐까, 그런 생각을 해본다.

이준석 당대표 등장 이후 벌어진 변화

- **김다은** 속칭 '젠더 갈등'이라는 것이 계속해서 더 많은 사회적 숙제를 생산해내고 있는 것 같다.
- **국승민** 의견을 덧붙이자면, 저 역시 놀랐던 지점이 있다. 2021년 5월 〈한국일보〉-한국리서치 조사 결과와도 이어지는 내용이다. 예전에는 세대와 페미니즘 지수의 상호작용을 봤었다. 20~30대에서는 강하고 40대에서는 약한 식이었다. 그런데 이번 〈시사IN〉 조사에서 깜짝 놀랐던 게 페미니즘 지수와 정치 이념적 성향(진보 지수) 간 관계가 40대 이상에서 굉장히 강해졌다. 40대 오피니언 리더들이 이준석 당대표 선출 이후 빠르게 변화를 흡수한 게 아닌가 싶은 생각이 들었다. 2개월 사이에 너무 달라 보여서 깜짝 놀랐다.
- **정한울** 소위 말하는 젠더와 계층 간의 관계, 아주 단순하게 보면 학력 차이에 따라 젠더 갈등은 어떻게 달라지는지, 이것을 면밀하게 보고 싶었는데 이번 〈시사IN〉 기사에서도 그 파트는 크게 반영이 안 되었던 것 같다. 경쟁이나 공정에 대한 태도, 삶의 질에 대

한 평가나 소수자에 대한 태도 등을 보면 같은 20대 안에서도 남녀 차이보다 학력 차이가 더 큰 것 같다는 인상을 받았다.

우리가 주로 남녀 간 페미니즘 갈등에 관심을 집중하면서 정작 학력, 계층 같은 부분을 놓친 것이 아닌가 싶다. 예를 들어 삶의 만족도를 보면 대졸 이상에서의 남녀 차이는 사실 크지 않다. 그런데 같은 20대 여성이라 하더라도 고졸과 대졸 간 차이는 굉장히 크게 나타난다. 페미니즘을 둘러싼 오늘날의 논의가 사실은 중산층 이상 혹은 고학력층을 중심으로 한 담론에 머물러 있는 거 아닌가 싶어지는 대목이다. 가령 성폭력 위험을 놓고 보더라도 극단적으로 얘기하면 고학력 여성보다 저학력 여성이 위험에 노출될 가능성이 더 크다. 그뿐만 아니라 그런 일에 노출되었을 때 사회적으로 발언하거나 뭔가 요구할 수 있는 통로 역시 차이가 날 가능성도 크다. 그런 부분을 이번 기획에서 충분히 다루지 못했던 게 아쉽다. 앞으로 더 논의했으면 좋겠다.

남녀 차이보다 계층 간 차이에 주목해야

■ **국승민** 맥락을 덧붙이자면 사실 〈한국일보〉 조사 설계에 나와 정한울 박사님이 참여했는데, 그때도 정 박사님과 이런 얘기를 한 적이 있다. 당시 주로 고학력과 중상위 계층에서 남녀 간 페미니즘 지수 차이가

굉장히 크게 나오고, 하위 계층으로 내려갈수록 남녀 간 페미니즘 지수의 차이가 작아지더라. 이번에 저희는 페미니즘과 연관된 항목들 중심으로 살펴봤지만 다른 정치적 이슈들도 놓고 보면 계층에 따른 차이가 분명히 나타날 것 같다.

● **김다은** 기사에 담지 못했지만 물질주의 지수와 페미니즘 지수를 비교해서 살펴봤던 것도 기억에 남는다. 물질주의 지수에 따라 페미니즘 지수가 달랐다. 데이터를 분석하는 과정에서 국승민 교수님이 이 부분을 짚어주셨는데 흥미로웠다. 물질주의 지수와 페미니즘 지수의 연관성에 대해서 더 설명해주시기를 부탁드린다.

■ **국승민** 여성은 물질주의 지수가 높을수록 페미니즘 지수가 높아지고, 남성은 물질주의 지수가 높을수록 안티페미니즘의 정도가 높아지는 경향이 있어서 굉장히 흥미로웠다(표 2-4-2). 검은색은 남성이고 빨간색은 여성인데 물질주의 지수가 높아지면 남녀 차이가 벌어지는 게 명확하게 드러난다. 공정 담론을 비롯한 물질적 갈등 자체가 상위 계층의 갈등이라는 얘기가 몇 번 나왔었다. 그러니까 이런 갈등들이 사실은 은수저, 동수저의 싸움이 아니라 금수저 간의 싸움이라는 얘기인데 조사 결과가 그것과 비슷한 모습을 보였던 것 같다. 또 한 가지, 페미니즘을 둘러싼 갈등이 안전 이슈뿐 아니라 남녀 간의 물질

적 갈등도 같이 내포하고 있는 게 아닌가 하는 가설을 세워보기도 했다.

▲ **김은지** 20대 여성들의 물질주의 지수, 페미니즘 지수에 대한 조사 결과는 자신을 되돌아보게 했다. 혼자만의 낡은 편견을 가지고 있었구나 하는 생각이 많이 들었고 반성했다. 예를 들어 '주식을 하는 운동권 활동가'라면 나도 모르게 어불성설이라는 생각을 했던 거다. 진보적 가치로서 페미니즘을 신념화시키고, '페미니즘 지수가 높은 사람들은 상당히 탈물질적이고 기후 위기, 생태 등에 관심이 많을 것'이라고 어떤 상(象)을 그리고 있었던 것 같다. 그런데 페미니즘 지수가 높아도 물질주의 지수가 꽤 높게 나온 조사 결과를 보며, 페미니즘도 페미니즘이지만 지금 이 시대를 살아가고 있는 20대 청년으로서 시대의 사회경제적 조건에 영향을 받을 수밖에 없고 물질주의적인 가치를 생존 전략으로 받아들이게 될 수밖에 없겠다는 생각이 들었다. '정체성'이라고 하는 것이 과거처럼 정치적인 신념으로만 구성되지 않는, 대단히 잡종적인 개념임을 놓치고 있었다.

한편으로는 설문 문항을 좀 더 섬세하게 만들었어야 했는데 그렇지 못해서 물질주의와 탈물질주의적 태도를 세심하게 분석하기 어려웠다는 점도 인정해야 할 것 같다. 앞으로 좀 더 알아보고 싶다는 호기심이 많이 생겼던 부분이었다.

[표 2-4-2] **물질주의 지수와 페미니즘 지수**

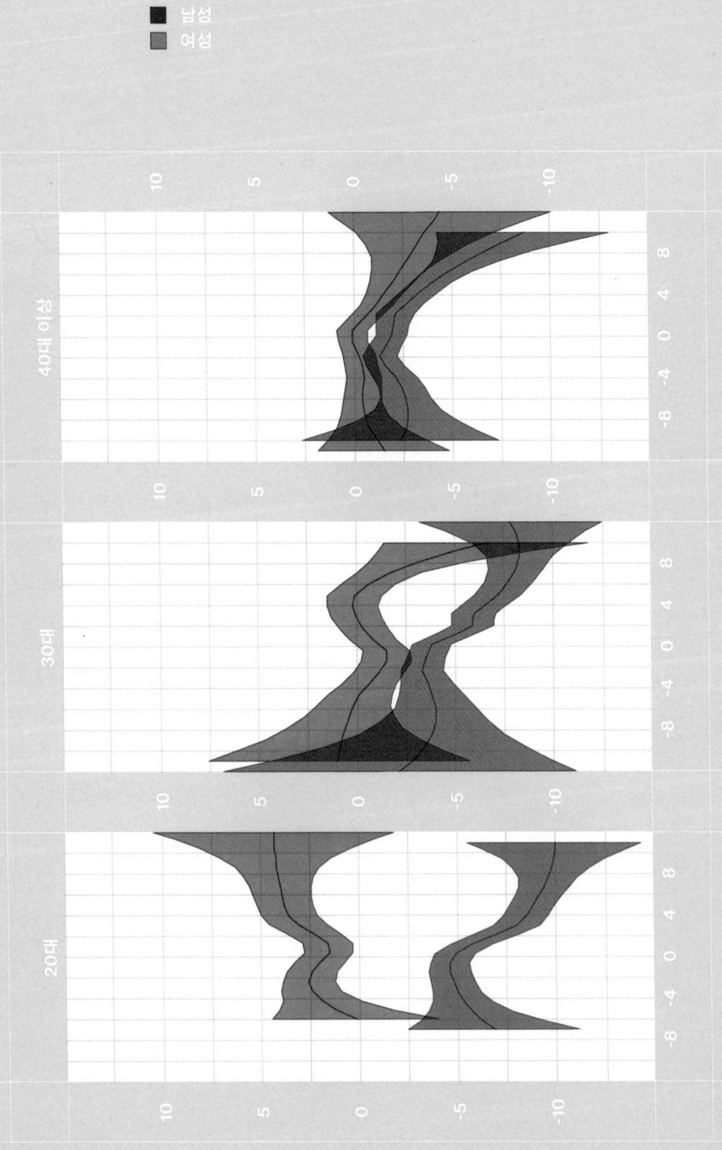

40대 이상

30대

20대

그래프 가로축: 물질주의 지수 | 그래프 세로축: 페미니즘 지수 (단위: 점)

페미니즘 지수와 정치적 호감도

▲ **김은지** 이야기를 듣다 보니, 페미니즘 지수가 높은 여성들이 전반적으로 문재인 정부에 대한 지지가 상당히 높다는 사실이 떠오른다. 페미니즘 지수와 관련해 정치적 호감도 데이터를 쭉 훑어보다가 약간 놀랐다. 문재인 정부를 지지하는, 이른바 '문파'라고 하는 사람들의 스테레오 타입이 있지 않나. 흔히 '586으로 대표되는 아저씨 그룹' 이미지가 떠오르는데, 이번 조사에서는 페미니즘 지수가 +6 이상인, 즉 강한 페미니즘 성향의 20대 여성들이 여러 항목에서 고르게 문재인 대통령과 정부에 호감을 표시하는 것으로 나타났다(표 2-4-3). 데이터상으로는 '문파'라고 불러도 될 정도다. 물론 부동산 정책에 대한 호감도는 낮지만, 이것도 전체 평균보다는 2배 정도 높게 나왔다.

이 숫자가 의미하는 게 무엇일까? 취재 과정에서 들었던 이야기를 기반으로 추측해보면, 20대 여성 중 페미니즘 지수가 높은 그룹은 정치에 관심이 많은 동시에 현실적이다. 그래서 전략적 선택을 한다는 것이다. 진보적 지향을 가지지만, 현실에서 자신의 진보적 바람을 실현할 수 있는 집단에 표를 준다. 그래야 무언가 하나라도 바뀐다고 믿는 태도가 있다는 말을 들었다. 그렇기에 문재인 정부에 대한 호감도가 상대적으로 높고 진보적이더라도 당장의 현실에서는 그 바람이 작동할 수 없는 세력한테 표를 주는 것을 망설인다. 현실적이고, 욕망에 솔직한 편이라는 표현이 떠오른다

● 정한울 사실 그게 최근 현상은 아니다. 2010년 이후 더불어민주당의 양대 지지층을 꼽으라면 소위 말하는 386 혹은 40대 지지자들과 20대 여성들이다. 데이터에 나타나는 일관된 흐름이다. 2021년 4·7 보궐선거 때 이들이 이탈했던 것이 좀 예외적인 현상이었다. 최근 조사들을 보면 20대 여성들은 지금 대통령 지지율이나 더불어민주당 지지율 관련해서는 상당히 복원된 것 같다. 그런데 대선 후보 지지율은 조금 다르다. 이재명 후보에 대한 20대 여성들의 지지율은 여전히 낮아 보인다. 그래도 대통령, 여당 지지율로 보면 4·7 보궐선거 때보다는 상당히 복원된 상황인 것 같다.

▲ 김은지 20대 여자들의 정부·여당에 대한 지지가 4·7 보궐선거에 비해 현재(2021년 10월 기준) 상당 부분 복원되었다고 말씀하셨는데, 그렇다면 이런 질문이 남는다. 20대 여성은 왜 문재인 정부를 좋아할까? 이번 〈시사IN〉 조사에서 '문재인 정부가 페미니즘을 대변하는 정부냐'고 물었을 때, 전체 연령대별·성별 그룹에서 20대 여성의 긍정 응답이 가장 낮았다(표 2-4-4). 그렇다는 응답의 전체 평균이 28.0%였는데, 20대 여성은 16.4%만 동의했다. 오히려 20대 남성의

[표 2-4-3] 대통령 및 주요 대권 주자 호감도 — 문재인

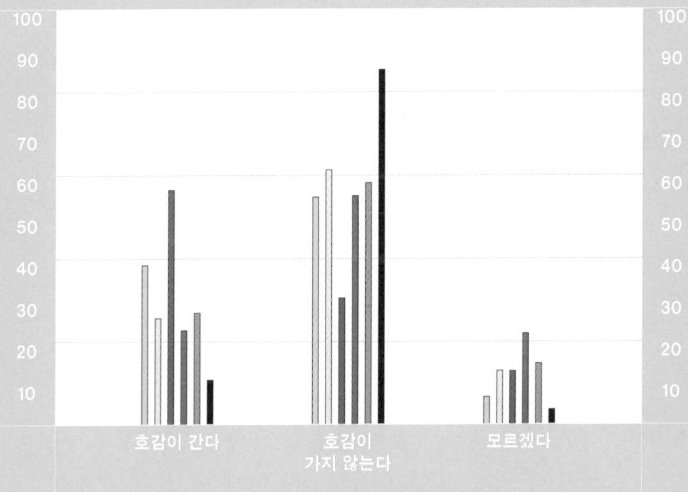

		호감이 간다	호감이 가지 않는다	모르겠다	
	전체 평균	38.4	54.8	6.7	
	20대 전체 평균	25.7	61.3	13.0	
+6 이상	강한 페미니즘 성향 20대 여자	56.5	30.5	13.0	+6 이상
+5 이하	강하지 않은 페미니즘 성향 20대 여자	22.8	55.1	22.0	+5 이하
-5 이상	낮지 않은 페미니즘 성향 20대 남자	27.0	58.2	14.8	-5 이상
-6 이하	낮은 페미니즘 성향 20대 남자	10.8	85.4	3.7	-6 이하

(단위: %)

56.4%는 문재인 정부가 페미니즘을 대변한다고 답했다. 그런데도 왜 20대 여성이 문재인 정부를 좋아하는 걸까? 문재인 대통령 개인에 대한 호감일까?

● **정한울** 사실 20대 여성의 성향을 보면 친민주적이고 친문재인 성향이었던 게 디폴트였고, 앞서 말했듯 4·7 보궐선거 때 잠시 이탈했다가 복원된 상황이다. 4·7 보궐선거 결과를 통해서 더불어민주당이 심판을 받았고 더불어민주당이나 정부에 대한 반발을 만들었던 요인 자체가 사라진 것이 지금의 높은 지지율을 만든 요인 중 하나가 될 것 같다.

◆ **이동한** 더불어민주당 이재명 후보도 그렇고 국민의힘 윤석열 후보도 그렇고 사실 20~30대 여성 관점에서 봤을 때는 어느 후보가 나와도 전혀 매력적이지 않다. 그래서 2022년 대선을 생각하면 20대 여성이 친민주당 성향이 있다 하더라도 그게 실제로 투표로 이어질지는 잘 모르겠다. 회의적이다. 결국 대선 후보를 보고 투표하게 될 텐데 아무리 봐도 전혀 매력적이지 않은 후보들이 나와 있으니까 오히려 정의당과 같은 제3정당 혹은 다른 후보에게 표가 가지 않을까 그런 생각도 든다.

▲ **김은지** 요즘 정치부에 와서 대선을 취재하다 보니 다양한 정치권 관계자를 만난다. 이재명 캠프 사람 만나서 이야기를 하다 지지 그룹에 대한 이야기가 나왔다. 이재명 지지가 가장 강한 그룹은 40대라고 말하며

[표 2-4-4] 문재인 정부는 페미니즘을 대변하는 정부라고 생각하십니까?

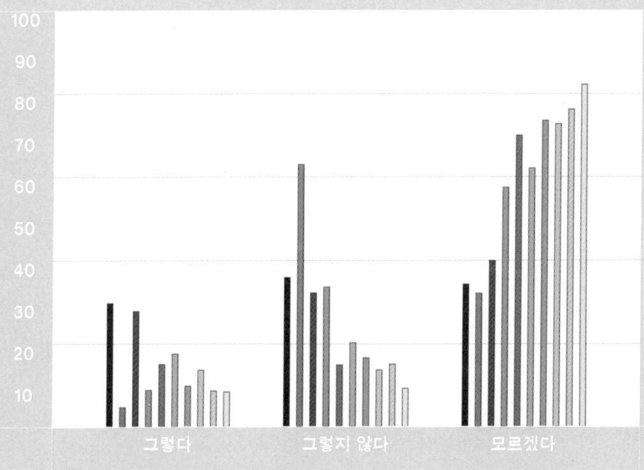

	그렇다	그렇지 않다	모르겠다
전체 평균	28.0	47.4	24.6
20대 남자	56.4	29.2	14.4
20대 여자	16.4	49.0	34.6
30대 남자	39.5	41.6	18.9
30대 여자	20.9	46.3	32.8
40대 남자	32.0	46.7	21.2
40대 여자	18.7	45.3	36.0
50대 남자	28.7	54.9	16.4
50대 여자	26.0	45.5	28.5
60세 이상 남자	25.1	57.4	17.5
60세 이상 여자	21.6	50.1	28.3

(단위: %)

386세대와는 다른 사회경제적 변화를 바라는 마지막 세대라고 정의했다. '이재명이 대통령이 되면 경제적 불평등을 완화해줄 거'라는 기대가 커서 가장 강력하게 지지한다는 설명이었다. 이들 40대 그룹을 일러 남녀 상관없는 콘크리트 지지 집단이라고도 하더라. 그래서 그럼 가장 약한 곳은 어디인지 물었다. 아무래도 전통적으로 더불어민주당 지지층이 약한 TK(대구·경상북도)·60세 이상을 말할 거라고 예상했다. 그런데 20대 여성이라는 답이 돌아오더라. 캠프 내부에서도 이런 부분이 고민이라 포커스 그룹 인터뷰(Focus Group Interview, FGI)를 해본 적이 있다고 했다. FGI의 결론이 딱 세 글자라고 했다. "무섭다." 그러면서 내심 20대 여성 지지율 복원이 어렵지 않겠냐 하는 뉘앙스의 이야기를 했던 것이 기억에 남는다.

20대 여성들의 표는 어디로 갈 것인가

• **정한울** 이동한 차장님 말씀대로다. 더불어민주당과 문재인 정부에 대한 20대 여성들의 호감도가 높다고 해도, 이것이 투표율로 이어질 것인가에 대한 의문이 굉장히 크다. 이재명 후보 지지율 조사 결과를 보면 여론조사 지지율이 높게 나올 때조차도 20대 여성 그룹에서는 낮게 나오는 경향이 뚜렷하다. 더불어민주당 지지율이 이재명 후보로 이어지지 않는 측

면이 분명히 있는 것이다. 그럼 20대 여성들의 표가 어디로 갈 것인가. 정의당으로 갈 것인가 아니면 소위 여성주의를 표방하는 당으로 갈 것인가. 개인적인 생각이지만 현재로서는 기권으로 갈 가능성이 굉장히 높은 것 같다. 20대 여성들의 표심은 굉장히 불확실한 상황이라고 본다. 지난 2010년 지방선거를 거치면서 20대 여성을 중심으로 정치적 효능감이 강화되고 투표 참여 현상이 두드러지게 높아졌다. 그 정점이 2017년 대선이었다. 2018년 지선, 2020년 총선까지 20대 남녀의 투표율이 역전된 채로 유지된 것은 주목할 만한 현상이다. 그렇지만, 2020년 총선부터 20대 남녀 모두의 정치참여도가 다른 세대에 비해 급격하게 냉각되고 있다. 현재 추세라면 차기 대선에서 20대 남성은 물론 20대 여성의 투표 불참 경향이 강화될 것으로 본다.

■ **국승민** 지금까지 20대 여성이 왜 문재인 정부에 더 호의적이냐를 두고 여러 가지 얘기를 했다. 학술적인 결론은 아니지만, 데이터의 흐름을 보면서 재미있다고 느꼈던 점이 있다. 노동운동에 호의적인 사람이 문재인 정부 혹은 노무현 정부를 보고 노동운동을 대변한다고 말하지는 않을 것 같다. 그렇지만 노동자에게 우호적인 정책을 펼치냐고 물어보면 그렇다고 답할 가능성이 높다.

약간 비슷한 게 2021년 5월 〈한국일보〉-한국리서치 조사 때

'문재인 정부가 여성에게 우호적이냐, 적대적이냐'를 물어봤다. '문재인 정부가 2030에게 우호적이냐, 적대적이냐' 또한 물어봤다. 흥미로운 결과가 나왔다. 전자의 질문에 대해 남성들은 세대를 불문하고 문재인 정부가 여성에게 우호적이라고 답변했다. 그런데 여성들은 달랐다. 페미니즘 의식이 상대적으로 높은 20대건 상대적으로 낮은 40~60대건 상관없이 문재인 정부가 여성에게 우호적이라는 응답률은 23~30%대로 굉장히 비슷했다.

그 말인즉 첫째는 문재인 정부가 여성에게 우호적인 정도에 대해 여성들은 큰 불만이 없다는 얘기다. 두 번째로 문재인 정부가 2030에게 우호적이냐고 물었을 때 그렇다고 답한 남성은 전체의 5% 정도였다. 그런데 여성들은 25~30% 정도가 우호적이라고 답하더라. 즉, 여성들은 문재인 정부를 무의식적으로 좀 더 좋게 보는 경향이 있는 것 같다. 문재인 정부가 대놓고 여성을 위해 뭔가 한다고 인정하지는 않지만 무의식적으로나마 '우리에게 좀 더 우호적이지 않나?' 하고 연계 지을 수도 있다는 가설이다.

• **김다은** 그게 사실이라면 결국 정부·여당이 여성을 위한 실제적인 정책을 펼치지 않아도 여성들의 지지율은 담보된 것이라고 받아들이도록 사인을 주는 셈이 된다. 역설적으로 여성 유권자를 공들여야 할 대상으로 인식하지 않게 할 수도 있겠다.

◆ 정한울 4·7 보궐선거 때의 충격이 있었는데도 어떻게 여성들의 지지율이 이렇게 빨리 복원되었을까. 이 질문은 사실 정치세력을 선택할 때 여성 정책이 얼마나 중요한 이슈인가 하는 문제를 되짚어보게 만든다. 제가 보기에는 중요도가 그렇게 높지 않다. 조사할 때 부동산, 대북 정책 등 12개 국정 과제 중 여성(젠더) 항목을 넣으면 사람들이 중요하다고 생각하는 비중 자체가 낮게 나왔다. 물론 20대 여성의 경우 상대적으로 다른 세대에 비해 그게 최우선 과제라고 답한 비율이 높기는 했지만, 전체적으로 다른 의제에 비해 그렇게 중요하다고 보지 않는 것이다. 즉, 중요성에 대한 평가 자체가 그렇게 크지 않기 때문에 가볍게 움직일 수 있다는 뜻이기도 하다. 탄력적으로 여론이 복원될 수 있었던 것은 결국 정치적 쟁점과 이슈 영역에서 상대적으로 여성(젠더) 문제의 비중을 낮게 평가하고 있는 것이 작용한 결과 아닌가, 그런 말씀은 드릴 수 있을 것 같다.

▲ 김은지 이번 대선에서 20대 여성 투표율이 떨어질 가능성이 크다는 이야기가 계속 나왔다. 2장에서 20대 여성을 향해 '부유하는 심판자'라는 작명을 하기도 했다. 여기 계신 분들은 앞으로도 그럴 가능성이 높다고 보나? 20대 여성의 경우 정치에 대한 관심이 분명히 많은 고(高) 투표 성향도 뚜렷하게 있는 것 같다. 하지만 이들의 바람을 읽어내고 받아들여 움직

이는, 효능감을 주는 리더십은 찾지 못하고 있는 상황이다. 20대 남자들이 '이준석'이라는 리더십을 찾은 것과 완전히 반대되는 상황이랄까? '부유하는 심판자'라는 작명에 대해서는 어떻게 보나?

'이준석 현상'의 핵심은 '20대 남자 현상'이 아니다

● **정한울** 저는 '이준석 현상'을 '20대 남자 현상'으로만 이해하는 건 잘못되었다고 생각한다. 물론 20대 남성을 중심으로 이준석 대표와 국민의힘에 대한 지지율이 상승하고 당원 가입도 늘어나는 등 그런 현상들이 분명히 일어났던 것은 사실이다. 그러나 이준석 대표에 대한 지지율 상승은 사실 전 세대의 현상이었다. 초창기 지지율과 비교해보면 3040세대의 이준석 대표 지지율 상승폭이 더 높았다. 당대표 선거 때도 20대 남성보다 3040 남성이 더 높은 지지를 보냈다. 또 한 가지 우리가 놓치지 말아야 되는 것이 있다. 20대 남성 비중이 전체 여론 비중으로 보면 그렇게 높지 않다는 점이다. 전체 인구 기준으로 보면 9% 정도 차지한다. 그러니까 20대 남성 집단에서 지지율이 0%에서 100%를 올라가는 극단적인 상황이 생긴다 해도 전체 여론에 영향을 미치는 건 9%밖에 안 된다는 얘기다. 더욱이 이준석 씨가 당대표로 선출되기 전에도 국민의힘에 대한 남성들의 지지율이 일정하게 있었다. 따라서 20대 남성 때

문에 국민의힘 지지율이 올라가는 효과는 전체 기준으로 보면 약 3~4% 내외의 효과에 그친다.

그렇게 놓고 봤을 때 지금 국민의힘 지지율 상승 요인을 '이준석 현상' 내지 '20대 남자 현상'으로 보는 것은 문제가 있다고 생각한다. 제가 보기에는 이준석 대표도 상황을 잘못 읽고 있는 것 같다. 이준석 현상의 핵심적 동력은 20대 남자 현상이 아니라 대구·경북에 가서 "탄핵 문제에 대해서 책임지겠다" "사면 얘기 꺼내지 않겠다"라고 발언했던 것처럼, 보수 혁신의 이미지를 만들어낸 것이라고 본다. '국민의힘이 좀 달라진 것 같은데? 다시 봐야겠네'라는 생각들을 만들었던 것이다. 그래서 차기 대선을 분석할 때 젊은 층의 페미니즘 이슈를 중심에 놓고 접근하게 되면 오히려 오판할 수 있겠다는 생각이 든다.

이재명 후보라든지 안티페미니즘에 편승한 기존 후보들의 전략이 20대 남성을 동원하거나, 반대로 20대 여성들의 투표율 혹은 지지율을 떨어뜨리거나 하는 영향을 가져올 수 있다. 하지만 사실 이쪽만 보고 가다 보면 아까 말했듯이 여론이 변동하는 핵심적인 요인을 놓칠 가능성이 있다. 그런 만큼 대선에 끼칠 영향력을 놓고 얘기를 할 때는 전체적인 맥락 속에서 페미니즘 이슈를 보는 식으로 접근해야 한다는 생각이다. 그래야 큰 흐름을 놓치는 일을 방지할 수 있을 것이다.

■ 국승민 그 의견에 동의하면서도 약간 차이를 두고 말하고 싶은 부분이 있다. 20대 남성이 9%에 불과하며, 따라서 그것을 너무 과대평가해서는 안 된다는 데 동의한다. 그런데 이종태 〈시사IN〉 편집국장이 '편집국장의 편지(728호)'에서 이런 글을 쓴 적이 있다. 과거 자기 세대 때만 해도 계급, 환경, 노동, 통일 등이 주요 갈등 축이었는데 지금은 '성별 문제'가 주요 갈등으로 부각되는, 완전히 새로운 양상이 나타나고 있는 것 같다고. 그런데 그것이 한편으로는 갈등을 조정하기보다 부추기는 방법으로 개입하려 드는 정치인 내지 정치세력 때문인 듯하다고.

사실 이준석 대표가 말한 보수 혁신도 결국 새로운 갈등을 포착하고 그것을 대변해서 넓게 퍼뜨리는 거란 생각이 든다. 따라서 제가 봤을 때는 20대가 캐스팅보트여서 중요한 게 아닌 것 같다. 그보다는 20~30대를 위주로 나오는 새로운 갈등의 요인들을 성공적으로 퍼뜨린 것이 '이준석 현상'이 아닌가 싶다. 제가 썼던 정체성 정치에 대한 글도 결국 이런 새로운 갈등을 어떻게 이해할 것인가에 관한 물음에서 시작된 것이다. 물론, 그 새로운 갈등이라는 것이 꼭 페미니즘만은 아니라는 점도 동의한다.

● 정한울 사실은 노동과 통일 부문에서도 젊은 세대들이 기성세대나 그 윗세대하고 굉장히 다른 입장을 가진 것으로 보인다. 가령 통일 문제만 놓고 보면 정부의

통일 정책에 대해서 호응해주는 게 40~50대 연령층이고, 20대가 60대처럼 반통일적이거나 보수적이라고 얘기를 할 수 있는데, 그 근저에 깔린 게 굉장히 다르다. 다시 말해 60대의 반대는 반문재인, 반민주당 정서나 이념적 반발의 성격이 강하지만, 20대의 반대는 공정의 관점 및 현실주의적·자유주의적 성향이 작동하고 있는 식이다.

노동 문제, 가령 정규직과 비정규직을 바라보는 시각 등에서도 차이가 있다고 생각한다. 상징적으로 대기업에서 민주노총과 별개로 독자적인 MZ세대 노조를 만들겠다고 하는 현상을 놓고 볼 때, 노동과 통일 내에서도 새로운 세대의 특성으로 인한 새로운 갈등 혹은 변화가 있을 수 있겠다는 생각도 든다.

'정체성 정치'는 새로운 정치 전선이 될 수 있을까?

▲ **김은지** 국승민 교수님이 쓴 글(5장 한국 정치 구도를 바꿀 '젠더 갈등')의 키워드가 정체성 정치였다. '정체성 정치가 한국 사회의 새 정치 전선이 될 수 있나'라는 논의도 조금씩 나오기 시작하는 것 같다. 그런가 하면 한편에서는 '정체성 정치가 새 전선이다'라는 진단이 과장되었다고 지적하기도 한다. 어떻게들 보셨는지?

● **정한울** 정체성 정치란 약자나 소수 집단의, 그러니까 사회적으로 배제된 집단이 자신들의 아이덴티티를 기

준으로 목소리 내는 것을 말하는 것 같다. 그런데 기존의 주류 집단이 피해 집단으로 전락할 때 이것이 주류 정치의 중심으로 부상하는 것 같다. 가령 미국 사회의 주류였던 백인 남성이 제조업이 몰락하면서 사회적 약자가 되고 배제되는 것처럼 보이게 되었다. 여기에 따른 분노가 '트럼프 현상' 같은 것을 만들어내는 게 아닌가 싶다. 그렇게 보면 가령 성소수자 같은 이들의 정체성 정치가 현재 한국 정치의 중심으로 등장하기는 쉽지 않을 것 같다. 제가 보기에는 그렇다. 다만 여성 문제의 경우 인구의 절반이 여성이니까 다른 소수자 이슈와는 다를 수도 있겠다. 즉, 젠더를 중심으로 한 정체성 정치가 한국 정치의 중심으로 떠오를 수 있을 것 같기도 하다. 하지만 그 부분에 대해서도 쉽게 단정할 수는 없다고 본다. 남녀라는 정체성 요인보다 오히려 어떤 물질적·사회경제적 지위를 놓고 경쟁하는 것이 사실은 갈등의 기본적인 양상 아닌가 하는 생각이 들어서다. 따라서 한국 사회에서 정체성 정치가 과거에 비해서 훨씬 더 중요해지겠지만, 기본적인 정치 대결의 장이 이익 대결에서 정체성 대결로 넘어간다는 식으로 해석하는 건 당분간은 어렵지 않을까 싶다.

◆ **이동한** 우리나라에서 그런 정체성 정치가 자리를 잡으려면 지금의 양당 구도가 좀 깨져야 하지 않을까 싶

다. 선거 제도가 바뀌든지 해서 집단 정체성 정치를 발휘할 수 있는 정치세력이 존재할 수 있는 공간이 열려야 제대로 된 논의를 해볼 수 있지 않을까. 지금 같은 거대 양당체제에서는 쉽지 않을 것 같다는 게 제 생각이다.

■ **국승민** 관련 글을 쓴 제가 생각을 말해야 할 차례인 것 같다(웃음). 사실 정체성 정치가 무엇인지에 대한 이해가 전부 다른 것 같다. '정체성 정치' 하면 어떤 사람들은 사회 내 소수자들의 정체성 정치를 떠올린다. 반면 소수든 다수든 정체성에 따라 갈리는 것이 정체성 정치라고 보는 사람들도 있다. 심지어 정체성 정치를 넓게 보는 사람들은 '원래 정치는 다 정체성 정치'라고 말하기도 한다. 저는 기본적으로 여러 정체성 집단이 있다고 본다. 그중 어떤 집단이 뚜렷하게 힘을 잃어가고 새로운 집단에 힘이 생겨나는 그 시점에 그것을 둘러싼 물질적·상징적 갈등이 야기되는 것을 정체성 정치라고 보는 편이다. 그럴 때 대두하는 피해의식(grievance), 즉 자기 것을 빼앗기는 것에 대한 분노가 굉장히 중요한 갈등의 동력이 되고, 그렇기 때문에 무임승차 같은 이슈가 중요해진다. 그런 갈등 전선을 정체성 정치라고 보기 때문에 정치적 갈등이 온다고 얘기했던 것이다. 사실 한국에서 일어날 정체성 정치의 갈등 구조는 서구와 절대로 똑같지는 않을 거다. 그렇지만 그 갈등 양상

은 서구에서 나타나는 심리적인 갈등 양상과 굉장히 유사하게 보인다.

갈등보다 공감대가 형성된 지점에 주목해야

- **김다은** 마지막으로 덧붙이고 싶은 말씀이 있다면? 2022년 3월 대선을 앞두고 있는 만큼 이번 조사 결과를 통한 정치적 제언을 해줘도 좋겠다.
- **정한울** 저는 사실 국민의힘 쪽도 그렇고 반대로 더불어민주당 쪽도 그렇고 속칭 '젠더 갈등' 문제가 나오면 자꾸 프레임을 좁혀서, 과거에 보지 못했던 현상이 나타난 그 지점, 그 틀 안에서만 현상을 보고 있는 게 문제라고 생각한다. 그러다 보니까 때로는 안티페미니즘에 편승하기도 하고 혹은 반대로 안티페미니즘을 향한 당위적인 비판에 머무는 편향으로 가기도 하는 것 같다.

좀 더 종합적으로 보려는 노력이 있어야 한다. 그래야 차이가 나타나는 대목, 갈등이 나타나는 대목뿐 아니라 공감대가 형성되어 있는 부분, 나아가 합의로 만들어낼 수 있는 영역 등을 찾아낼 수 있을 것이라고 생각한다. 계속 갈등과 문제의 지점만 놓고 보면 해법 없는 논쟁만 반복하게 될 것이다. 감정적 반발만 키우고 이 갈등을 해소하거나 좀 더 나은 방향으로 이끌어갈 수 있는 해법을 찾기 어렵다. 그런 의미에서 계층적으로 보면 각각의 집단이 어떤 지점에서 인식 차가 있고 어떤 지점에서는 공감대가 형성되어 있는지, 그리고 시간적으로 보면 지금의 시점뿐만이 아니라 과거부터 어떻게 변화해왔는지 이런 것을 두루 살펴보는 게 더 중요하지 않을까 싶다.

◆ **이동한** 인터넷 주류 세력의 큰 목소리를 따라갈 것이 아니라 전체적인 여론을 보고 어떤 지점에서 차이가 있고 어떤 것을 더 중요시해야 하는지를 좀 봐줘야 하지 않을까.

■ **국승민** 정치권에서 최근 1년 내내 MZ세대 이야기를 하고 관심도 많은데 정작 이번 대선은 40대 이상 진보/보수 갈등이 중심이 되는 거의 막바지 대선이라는 인상이 많이 든다. 그런 만큼 이번 대선에서는 MZ세대가 주변부가 될 가능성이 굉장히 클 것 같다. 그렇기 때문에 기존에 있었던 갈등, 어떻게 보면 노무현 시대에 시작되어 현재까지 이어져 왔던 갈등의 마지막 전쟁이 지금 벌어지는 게 아닌가 싶기도 하다. 그 전쟁에 MZ세대를 어떻게든 끼워 넣어보려고 정치권에서 노력하겠지만 제한적인 수준이 될 것 같다. 이런 얘기를 하면 책 파는 데는 별로 도움이 안 되려나?(웃음) 그래도 이번이 마지막 전쟁이라는 이야기는 결국 새로운 이슈들이 그다음 총선과 대선에서 계속 터져 나온다는 의미이니 그때 표를 얻으려면 〈20대 여자〉 책을 사서 봐야 하지 않겠나.

▲ 김은지 아주 중요한 지적이다(웃음). 20대 여자 기획 기사를 써서 그런지, 일종의 책임감 같은 것을 느낀다. 정치부로 온 다음부터 이 주제에 대해서 여의도 사람들에게 많이 묻고 다녔다. 2030 여론과 2030 여성 정책에 대한 것들이었다. 더불어민주당 쪽에서는 일대일 구도가 되면 결국 자기들을 찍는다는 막연한 기대를 하고 있는 것 같고, 국민의힘은 어차피 자기들 안 찍을 거니 무당층으로 만들겠다는 심산인 것 같다고 느꼈다. 그런 류의 이야기를 들을 때마다, 2030 여성 표에는 정치권의 관심이 정말 적구나 싶은 생각이 들어서 씁쓸했다. 어떻게 하면 2030 여성 유권자층에 대해 정치권이 관심을 갖게 할 수 있을까 하는 고민이 든다. 현실을 보면 참 쉽지 않아 보여서 답답한데, 이 책이 어떤 시그널이 되면 좋겠다.

◆ 정한울 제가 답답함을 더해드리고 싶다. 국승민 교수님께서 이게 마지막 전쟁일 것 같다고 말씀하셨는데 마지막이 아닐 수 있다고 본다.

"마지막 문장까지 읽고 눈물이 났다"

● 김다은 처음 이 기획에 합류하게 된 것은 개인적인 호기심 때문이었다. 국내에서는 숙명여자대학교 트랜스젠더 입학 논란을 기점으로 트랜스젠더 배제 페미니즘, 즉 터프(TERF) 계열의 목소리가 수면 위로 올라

왔다. 적어도 내가 아는 페미니즘은 아니었다. 우려가 컸다. 자연스럽게 온라인 페미니즘을 접하며 성장한 20대 여성들은 어떤 집단일지 궁금했다. 여론조사를 하고 그 결과들을 살펴보며, 터프와 상관없이 20대 여성들의 면면 그 자체에 대한 의문이 커졌다. 하나의 모습으로 절대 일반화할 수 없지만, 어찌 보면 탈정치를 통해 정치를 학습하는 게 20대 여성의 특징 중 하나일 수 있겠다는 생각이 들었다. 기존의 정치적 언어로 설명하기 힘든, 이전에 없던 세력이라는 생각이었고 함부로 재단하려는 순간 '오답'이 될 거라는 추측도 막연히 했다.

질문은 계속 이어졌다. 이들의 등장까지는 현상인데, 그렇다면 정치권이 이들을 중요하지 않은 집단으로 취급하는 건 어떻게 봐야 하는가? 이들은 무시해도 되는 집단인가? 그건 아니라고 봤다. 20대 여성은 유권자이기도 하지만 공동체의 시민이기도 하다. 따라서 이들이 이 사회를 지탱하는 정치 시스템을 신뢰할 수 있도록 만드는 게 전체를 위한 공공선이다. 이 역량 있는 시민들에게 정치의 가능성을 계속 보여주고, 나아가 그들의 정치력이 시스템 안에 들어올 수 있도록 하는 것. 이런 시도들이 결국은 기존 정치세력을 '지속 가능하게' 하는 힘이 될 것이다. 사실 추상적인 희망이 담긴 말이다(웃음).

개인적으로 이번 기사가 나가고, 기사 마지막 문장까지 읽고 나서 눈물이 났다는 20대 여성 독자평이 마음에 오래 남았다. 소수자 임파워먼트(역량 강화)는 여러 방식으로 가능하다. 구체적인 서사를 거듭 발굴하는 것도 그중 하나다. 우리 기사의 역할이 무엇이었고 또 앞으로 뭘까 이런 생각이 많이 들었다.

▲ **김은지** 기사를 내보내고 많은 피드백을 받았다. 칭찬이든, 비판이든, 심지어 악플이든 기사에 반응이 온다는 건 정말 감사한 일이다. 기사가 세상에 나가면, 그 때부터는 독자와 함께 그 기사가 완성된다는 생각도 많이 들더라. 이번 20대 여자 현상 기사는 특히 더 그랬다. 기자는 늘 취재원에게 빚지고 사는 직업이라고 생각하는데, 이번에는 독자에게 빚졌다는 생각이 강하게 든다. 이번 책도 마찬가지가 아닐까 싶다. 독자분들과 함께 더 많이 연결되고, 더 많이 질문하고, 더 많이 생각을 나누고 싶다.

1부 20대 여자를 말하다

1장 약자는 아니지만 차별받고 있다

시사IN 저널북
20대 여자

지은이
국승민, 김다은, 김은지, 정한울

초판 1쇄 펴낸날 2022년 2월 9일
초판 2쇄 펴낸 날 2022년 4월20일

발행인 이숙이
편집인 김은남
편집 장일호
교정교열 김영은
디자인 신용진
제작 M-Print

펴낸곳
(주)참언론 시사IN북

출판등록
2009년 4월 15일 제300-2009-40호

주소
(04506) 서울시 중구 중림로 27 가톨릭출판사빌딩 신관 3층

전화
02-3700-3250(마케팅) / 02-3700-3270(편집)

주문팩스
02-3700-3299

전자우편 book@sisain.kr
홈페이지 book.sisain.co.kr

값 15,000원
ISBN 978-89-94973-67-8 (02330)

시사IN 저널북(SJB)은 시사주간지 〈시사IN〉이
만든 출판 시리즈입니다. 우리가 꼭 알아야 할
이슈를 큐레이팅하여 가볍되 깊이 있게 담아냅니다.